高等院校学前教育专业系列教材

幼儿教师礼仪

梁艳智　王　锐　主　编
郑转玲　徐　莹　副主编

清華大学出版社
北　京

内 容 简 介

本书根据幼儿教师职业礼仪规范，结合教师能力培养要求，具体介绍幼儿教师礼仪、形象礼仪、服饰礼仪、仪态礼仪、沟通礼仪、日常交往礼仪、保育教师工作礼仪、工作场所礼仪、行政人员职责礼仪、幼儿礼仪教育、幼儿教师个人礼仪修养等基础知识，并通过案例分析和课后实训，提高学习者的应用实践能力。

本书注重遵照幼儿学前教育教学的规律，具有知识性和可操作性，既可作为高等院校和各类职业院校学前教育专业幼儿教师礼仪课程的教材，也可用于幼儿教师的在职培训，还可为广大社会幼儿培训机构提供学习指导。

图书在版编目（CIP）数据

幼儿教师礼仪 / 梁艳智，王锐主编．—北京：清华大学出版社，2023.9 (2024. 8 重印)
高等院校学前教育专业系列教材
ISBN 978-7-302-64634-1

Ⅰ. ①幼⋯ Ⅱ. ①梁⋯ ②王⋯ Ⅲ. ①幼教人员－礼仪－高等学校－教材 Ⅳ. ① G615

中国国家版本馆 CIP 数据核字（2023）第 177479 号

责任编辑：王剑乔
封面设计：常雪影
责任校对：李 梅
责任印制：沈 露

出版发行：清华大学出版社
网 址：https://www.tup.com.cn，https://www.wqxuetang.com
地 址：北京清华大学学研大厦 A 座 **邮 编**：100084
社 总 机：010-83470000 **邮 购**：010-62786544
投稿与读者服务：010-62776969，c-service@tup.tsinghua.edu.cn
质量反馈：010-62772015，zhiliang@tup.tsinghua.edu.cn
课件下载：https://www.tup.com.cn，010-83470410
印 装 者：北京嘉实印刷有限公司
经 销：全国新华书店
本：185mm×260mm **印 张**：14.75 **字 数**：319千字
次：2023年9月第1版 **印 次**：2024年8月第2次印刷
价：49.00元

号：101720-01

高等院校学前教育专业系列教材

编 写 委 员 会

前言

习近平总书记在党的二十大报告中指出：教育、科技、人才是全面建设社会主义现代化国家的基础性、战略性支撑。要坚持教育优先发展，办好人民满意的教育。教育是国之大计、党之大计。培养什么人、怎样培养人、为谁培养人是教育的根本问题。育人的根本在于立德。全面贯彻党的教育方针，落实立德树人根本任务，培养德智体美劳全面发展的社会主义建设者和接班人。

学前教育是国民教育体系的重要组成部分，是基础教育中的基础。学前教育应始终坚持育人为本，德育为先，把德育教育工作作为幼儿园教育教学的重要内容。立德树人，从小抓起。幼儿期是影响和塑造一个人性格的重要时期，在幼儿时期形成的道德品格直接决定着一个人的人生观、价值观。而3～6岁是幼儿个性倾向和道德观念形成的萌芽时期，是培养良好品德行为的黄金时期。

中华人民共和国教育部令第39号《幼儿园工作规程》中指出："幼儿园的品德教育应当以情感教育和培养良好行为习惯为主，注重潜移默化的影响，并贯穿于幼儿生活以及各项活动之中。"文明礼仪教育是培养幼儿良好行为习惯和提高思想道德素质的重要途径，是推进素质教育的重要环节。在学前教育阶段，加强幼儿文明礼仪教育，既是弘扬中华民族传统美德的需要，也是培养社会主义合格公民的必然要求。

幼儿学习具有向师性，幼儿教师的模范行为在幼儿文明礼仪教育中起着重要的引领作用。习近平总书记在党的二十大报告中指出：加强师德师风建设，培养高素质教师队伍，弘扬尊师重教社会风尚。在幼儿教育中，加强幼儿教师师德师风建设，规范教师文明礼仪，通过教师的身体力行、率先垂范，充分发挥榜样示范作用，有助于促进幼儿文明礼仪习惯的养成，培养身心健康发展的高素质社会主义现代化建设人才。

本书作为高等职业学前教育专业的特色教材，坚持以科学发展观为统领，严格按照教育部关于"加强职业教育、突出应用能力培养"的教育教学改革要求，根据幼儿教师职业礼仪规范，并结合幼儿学前教育教学的实际特点和幼儿身心发展的规律而编写。在结构和内容编排中，本书既注重理论知识、教学方法的讲授，又不断加强教学实践活动的创新性与规范化训练。

全书共13章，以培养学习者应用能力为主线，根据《国务院关于当前发展学前教育的若干意见》要求和教育部《3～6岁儿童学习与发展指南》精神，结合国家颁布实施的《幼儿园教育指导纲要（试行）》《幼儿园教师专业标准（试行）》《幼儿园工作规程》

管理规定，具体介绍幼儿教师礼仪、形象礼仪、服饰礼仪、仪态礼仪、沟通礼仪、日常交往礼仪、保育教师工作礼仪、工作场所礼仪、行政人员职责礼仪、幼儿礼仪教育、幼儿教师个人礼仪修养等基础知识，并通过案例分析和课后实训，提高学习者的应用实践能力。

本书由李大军筹划并具体组织，梁艳智和王锐担任主编，梁艳智统改稿，郑转玲、徐莹担任副主编，由学前教育专家白国芬教授审定。本书写作分工如下：第一章、第二章和第五章由王锐编写，第三章、第四章和第七章由郑转玲编写，第六章、第八～第十章、第十二章由梁艳智编写，第十一章和第十三章由徐莹编写，文字修改和版式调整由华燕萍负责，教学课件由李晓新负责制作。

在编写本书过程中，编者参阅了国内外关于幼儿教师礼仪的最新书刊、网站资料以及国务院、教育部新近颁布实施的学前教育相关法规和管理规定，收集了具有实用价值的典型案例，并得到业界有关专家教授的具体指导，在此一并致谢。为了配合教学，本书配套有电子课件，读者可以从清华大学出版社网站（www.tup.com.cn）免费下载使用。因编者水平有限，书中难免存在疏漏和不足之处，恳请专家和读者批评、指正。

编　者

2023 年 6 月

目录

素养篇

素 养 篇

第一章

礼仪概论

学习目标

1. 了解中国礼仪的起源与发展；
2. 理解礼仪的特征与功能；
3. 掌握培养礼仪修养的途径。

引导案例

清朝康熙年间，安徽桐城有一个著名的家族，父子两代为相，权势显赫，这就是张家的张英、张廷玉父子。张英在朝廷任文华殿大学士、礼部尚书。张家在老家桐城的老宅与吴家为邻，两家府邸之间有块空地，供双方来往交通使用。后来吴家建房，要占用这个通道，张家不同意，于是双方将官司打到县衙。县官考虑到纠纷双方都是官位显赫的名门望族，不敢轻易了断。在此期间，张家人给张英写了一封信，要求张英出面干涉此事。张英收到信后，认为应该谦让邻里，回信时写了四句话：

千里来书只为墙，让他三尺又何妨？
万里长城今犹在，不见当年秦始皇。

家人阅罢，明白其中意思，主动让出三尺空地。吴家见状，深受感动，也主动让出三尺房基地，这样就形成了一个六尺宽的巷子。后人把这个巷子命名为“六尺巷”，两家礼让之举在当地传为美谈，流传至今。

宽容忍让，平等待人，是一种礼仪美德，从古至今，源远流长。恭谦礼让、心胸开阔的人为世人所敬仰。“六尺巷”的典故经过历史长河的磨砺，在如今高度发达的文明社会，越来越凸显出它的深刻意义。在中国传统文化里，它也许是被“和”字哲学充盈得最宽阔的街巷之一。它的“宽”不是宽在“六尺”上，而是“宽”在心灵境界与和谐礼让的精神上。在社会发展的历史进程中，这种优良传统将一直被发扬光大，彰显中华民族谦恭礼让的美德。

（资料来源：原创力文档 . [2023-7-12]. https://max.book118.com/html/2016/1003/56710131.shtm）

【思考】案例中体现了哪种礼仪文化？你知道中国礼仪的来源与发展过程吗？

第一节　礼仪的起源与发展

一、中国礼仪的起源

中国自古以来就是礼仪之邦。《论语》中说："不学礼，无以立。"中国是一个有着五千年历史的文明古国，礼仪历史悠久而漫长。"礼仪"一词最早出现的准确年代已无法查证，但可以肯定的是，早在有文字记载的年代之前，礼仪活动就已出现。

从"禮"字的造字结构中可以看出，左边是"示"字旁，其意多与祭祀、礼仪有关；右边是一个"豊"字，许慎《说文·豊部》中有："豊，行禮之器也。""豊"指的是古代祭祀用的禮器，由此可以看出，"禮"的本义是敬奉神明。"禮"字古时候也通"履"字。《说文解字》中有："禮，履也。所以事神致福也，从示，从豊，豊亦声。""履"意为鞋子，鞋子必须适脚，因此"禮"一定要适度，正所谓"礼贵从宜，事难论古"。

《说文解字》中有："仪，度也。从人，义声。"仪的本义是容止仪表。礼仪即人们约定俗成的，对人、对己、对鬼神、对大自然，表示尊重、敬畏和祈求等思想意识的，各种惯用形式和行为规范。

人类最早的礼仪是祭祀礼仪，它主要是表达对天地鬼神的敬畏和祈求。远古时代，由于生产力水平低下，人类生存环境恶劣，认识世界的能力有限，对许多自然现象无法做出科学的解释，于是就把日月星辰、风雨雷电等自然力量神秘化、人格化，想象出各种神灵作为崇拜的偶像。礼仪就是古代人们祭祀天地神明、祈祷祖先显灵、拜求降福免灾的一项祭天敬神的宗教仪式。

随着人类对自然认识的不断深入，社会文明的不断发展，人类社会人际交往活动日益增多，内部关系渐趋复杂，各种冲突矛盾不断，人类社会需要一种被所有成员共同认定、保证和维护的社会秩序。于是，人们在相互交往中自然约定出了一系列"人伦秩序"，礼的内容和形式被不断拓展延伸，发展到社会的各个领域。

二、中国礼仪的发展

中国礼仪在传承沿袭的过程中不断发生着变革。从历史发展的角度来看，礼仪的演变过程可以分为六个阶段。

（一）礼仪的萌芽阶段

在原始社会中、晚期（约旧石器时代）出现了早期礼仪的萌芽。人们在共同采集、狩猎、饮食生活中形成了习惯性语言、动作，这些构成了礼仪的最初萌芽。公元前21世纪（夏朝）之前，人们在社会生活中已经形成了一些对后世具有影响的礼仪规范，原始的政治礼仪、宗教礼仪、婚嫁礼仪在这一时期都已具雏形，尤以敬神礼仪更为突出。

《礼记·祭统》中有："凡治人之道，莫急于礼。礼有五经，莫重于祭。"可见，礼是原始人类祈福的宗教典仪。

（二）礼仪的形成阶段

礼仪的正式形成约在公元前21世纪到公元前771年的夏、商、周三代时期。人类进入奴隶社会后，统治阶级为了巩固自己的统治地位，把原始的宗教礼仪发展成为符合奴隶社会政治需要的礼制。在这个阶段，中国第一次形成了比较完整的国家礼仪与制度。最早记载中国古代礼制的名典有三部:《周礼》《仪礼》《礼记》，简称“三礼”，被后世称为“礼学三著作”。

“三礼”的出现标志着周礼已经达到了系统、完备的阶段，上古礼的重心从“神灵”向人的身上转移，礼被打上了阶级的烙印。“三礼”，特别是《周礼》，对后世治国安邦、施政教化、规范人们的行为、培养人们的人格起到了不可估量的作用。在汉以后两千多年的历史中，它们一直是国家制定礼仪制度的经典著作，被称为礼经。

（三）礼仪的变革阶段

礼仪的变革阶段约在公元前770年到公元前221年的春秋战国时期。这一时期奴隶制向封建制转变，学术界形成了百家争鸣的局面，以孔子、孟子为代表的儒家学者对礼仪的起源、本质和功能进行了系统阐述，第一次在理论上深刻论述了社会等级秩序划分及其意义。

孔子把“礼”视为治国、安邦、平定天下的基础，主张“克己复礼”“质胜文则野，文胜质则史。文质彬彬，然后君子”。孟子认为“恭敬之心，礼也”，把仁、义、礼、智作为基本道德规范，认为“礼”是人的善性的发端之一。荀子则比孟子更重视“礼”，认为“礼者，人道之极也”，把“礼”看作做人的根本目的和最高理想。从这些思想家的言论中不难看出，礼仪是适应调节人际关系的需要而产生和发展的。

（四）礼仪的强化阶段

礼仪的强化阶段约在公元前220年的秦朝时期到公元1911年清末。这一时期，礼仪的明显特征是将人们的行为纳入了封建道德的轨道，形成了以儒家学派学说为主导的正统的封建礼教。奴隶社会的尊君观念被演绎为“君权神授说”，即“唯天子受命于天，天下受命于天子，天不变，道亦不变”，并将这种“道”具体化为“三纲五常”。“三纲”是指“君为臣纲，父为子纲，夫为妻纲”，“五常”即仁、义、礼、智、信，是用以调整、规范君臣、父子、兄弟、夫妇、朋友等人伦关系的行为准则。

宋代将封建礼仪推向了新的高峰，出现了以程颢、程颐和朱熹的理学为代表的“程朱理学”的天理理论。天理理论认为理是宇宙的根本，人与自然因理而生，人性的本质就是天理的体现。明、清二朝延续了宋代以来的封建礼仪，对人的道德和行为规范更加严明，人的行为限制到“非礼勿视，非礼勿听，非礼勿言，非礼勿动”的范畴，从而使封建礼仪更加完善。

纵观封建社会的礼仪，礼制规则可分为与政治息息相关的礼仪制度和社会交往中应遵守的行为规范两大部分。在漫长的历史进程中，它逐渐演变成妨碍人类个性自由发展、阻挠平等交往、窒息思想自由的精神枷锁。

（五）现代礼仪阶段

现代礼仪阶段约从1912年到中华人民共和国成立前。辛亥革命后，随着西学东渐的影响，人们的生活风貌、风俗礼仪发生了深刻的变化，中国的传统礼仪规范、制度受到强烈冲击，符合时代要求的礼仪被继承、完善、流传，腐朽、落后的礼仪逐渐被抛弃，新的礼仪标准、价值观念得到推广和传播。

（六）当代礼仪阶段

当代礼仪阶段从1949年中华人民共和国成立至今。中华人民共和国成立后，逐渐确立了以平等相处、友好往来、相互帮助、团结友爱为主要原则的具有中国特色的新型社会关系和人际关系。随着改革开放的不断深入，中国与世界的交往日益频繁，西方国家的一些先进礼仪传入我国，与我国的传统礼仪相互交融，构成了社会主义礼仪的基本框架。

随着社会活动的发展及文明程度的提高，现代礼仪以科学精神和现代生活为基础，进入了全新的发展时期，新的礼仪形式不断出现，各行各业的礼仪规范纷纷出台，讲文明、讲礼貌蔚然成风，礼仪文化得到进一步的完善和发展。

拓展知识

礼器是中国古代在祭祀、宴飨、丧葬及征伐等礼仪活动中使用的器具，其使用的规格有严格的等级限制，用以表明使用者的地位、身份、权力。图1-1所示是清代著名金石家吴廷康手拓并跋礼器。

图1-1　清代礼器

（资料来源：360doc个人图书馆 . [2023-7-12]. http://www.360doc.com/content/15/0314/17/17132703_455097378.shtml）

第二节　礼仪的特征与功能

一、礼仪的概念与内涵

（一）礼、礼貌、礼节与礼仪

1. 礼

《中国礼仪大辞典》中，礼被定义为特定的民族、人群或国家基于客观历史传统而形成的价值观念、道德规范及与之相适应的典章制度和行为方式。《说文解字》中有："禮，会意，从示，从豊。"礼的本义是举行仪礼，祭神求福，后引申为表示敬意的通称。礼既可以指为表示敬意和隆重而举行的仪式，也可泛指社会交往中的礼貌礼节，是人们在长期的生活实践中约定俗成、共同认可的行为规范。

2. 礼貌

礼貌是人类为维系社会正常生活而要求人们共同遵守的最基本的道德规范，它是人们在长期共同生活和相互交往中逐渐形成的，并且以传统、风俗和习惯等方式固定下来。礼貌是一个人在待人接物时的外在表现，是通过仪表及言谈举止来表示对交往对象的尊重。

3. 礼节

礼节是人和人交往的礼仪规矩，是人对人表示尊重的各种形式，包括动作形式和语言形式，如握手、鞠躬、磕头等是动作形式，问候、道谢等是语言形式。礼节是日常生活中的礼貌行为，是礼貌的具体表现，具有形式化的特点。

4. 礼仪

礼仪包括"礼"和"仪"两部分。"礼"，即礼貌、礼节；"仪"，即"仪表""仪态""仪式""仪容"，是对礼节、仪式的统称。

礼仪是人们在社会交往活动中，为了相互尊重，在仪容、仪表、仪态、仪式、言谈举止等方面约定俗成的，共同认可的行为规范。礼仪是对礼节、礼貌、仪态和仪式的统称。从广义上讲，礼仪泛指人们在社会交往中的行为规范和交际艺术；从狭义上讲，礼仪是指人际交往中，为表示敬意、尊重、重视等所举行的合乎社交规范和道德规范的仪式。

小贴士

子大叔见赵简子，简子问揖让周旋之礼焉。对曰："是仪也，非礼也。"简子曰："敢问何谓礼？"对曰："吉也闻诸先大夫子产曰：'夫礼，天之经也，地之义也，民之行也。天地之经，而民实则之。'"

——《左传·昭公二十五年》

译文：

子太叔进见赵简子，赵简子向他询问揖让、周旋的礼节。子太叔回答说："这是仪，不是礼。”赵简子说：“谨敢请问什么叫礼？”子太叔回答说：“吉曾经听到先大夫子产说：‘礼，是上天的规范，大地的准则，百姓行动的依据。天地的规范，百姓就加以效法。’”

（二）礼、礼貌、礼节与礼仪之间的关系

礼貌、礼节、礼仪都属于礼的范畴，“礼貌”“礼节”“礼仪”三者虽然名称不同，但都是人们在社会交往中表示尊敬、友好的行为，三者相辅相成，密不可分。礼貌是最基本的道德规范，礼节是表示尊重的各种形式。礼貌是礼仪的基础，礼节是礼仪的基本组成部分。

礼是仪的本质，仪则是礼的外在表现。礼仪由一系列具体的礼貌、礼节构成，是一个表示礼貌的系统、完整的过程。

案例

送走了最后一名幼儿，陈老师和肖老师稍作收拾就去参加园长举办的《幼儿教师礼仪小讲堂》的培训课程。在去会议室的路上，两位老师探讨起什么是礼仪。肖老师笑着回忆起自己的往事：“记得刚上小学一年级时，班主任张老师就给我们制订了一套进出教师办公室的规矩，要求进门前先轻敲三下门，喊一声‘报告’，然后推门进入；见到老师要礼貌地打招呼‘老师好’；交完作业后要说‘老师再见’，然后轻轻带上门，快步走出办公室。现在想想，这就是老师给我们上的第一堂礼仪课吧。”两位老师边谈边笑着走进了会议室。

（资料来源：道客巴巴 . [2023-7-12]. https://www.doc88.com/p-3129169377674.html?r=1）

【思考】案例中的规矩指什么？礼、礼貌、礼节与礼仪之间有什么关系？

二、礼仪的特征

礼仪是在人类长期的社会实践中形成、发展、完善起来的，是社会历史发展的产物。礼仪具有规范性、普遍性、可操作性、传承性、差异性、时代性等特征。

（一）规范性

礼仪是人们在各种交际场合待人接物时必须遵守的行为规范。礼仪的规范性是人们在社会交往实践中逐渐形成的。这种规范性反映的实质是一种被广泛认同的社会价值取向和对他人的态度。无论是言行还是姿态，都反映出行为主体的内在品质和外在行为标准。礼仪作为一种规范的行为准则，不断支配或控制着人们的交往行为，是人们在一切交际场合必须采用的一种“通用语言”，是衡量他人、判断自己是否自律、敬人的一种尺度。任何人想要在交际场合表现得合乎礼仪、彬彬有礼，都必须自觉遵守固有的礼仪。

（二）普遍性

礼仪具有普遍性。礼仪的发展贯穿于人类社会始终，只要有人类社会，就会有礼仪。

礼仪遍及人类社会的各个领域，渗透于各种社会关系之中，只要有人和人的关系存在，就会有作为人的行为准则和规范的礼仪存在。一般来说，礼仪代表了一个国家、一个民族、一个地区的文化习俗特征，是全社会共同认可、普遍遵守的准则。不少礼仪是全世界通用的，具有全人类的共同性。

（三）可操作性

礼仪具有规则简明、实用可行、易学易会、便于操作的特点。礼仪既有总体上的原则、规范，又有具体的方式、方法，详细周密地对礼仪原则和规范加以贯彻，使礼仪切实落到实处，做到“言之有物”“行之有礼”，被广大公众认可，并广泛地运用于人们的人际交往实践中。

（四）传承性

礼仪是一个国家民族传统文化的重要组成部分。礼仪形成本身是一个动态发展过程，是在风俗和传统变化中形成的行为规范。这种发展变化表现为一种继承和发展。每个国家的礼仪都有自己鲜明的民族特色，每个民族的礼仪文化都是在本民族传统文化的基础上，通过不断吸收其他民族的礼仪文化而发展起来的。当代中华礼仪就是以中华传统礼仪文化为核心，在广泛吸收东西方礼仪文化的基础上形成和发展而来的。

（五）差异性

礼仪的差异性首先表现为民族差异性，由于地域不同，民族不同，文化背景不同，因此各民族的习俗礼仪都凝结着本民族本地区人民的文化情结，各具特色，有着不同的礼仪表现形式；其次表现为个性差异，每个人因性格、社会角色、教育背景等因素的不同，在使用同样的礼仪时会表现出不同的形式和特点；最后表现为其时代变异性，礼仪随着社会的进步而不断发展、丰富和完善，体现着时代要求和时代精神，随着时代发展而产生差异。

（六）时代性

礼仪是在人类长期的交际活动实践中形成、发展、完善起来的，是社会历史发展的产物，具有鲜明的时代特点。礼仪规范并不是一成不变的，它随着社会的发展不断变化。社会的发展，历史的进步，随之带来的人际交往活动的新特点，这些都要求礼仪推陈出新，与时俱进，以适应新形势下的新要求。随着经济全球化、一体化程度的逐渐深入，各国、各民族的社会交往日益密切，各国、各民族的礼仪也在不断地相互融合，被赋予新的内容。因此，要用发展、变化的眼光看待礼仪，有扬弃，有继承，更要有发展。

三、礼仪的功能

（一）教育功能

礼仪是一个民族传统文化的重要组成部分，蕴含着丰富的文化内涵，是人类社会进步的产物，体现着社会的要求与时代精神。它以“传统”的力量不断地由老一辈传继给新一代，世代相继、相传。礼仪作为一种道德习俗，通过评价、劝阻、示范等教育形式，对全社会的每个人都有教化作用，都在施行教化。礼仪规范人们的行为，纠正人们不正确的行为习惯，指导人们按照礼仪规范的要求协调人际关系，维护社会正常生活，从整体上提高国民的综合素质。

（二）沟通功能

礼仪可以促进沟通。每一种礼仪行为都包含着一种甚至多种信息。在人际交往中，自觉地执行礼仪规范，可以使交往双方的感情得到沟通，在向对方表示尊重、敬意、善意和友好的过程中获得对方的理解、尊重和信任。人际交往时，以礼相待，用热情的问候、友善的目光、亲切的微笑、文雅的谈吐、得体的举止等唤起人们的沟通欲望，彼此产生好感和信任，有助于促使人们之间互相尊重，建立友好合作的关系，达成共识。

（三）协调功能

在社会交往中，人们的相互关系错综复杂，有时会发生矛盾冲突，甚至会采取极端行为。礼仪具有调节人际关系的作用，在人际沟通与交往中承担着“润滑剂”作用。礼仪作为一种规范、程序，约束人们的态度和动机，指导人们立身处世的行为方式，有利于促使冲突各方保持冷静，缓和或者避免不必要的矛盾和冲突，建立和加强人与人之间相互尊重、友好合作的新型关系，使社会更加有序。

（四）维护功能

礼仪作为社会行为规范和道德习俗，对人们的社会行为具有很强的约束作用。生活在某种礼仪习俗和规范环境中的人会自觉或不自觉地受到礼仪的约束，不接受礼仪的约束，就会以道德和舆论的手段来对其加以约束，因此礼仪在维护社会秩序方面起着重要的作用。礼仪是社会文明发展程度的反映和标志，对社会的风尚产生广泛、持久和深刻的影响。社会的发展稳定，家庭的和谐安宁，邻里的和谐相处，都依赖于人们共同遵守礼仪的规范与要求。讲礼仪的人越多，社会便会越和谐稳定。

第三节　礼仪的运用原则及培养礼仪修养的途径

一、礼仪的运用原则

（一）真诚尊重

真诚是对人对事的一种实事求是的态度，是待人真心诚意、表里如一的友善。真诚是人与人相处的基础，是礼仪的一条重要原则。礼仪的核心是尊重为本。尊重是礼仪之本，也是待人接物的根基。人们在社会交往中要诚心待人，敬人之心常存，不可伤害他人的尊严，不侮辱对方的人格。孟子曰：“君子所以异于人者，以其存心也。君子以仁存心，以礼存心。仁者爱人，有礼者敬人。爱人者，人恒爱之；敬人者，人恒敬之。”真诚尊重是人际交往的前提。

案例

公元前592年，当时的齐国国君齐顷公在朝堂接见来自晋国、鲁国、卫国和曹国的使臣，各国使臣都带来了圭玉、币帛等贵重礼品献给齐顷公。献礼的时候，齐顷公向下一看，只见晋国的使臣是个独眼，鲁国的使臣是个秃头，卫国的使臣是个跛脚，而曹国的使臣则是个驼背，不禁暗自发笑。

当晚，齐顷公见到自己的母亲萧夫人，便把白天看到的四个人当笑话说给萧夫人听，萧夫人一听便乐了，执意要亲眼见识一下。正好第二天是齐顷公设宴招待各国使臣的日子，于是便答应让萧夫人届时躲在帷帐的后面观看。

第二天，当四国使臣的车子一起到达，众人依次入厅时，萧夫人掀开帷帐向外望，一看到四个使臣便忍不住大笑了起来，她的随从也个个笑得前仰后合。笑声惊动了众使者，当他们弄明白原来是齐顷公为了让母亲寻开心，特意做了这样的安排时，个个怒不可遏，不辞而别。四国使臣约定各自回国请兵伐齐，雪洗在齐国所受的耻辱。四年后，四国联合起来讨伐齐国，齐国不敌，大败，齐顷公只得讲和。这便是春秋时著名的“鞍之战”。

（资料来源：淘豆网 . [2023-7-12]. https://www.taodocs.com/p-433530361.html）

【思考】在人际交往中，遇到有缺陷的人时我们应该遵守哪些礼仪？

（二）平等适度

平等是礼仪的核心，即尊重交往对象，以礼相待，对任何交往对象都要一视同仁，给予同等程度的礼遇。不能因为交往对象在地位、财富及与自己的关系亲疏远近等方面有所不同就厚此薄彼，区别对待。平等是人与人交往时建立情感的基础，是保持良好的人际关系的诀窍。

适度是指人们在人际交往中，在熟悉礼仪规范和准则的基础上，注意各种情况下人际关系的距离，把握与特定环境相适应的人们彼此间的交往尺度，要谈吐适度，举止适度，装扮适度，交往中不卑不亢、落落大方，以建立和保持健康、良好、持久的人际关系。

（三）遵时守约

遵时守约是指人际交往中，一旦允诺答应，就要按时履约，信守诺言。孔子曰：“民无信不立，与朋友交，言而有信。”礼仪是人际交往活动中的行为规范、处事准则，每个人在社会生活中都必须自觉、自愿地遵守礼仪，用礼仪规范自己在交往活动中的言行举止。遵时守约是对行为主体提出的基本要求，更是人格素质的基本体现。只有遵守礼仪规范，信守诺言，才能赢得他人的尊重，确保交际活动达到预期的目标。

（四）宽容自律

宽容自律即人们在交际活动中运用礼仪时，既要严于律己，更要宽以待人，具体表现为一种胸襟，一种容纳意识和自控能力。宽容是指心胸宽广，忍耐性强。在人际交往中，豁达大度，有气量，不计较，不追究，将心比心，多容忍体谅他人。

严于律己是礼仪的基础和出发点。礼仪对人行为的规范作用是从人的外在表现开始的，逐渐深入内心，最终在精神层面达到自律。孔子曰："君子求诸己，小人求诸人。"学习与应用礼仪，最重要的就是要自我约束，按照礼仪规范严格要求自己，明确知道自己该做什么，不该做什么，把自律变成一种内心情感的自觉。

（五）和谐适度

和谐适度是指应用礼仪要具体情况具体分析，因人、因事、因时、因地恰当处理，注意把握人们彼此间的感情尺度、行为尺度、谈吐尺度，以建立和保持健康、良好、持久的人际关系。礼仪是一种程序规定，而程序自身就是一种"度"。没有"度"，施礼就可能进入误区。分寸感是礼仪实践的最高技巧。应用礼仪时要注意把握分寸，认真得体，不卑不亢，热情大方，有理、有利、有节，要做到和谐适度，避免过犹不及。

（六）入乡随俗

由于国情、民族、文化背景的不同，每个国家民族的礼仪文化各不相同。正如《礼记》中记载："入境而问禁，入国而问俗，入门而问讳""礼从宜，使从俗。"在人际交往中，我们必须入乡从俗，了解所在国家的民族文化，尊重当地的风俗、习惯与禁忌，因地制宜、因时制宜、因人制宜，勿失礼于人。"客随主便"的社交原则便体现了这一点，即客人为了表示对主人的尊重，完全随主人的方便或安排而行事。

二、培养礼仪修养的途径

（一）充分发挥主观能动性

礼仪是一个人外在美与内在美的有机结合。礼仪规范是人们自觉、自愿遵守和维护的行为准则，是在个人主观意识控制下进行的。培养礼仪修养的基本前提是学习主体要有自己的主观要求，充分认识到提高个人礼仪修养的重要性，愿意积极投身到礼仪的学习中，发挥主体的主观能动性，把学习礼仪、运用礼仪变成个人自觉的行动，才能真正由内到外培养个人的礼仪修养。

（二）理论联系实际

礼仪是一门应用科学，培养个人礼仪修养，不但要掌握礼仪知识和礼仪规范，而且要把礼仪规范自觉地应用到个人的学习、生活、工作中。在人际交往中，用礼仪规范自身的行为，改正不合礼仪规范的行为，在思想和行动上保持一致，在不断的实践中，持之以恒，循序渐进，提升个人的礼仪修养。

（三）丰富文化知识

礼仪是个人气质、修养、风度、学识等的综合体现。丰富的文化知识既是礼仪修养的重要内容，也是提升礼仪修养的坚实基础。讲礼仪、有修养的人一般是文化知识丰富的人。文化知识丰富的人做事考虑周到、处事得当，可在人际交往中体现出个人魅力，在个人修养上更有内涵和品位。礼仪修养不是一朝一夕可以养成的，需要不断地积累和提高，是一个人一生都要学习的课程。个人礼仪修养的基础是文化知识，我们应努力提高自身的文化修养水平，真正做到秀外慧中。

案例

孟子年幼的时候家住在墓地附近，所以经常到那里去玩耍，和小朋友们一起做一些模仿成人送葬的游戏。孟母发现后，认为这地方不利于孩子的成长，就迁居到一个闹市附近，可孟子在玩耍时又学起小贩沿街叫卖来。孟母说："这也不是孩子应住的地方啊！"于是又把家迁居到学堂附近，这次孟子在玩耍时学起了祭祀、打躬作揖的礼仪。孟母说："这个地方可以让我儿子住了。"于是母子二人就在这里定居下来。

在母亲的督促下，孟子成了当地有声望的学者，也有了妻室。一次，妻子在屋里坐着休息，随意将两条腿叉开。孟子外出回来，看见妻子的这种姿势，转身去找母亲，气哼哼地要休妻。孟母被这突如其来的举动惊呆了，便问为什么，孟子回答说："她坐着的时候把两腿叉开，像什么样子。"

孟母追问："你怎么知道她坐着的时候是把两腿叉开的呢？"

孟子回答说："是我亲眼所见嘛！"孟母严肃地教导他说："这不是你妻子没礼貌，而是你没礼貌。《礼记》上不是说了吗？进门时，先要问谁在里面；上堂时，要高声说话，给个知会；进屋时，眼睛应该往下看，这样可以使人有所准备，不至于措手不及。现在你到她休息的地方，进屋前也不说一声，所以她那样坐着让你看见了。这是你没有礼貌！"

孟子听了母亲的明礼之教，仔细品味自己的言行，感到很惭愧。他更加虚心求学，以礼仪规范自己，后来成为声望仅次于孔子的亚圣。

（资料来源：道客巴巴 . [2023-9-21]. https://www.doc88.com/p-3129169377674.html?r=1）

【思考】请从文化对人的影响的角度分析"孟母三迁"的意义。

（四）形成礼仪氛围

礼仪并不仅仅反映了个人修养，还直接体现了集体、国家、民族的整体风貌。培养个人礼仪修养，不但需要个人的努力，还需要整个社会真正认识到国民礼仪修养的重要性，把礼仪教育纳入国民文化素质教育的总体规划中，开设礼仪课程，加大讲文明讲礼仪的宣传，在全社会形成礼仪氛围，提高国民的礼仪素质。

拓展知识

社交礼仪禁忌

1. 不要耳语

耳语被视为不信任在场人士所采取的防范措施，在大庭广众之下与同伴耳语是很不礼貌的行为。

2. 不要失声大笑

无论听到什么“惊天动地”的趣事，在社交宴会上也要保持仪态，最多报以灿烂笑容。

3. 不要滔滔不绝

在宴会中假设有人对你交谈，要保持落落大方，简单答复几句足矣。切忌向人汇报自己的身世，或向对方详加打探，这样很容易把对方吓跑，或被视作“长舌妇”。

4. 不要说长道短

在社交场合说长道短，揭人隐私，必定会惹人反感，让人“敬而远之”。

5. 不要大煞风景

参加社交宴会，别人期望见到的是一张可爱的笑脸，所以即使是情绪低落，外表上也要笑容可掬，周旋于当时的人物环境。

6. 不要木讷肃然

面对初相识的陌生人，可以交谈几句无关紧要的话开场，切忌坐着闭口不语，一脸肃穆表情。

7. 不要在众目睽睽之下涂脂抹粉

如果需要补妆，必须到洗手间或附近的化妆间。

8. 不要忸怩作态

假设觉察到有人在注视你，要表现得沉着镇静，不必忸怩作态或怒视对方，可以微笑打招呼或是巧妙地离开对方的视线范围。

（资料来源：360 文库 . [2023-6-10]. https://wenku.so.com/d/847d5b52fad1f48506cb5e7cf703021c）

幼儿园教师专业标准（试行）①

幼儿园教师是履行幼儿园教育教学工作职责的专业人员，需要经过严格的培养与培训，具有良好的职业道德，掌握系统的专业知识和专业技能。《幼儿园教师专业标准（试行）》是国家对合格幼儿园教师专业素质的基本要求，是幼儿园教师实施保教行为的基本规范，是引领幼儿园教师专业发展的基本准则，是幼儿园教师培养、准入、培训、考核等工作的重要依据。

一、基本理念

（一）师德为先

热爱学前教育事业，具有职业理想，践行社会主义核心价值体系，履行教师职业

① 中华人民共和国教育部：教师 [2012] 1 号。

道德规范，依法执教。关爱幼儿，尊重幼儿人格，富有爱心、责任心、耐心和细心；为人师表，教书育人，自尊自律，做幼儿健康成长的启蒙者和引路人。

（二）幼儿为本

尊重幼儿权益，以幼儿为主体，充分调动和发挥幼儿的主动性；遵循幼儿身心发展特点和保教活动规律，提供适合的教育，保障幼儿快乐健康成长。

（三）能力为重

把学前教育理论与保教实践相结合，突出保教实践能力；研究幼儿，遵循幼儿成长规律，提升保教工作专业化水平；坚持实践、反思，再实践、再反思，不断提高专业能力。

（四）终身学习

学习先进学前教育理论，了解国内外学前教育改革与发展的经验和做法；优化知识结构，提高文化素养；具有终身学习与持续发展的意识和能力，做终身学习的典范。

二、基本内容

《幼儿园教师专业标准（试行）》的基本内容见表 1-1。

表 1-1 基本内容

维度	领 域	基 本 要 求
专业理念与师德	（一）职业理解与认识	（1）贯彻党和国家教育方针政策，遵守教育法律法规。 （2）理解幼儿保教工作的意义，热爱学前教育事业，具有职业理想和敬业精神。 （3）认同幼儿园教师的专业性和独特性，注重自身专业发展。 （4）具有良好职业道德修养，为人师表。 （5）具有团队合作精神，积极开展协作与交流
	（二）对幼儿的态度与行为	（6）关爱幼儿，重视幼儿身心健康，将保护幼儿生命安全放在首位。 （7）尊重幼儿人格，维护幼儿合法权益，平等对待每一位幼儿。不讽刺、挖苦、歧视幼儿，不体罚或变相体罚幼儿。 （8）信任幼儿，尊重个体差异，主动了解和满足有益于幼儿身心发展的不同需求。 （9）重视生活对幼儿健康成长的重要价值，积极创造条件，让幼儿拥有快乐的幼儿园生活
	（三）幼儿保育和教育的态度与行为	（10）注重保教结合，培育幼儿良好的意志品质，帮助幼儿养成良好的行为习惯。 （11）注重保护幼儿的好奇心，培养幼儿的想象力，发掘幼儿的兴趣爱好。 （12）重视环境和游戏对幼儿发展的独特作用，创设富有教育意义的环境氛围，将游戏作为幼儿的主要活动形式。 （13）重视丰富幼儿多方面的直接经验，将探索、交往等实践活动作为幼儿最重要的学习方式。 （14）重视自身日常态度言行对幼儿发展的重要影响与作用。 （15）重视幼儿园、家庭和社区的合作，综合利用各种资源
	（四）个人修养与行为	（16）富有爱心、责任心、耐心和细心。 （17）乐观向上、热情开朗，有亲和力。 （18）善于自我调节情绪，保持平和心态。 （19）勤于学习，不断进取。 （20）衣着整洁得体，语言规范健康，举止文明礼貌

续表

维度	领域	基本要求
专业知识	（五）幼儿发展知识	（21）了解关于幼儿生存、发展和保护的有关法律法规及政策规定。 （22）掌握不同年龄幼儿身心发展特点、规律和促进幼儿全面发展的策略与方法。 （23）了解幼儿在发展水平、速度与优势领域等方面的个体差异，掌握对应的策略与方法。 （24）了解幼儿发展中容易出现的问题与适宜的对策。 （25）了解有特殊需要幼儿的身心发展特点及教育策略与方法
	（六）幼儿保育和教育知识	（26）熟悉幼儿园教育的目标、任务、内容、要求和基本原则。 （27）掌握幼儿园各领域教育的学科特点与基本知识。 （28）掌握幼儿园环境创设、一日生活安排、游戏与教育活动、保育和班级管理的知识与方法。 （29）熟知幼儿园的安全应急预案，掌握意外事故和危险情况下幼儿安全防护与救助的基本方法。 （30）掌握观察、谈话、记录等了解幼儿的基本方法和教育心理学的基本原理和方法。 （31）了解 0 ～ 3 岁婴幼儿保教和幼小衔接的有关知识与基本方法
	（七）通识性知识	（32）具有一定的自然科学和人文社会科学知识。 （33）了解中国教育基本情况。 （34）具有相应的艺术欣赏与表现知识。 （35）具有一定的现代信息技术知识
专业能力	（八）环境的创设与利用	（36）建立良好的师幼关系，帮助幼儿建立良好的同伴关系，让幼儿感到温暖和愉悦。 （37）建立班级秩序与规则，营造良好的班级氛围，让幼儿感受到安全、舒适。 （38）创设有助于促进幼儿成长、学习、游戏的教育环境。 （39）合理利用资源，为幼儿提供和制作合适的玩教具和学习材料，引发和支持幼儿的主动活动
	（九）一日生活的组织与保育	（40）合理安排和组织一日生活的各个环节，将教育灵活地渗透到一日生活中。 （41）科学照料幼儿日常生活，指导和协助保育员做好班级常规保育和卫生工作。 （42）充分利用各种教育契机，对幼儿进行随机教育。 （43）有效保护幼儿，及时处理幼儿的常见事故，危险情况优先救护幼儿
	（十）游戏活动的支持与引导	（44）提供符合幼儿兴趣需要、年龄特点和发展目标的游戏条件。 （45）充分利用与合理设计游戏活动空间，提供丰富、适宜的游戏材料，支持、引发和促进幼儿的游戏。 （46）鼓励幼儿自主选择游戏内容、伙伴和材料，支持幼儿主动地、创造性地开展游戏，充分体验游戏的快乐和满足。 （47）引导幼儿在游戏活动中获得身体、认知、语言和社会性等多方面的发展
	（十一）教育活动的计划与实施	（48）制订阶段性的教育活动计划和具体活动方案。 （49）在教育活动中观察幼儿，根据幼儿的表现和需要调整活动，给予适宜的指导。 （50）在教育活动的设计和实施中体现趣味性、综合性和生活化，灵活运用各种组织形式和适宜的教育方式。 （51）提供更多的操作探索、交流合作、表达表现的机会，支持和促进幼儿主动学习

续表

维度	领域	基本要求
专业能力	（十二）激励与评价	（52）关注幼儿日常表现，及时发现和赏识每个幼儿的点滴进步，注重激发和保护幼儿的积极性、自信心。 （53）有效运用观察、谈话、家园联系、作品分析等多种方法，客观地、全面地了解和评价幼儿。 （54）有效运用评价结果，指导下一步教育活动的开展
	（十三）沟通与合作	（55）使用符合幼儿年龄特点的语言进行保教工作。 （56）善于倾听，和蔼可亲，与幼儿进行有效沟通。 （57）与同事合作交流，分享经验和资源，共同发展。 （58）与家长进行有效沟通合作，共同促进幼儿发展。 （59）协助幼儿园与社区建立合作互助的良好关系
	（十四）反思与发展	（60）主动收集分析相关信息，不断进行反思，改进保教工作。 （61）针对保教工作中的现实需要与问题进行探索和研究。 （62）制订专业发展规划，积极参加专业培训，不断提高自身专业素质

【本章思考题】

1. 中国礼仪是如何发展的？
2. 礼、礼貌、礼节、礼仪有什么区别？
3. 礼仪的特征是什么？
4. 礼仪有哪些功能？
5. 如何培养个人的礼仪修养？

【案例分析】

这天，林林的奶奶到幼儿园找陈老师。因为陈老师去园长办公室汇报工作了，所以肖老师先行接待。肖老师请她入座后，用一次性纸杯给林林的奶奶倒了一杯白开水，弯着腰双手奉上。林林奶奶并不伸手接，而是站了起来：“呀，这椅子怎么这么硬呀，你们这里就没有软点的椅子吗？我一把年纪了，腰疼得厉害，坐不了硬凳子。”说着，她四处巡视起来。

在没有看到软椅子，也没有看到坐垫后，她盯上了肖老师穿在身上的毛呢大衣：“老师啊，把你身上的大衣给我垫吧。”肖老师犹豫了一下，还是脱下了衣服，叠起来当成坐垫铺在椅子上。林林奶奶不太高兴地坐下后，又开始挑剔：“是纯净水吗？白开水我可不喝啊。这样，给我一杯热牛奶吧。”肖老师回答：“不好意思，奶奶，我们这里没有……”“幼儿园怎么会没有牛奶呢？如果没有，林林他们平时喝什么？你拿一瓶去给我热一下能怎样？”还没等肖老师说完，林林奶奶就生气地嚷了起来。肖老师急忙答应：“那请您稍等，我去想想办法。”

肖老师急匆匆出了办公室，正好撞上回来的陈老师。陈老师问明缘由后，阻止了她：“不用去了，我来解决。”

陈老师顺利接待完林林奶奶后，找到了肖老师："肖老师，讲礼貌是好的，但是今天你这样接待林林奶奶并不妥当。礼貌过分，就成了好欺负了。在工作上是这样，在生活上也是这样。讲礼貌，也要有个度。"

（资料来源：百度文库 . [2023-9-20]. https://wenku.baidu.com/view/fb26e3a9bfeb19e8b8f67c1cfad6195f302be871.html?_wkts_=1695253923954）

【思考】

1. 本案例中，肖老师接待林林奶奶的礼仪有哪些不妥？

2. 人际交往中，礼仪运用应遵守哪些原则？

【课后实训】

我国被誉为"礼仪之邦"，礼仪传统源远流长。请收集中华文明礼仪的典故进行小组交流，讨论如何培养个人的礼仪修养。

第二章

走入幼儿教师的职业礼仪之门

学习目标

1. 了解幼儿教师礼仪的含义；
2. 熟悉幼儿教师的求职礼仪；
3. 掌握幼儿教师的见习、实习礼仪。

引导案例

1987 年，75 位诺贝尔奖获得者在巴黎集会。有人问一位诺贝尔获奖者：您在哪所学校的哪个实验室学到了您认为最有价值的东西？出人意料，这位学者说是在幼儿园。“在幼儿园学到什么呢？”学者答:“把自己的东西分一半给小伙伴，不是自己的东西不要拿；东西要放整齐；吃饭前要洗手；做错了事要道歉；午饭后要休息；要仔细观察大自然。从根本上我学到的东西就是这些。”这位学者的话代表了科学家的普遍看法。

（资料来源：百度知道 . [2023-9-20]. https://zhidao.baidu.com/question/557772940.html）

【思考】幼儿礼仪教育在个人良好习惯和品质养成中起着什么作用？

第一节　幼儿教师的职业礼仪教育

幼儿教师是幼儿园文明礼仪教育事业发展的基础，是提高学前文明礼仪教育质量、培养身心全面、和谐发展人才的关键。在幼儿礼仪教育中，幼儿教师模范行为具有重要的引领作用。加强幼儿教师师德师风建设，规范教师文明礼仪，通过教师的身体力行、率先垂范，充分发挥榜样示范作用，有助于培养幼儿文明礼仪习惯，促进幼儿全面发展。

一、什么是幼儿教师礼仪

幼儿教师礼仪是指幼儿教师在幼儿园从事班级管理及对幼儿进行保育、教育工作时，必须遵守的行为规范或表现出的应有的气质与风度，是幼儿教师师德修养、文化素质、风度气质、行为操守的外在表现。

拓展知识

“热爱学前教育事业，具有职业理想，践行社会主义核心价值体系，履行教师职业道德规范，依法执教。关爱幼儿，尊重幼儿人格，富有爱心、责任心、耐心和细心；为人师表，教书育人，自尊自律，做幼儿健康成长的启蒙者和引路人。”

“衣着整洁得体，语言规范健康，举止文明礼貌。”

——《幼儿园教师专业标准（试行）》

二、幼儿教师礼仪的特点

幼儿教师礼仪有其特定的适用范围和适用对象，与其他礼仪相比，幼儿教师礼仪具有以下四个特点。

（1）鲜明的强制性：作为幼儿教师，必须遵守幼儿教师礼仪。

（2）强烈的形象性：幼儿教师的形象不仅是个人形象，而且代表了教师队伍、学校的整体形象。

（3）率先的示范性：幼儿教师的言行举止具有重要的榜样示范作用。

（4）影响的深远性：幼儿教师的行为会影响幼儿一生。

三、幼儿教师礼仪的教育意义

（一）对幼儿教师个人而言

1. 提高心理承受能力

熟悉幼儿教师职业礼仪有利于提高幼儿教师的社会心理承受力，增强个人的交际能力。具有良好的心理承受力的人，在人际交往中遇到问题或困难时，能够始终保持沉着稳定的心态，根据所掌握的信息迅速采取合理的行为方式，化险为夷，争取主动。幼儿教师掌握职业礼仪，不仅满足幼儿教师的职业需要，而且可以培养幼儿教师适应社会生活的能力，提高社会心理承受力。

2. 提高人文素质

幼儿教师职业礼仪融合了中华民族的文化教育和道德教育，接受幼儿教师职业礼仪教育可以提高幼儿教师的人文素质。礼仪对于个人行为的基本要求是“举止不出格，谈吐不失礼，交往不失态”。幼儿教师在职业礼仪教育中，可以培养正确的价值观、人生观，形成积极乐观的个性，学会与他人相处，做知礼、懂礼、守礼的高素质文明人。

（二）对幼儿园而言

1. 提高园所形象

幼儿教师是幼儿园园所形象的代表，幼儿教师的职场形象和职场礼仪直接影响幼儿园的形象。幼儿教师良好的职业礼仪可以帮助幼儿园树立品牌形象，形成良好的社会口碑，帮助幼儿园在众多竞争者中脱颖而出。

2. 营造和谐的环境

职场礼仪是现代职场中的“国际通用语言”，是人际关系中的“润滑剂”。幼儿园部门与部门之间、员工与领导之间、同事之间、教师与幼儿之间、教师与家长之间，时刻需要营造一个和谐友善的环境。熟悉幼儿职业礼仪可以促进幼儿园形成融洽和谐的环境，确保各项工作的顺利进行。

3. 培养幼儿良好的礼仪习惯

3～6岁的幼儿正处在行为习惯和语言习惯养成的关键时期，幼儿教师的言谈举止会影响幼儿的一生。培养幼儿教师良好的礼仪素养，规范幼儿教师的言谈举止，让幼儿教师成为传播礼仪文化的使者，可以培养幼儿树立良好的礼仪习惯，传承中华民族礼仪之邦的礼仪文化，促进幼儿的身心健康成长。

（三）对社会而言

职业礼仪教育有利于提高幼儿教师的文明素质和思想道德素养，促进社会主义精神文明建设。幼儿教师的文明程度不仅关系到自身的形象，而且影响整个社会的精神文明。通过职业礼仪教育，可使幼儿教师养成良好的文明礼仪习惯，具备基本的文明教养，让文明之花遍地开放，促使良好社会风尚形成，使人与人之间、人与社会之间达到高度和谐与有序。

四、幼儿教师礼仪的培养途径

（一）提高思想认识

幼儿教师礼仪教育的成效取决于幼儿教师对待礼仪教育的态度。幼儿教师的礼仪教育要紧密联系教师的切身利益，使幼儿教师明白个人的礼仪修养不仅是从事幼儿教师职业的基本要求，而且关系到教师的职业发展、受教育者的健康成长和国家与民族的文明程度。只有学习者从思想上高度重视，让学习礼仪内化为自觉的行为习惯，渗透到工作中的点点滴滴，才能真正提高幼儿教师的综合素养。

（二）提供有力支持

幼儿园应加大对幼儿教师的思想政治教育工作，为教师职业礼仪教育提供必要的支持。在工作中，应定期开设职业礼仪教育课程，安排所有教职工参加，保证必要的课时，提供必要的教学辅助设施，教学形式和方法也应灵活多样。例如，请专家做专题讲座、组织教师观看工作录像，指出不足，总结改进。通过反复、经常地灌输教师职业礼仪，使职业礼仪意识自觉融入教师的日常工作中。

（三）营造良好的礼仪环境

幼儿园每个教职员工都应为人师表，树立良好的形象，为幼儿做表率。幼儿园可以制订必要的制度，对教职工的基本形象和言行加以规范。可在大厅、楼梯等入口处放置一面大镜子，让幼儿教师和幼儿随时注意整理自己的仪表。幼儿园礼仪环境建设要充满人文色彩和绿色理念，校园自然环境整洁优美，各种文明规范随处可见，师生在其中耳濡目染，得到美的熏陶和滋养。

案例

杨时是北宋时的一位才子，南剑州将乐（今属福建）人，他中了进士后，放弃做官，继续求学。

程颢、程颐兄弟俩是当时很有名望的大学问家、哲学家、教育家，洛阳人，同是北宋理学的奠基人，他们的学说为后来的南宋朱熹所继承，世称“程朱学派”。杨时仰慕二程的学识，投奔洛阳程颢门下，拜师求学四年后，程颢去世，他又继续拜程颐为师。这时他年已40，仍尊师如故，刻苦学习。

一天，大雪纷飞，天寒地冻，杨时碰到疑难问题，便冒着凛冽的寒风，约同学游酢一同前往老师家求教。当他们来到老师家时，见老师坐在椅子上睡着了，不忍打搅，就静静地在门外等候。当老师一觉醒来时，他们脚下的积雪已有一尺深了，身上也落满了雪。老师忙把两人请进屋，为他们讲学。后来，“程门立雪”成为广为流传的尊师典故。

（资料来源：百度文库 . [2023-9-20]. https://www.ruiwen.com/wenxue/sanzijing/386328.html）

【思考】“程门立雪”对你有怎样的启发？

第二节　幼儿教师的求职礼仪

求职礼仪是求职者与招聘单位接待者接触时应具有的礼貌行为和仪表形态规范。求职过程中，求职者的应聘资料、语言、仪态举止、仪表、着装打扮等方面都能体现其文化素质、道德水准和个性特征。掌握求职礼仪能帮助幼儿教师顺利完成求职面试的全过程，开启自己的幼儿教师职业之门。

一、幼儿教师的求职准备

（一）思想准备

求职是否成功，不仅取决于求职者的知识、能力、综合素质、社会需求等因素，而且取决于求职者获取就业信息量的多少，以及求职者收集、处理、应用就业信息的能力。信息越全面明确，求职成功的把握就越大。幼儿教师在求职前，应充分了解市场的就业信息，对用人单位的基本信息、招聘流程、面试题型及求职方法等做到心中有数。

拓展知识

防范求职陷阱的方法

1. 信

尽可能参加学校举办的专场招聘会和校外正规的招聘会，因为这些招聘会上的单位其合法资格基本上经过了严格的审查，相对比较真实可靠。

2. 签

双方达成协议后，首先一定要和用人单位签订规范的就业协议书。就业协议书是毕业生和用人单位在签订劳动合同前，双方确定就业方向和学校在毕业生就业工作中权利和义务的书面表现形式。当毕业生与用人单位确定劳动关系后，就要签订规范的劳动合同，用法律的形式保障自己的合法权利。

3. 查

毕业生应聘之前，要事先通过上网搜集单位资料，查看应聘单位是否在工商部门登记注册、注册时间是否有效，或致电招聘单位人事部门询问其招聘计划。要注意单位的相关信息是否详尽、可靠，特别是通信地址、联系电话是否虚设，以判断这场招聘及该单位是否有“诈”。

4. 核

应聘过后，毕业生可以结合面试中的情况通过网络查询，询问师长、亲友等方式进行核实，也可带着自己面试中的疑惑咨询学校就业指导中心的老师，确定招聘单位及其招聘信息的真实性和可靠性。

5. 防

要小心提防招聘陷阱。尽量不要只身一人去异地参加面试，特别是女生；不要随意透露身份证号、银行账号等重要的个人信息，以免危及人身安全和财产安全。

（资料来源：原创力文档 . [2023-9-20]. https://www.yjbys.com/Qiuzhizhinan/show-101776.html）

（二）物质准备

幼儿教师在求职择业中，既需要专业知识和专业技能的准备，也需要各类能反映自身状况的求职材料的准备。求职材料是一个人学习生活的总结和高度概括，主要包括学校推荐材料、自荐书、个人简历、各类证书、发表的论文及取得的成果等。求职材料被人力资源专家称为“通往面试的护照”，准备一套多侧面、立体式、能充分反映自身状况和展示自身优势的求职材料是幼儿教师踏上择业成功之路的关键一步。

小贴士

求职材料的宣传介绍应以真实可信的事实为基础，把握好介绍宣传的尺度。客观介绍过度，材料会显得平淡；宣传过分，又会给人失真的感觉。因此，如何既客观地介绍自己，又适度地宣传自己，需要认真地对待和处理。

（三）心理准备

幼儿教师面对择业，要调整好心态，做好充分的求职心理准备。幼儿教师求职过程中，应正确认识面临的就业形势，了解社会对幼儿教师的期望和要求，知己知彼，实事求是地评价自己，客观、正确地认识自己的优点和长处、缺点和短处；切实从自己的性格、兴趣、特长、能力和社会需要出发，选择适当的就业目标，克服恐惧心理，充满热诚自信，有胆识，有魄力，积极争取，不轻言放弃，勇敢地推销自我，培养良好的竞争心态。

小贴士

良好择业心态的表现

（1）选择适当的就业目标。一个人的择业目标应和本人具备的实力相当或接近。

（2）避免理想主义，及时调整就业期望值，不刻意追求最满意的结果。

（3）避免从众心理，一切从自身的特点、能力和社会需要出发，不与他人攀比。

（4）克服自卑胆怯的心理，树立自信心，树立勇于竞争的勇气。

（5）不怕挫折。遇到挫折，不消极退缩，而是采取积极的态度，勇于向挫折挑战。

二、幼儿教师求职时的基本礼仪

（一）注重形象

求职者的外在形象是给用人单位面试官的第一印象，外在形象的好坏会在一定程度上影响是否被录用。外在形象的礼仪是对招聘单位和招聘人员最起码的尊重。求职时恰当的着装能弥补一个人自身条件的某些不足，形成个人独特的气质，在众多求职者中脱颖而出。求职者合乎自身形象的着装会给人以干净利落，精神饱满的印象。幼儿教师求职时，个人形象应以整齐、干净为原则，妆容淡雅，着装简洁、大方、得体，发型常规清爽。

（二）遵时守信

遵时守信是求职者应该有的起码礼仪，是一个人最基本的素质，体现了个人道德修养。遵时守信是对他人的礼貌和尊重。幼儿教师在求职时，一定要遵时守信，千万不要迟到或毁约。迟到和毁约都是不尊重主考官的一种表现，也是一种不礼貌的行为。如果求职者有客观原因不能如约按时到场，应事先打电话通知主考官，以免对方久等。可比约定时间提前 5 ～ 10 分钟到达面试地点，以表示求职者的诚意，给对方以信任感。

（三）文雅有礼

1. 入室敲门

求职者进入面试室时，应先敲门，不能推门就进，给人鲁莽无礼的感觉。敲门时要用右手的手指关节轻轻地敲三下，得到允许后再轻轻推门进入。

2. 微笑致意

笑容是人际交往的润滑剂。笑容能缩短人与人之间的心理距离，为深入沟通和交往创造温馨和谐的氛围。求职者进入面试室后，要面带真诚、自然、由衷的微笑，向招聘者主动问好致意，称呼应当得体。

3. 眼神真诚

眼神被认为是人类最明确的情感表现和交际信号，是面部表情的核心。眼神与谈话有同步效应，能真实地反映说话的真正含义。求职时，眼神应坦诚、亲切、友善，敢于和善于与主考官眼神接触，这既是一种礼貌，也能使谈话在目光接触中持续不断。

小贴士

交流时的最佳眼神

(1) 目光应注视对方双眼到嘴部的三角区域，该区域被称为社交注视区。目光总是超出区域左右游移，上下扫动，是非常无礼和令人反感的行为。

(2) 目光注视对方的时间应为全部交谈时间的 1/3 ～ 2/3，这能够友好地表达对对方的尊重。若注视时间超出 2/3，会对对方形成“逼视”，具有暧昧或挑衅之意；若注视时间少于 1/3，会让对方感觉受到轻视，不利于建立良好的人际关系。

4. 规范握手

进入面试室后，行握手礼时，应先等主考官伸手，再单手相迎，右手热情相握。若非主考官主动先伸手，求职者切勿贸然伸手与主考官握手。在握手时，微微躬身以示尊重，力度适中，最好不要超过 3 秒。

5. 请后入座

进入面试室后，要等主考官请就座时再入座，入座后应该表示感谢。坐下后保持良好体态，切忌大大咧咧，左顾右盼。

6. 递物大方

求职时应充分准备好求职材料，面试时不用翻找，就能迅速取出所有资料。递交资料时，应双手奉上，表现得大方和谦逊。

7. 礼貌应答

回答主考官问题时，要口齿清晰，声音适度，答语简练明确，听不懂时可要求主考官解释或重复。当不能回答某一问题时，应如实告诉用人单位，不要含糊其辞。

8. 致谢道别

离去时应询问“还有什么要问的吗”，得到允许后应微笑起立，道谢并说“再见”。

拓展知识

面试过程讲求技巧

在求职过程中要诚恳、谦恭，不卑不亢，具体如下。

(1) 应聘时，要先敲门，关门后鞠躬、问好，然后走到位置前，待主考官讲“请坐”后道谢坐下。环视主考官，微笑。

(2) 介绍个人基本情况：姓名、年龄、受教育程度、特长、工作经历等，切忌博取同情心、谈论个人感受等。

(3) 回答问题时勿以“我”为中心，过于“自我”表现；观点不同时，语气要平和，可发表不同观点，但切忌争论；语言表达要简明、扼要，避免重复、唠叨、游离主题。

(4) 最好不要单刀直入地询问关于薪资的问题，可委婉地说，如“请问，贵公司的薪金制度与其他公司有何不同呢？”当主考官询问你的薪金要求时，可模糊回答。

(5) 面试结束，要首先感谢主考官及公司给自己机会，把椅子放回原处，关门前鞠躬，再次表示感谢，并随手关门。

(6) 面试后可写信致谢（有提醒对方的作用），一般在面试后 2～3 天发出。致谢内容包括致谢、面试的时间和经过、对工作的信心、期待机会等，简短地表明自己的兴趣及对工作的信心。

（资料来源：应届毕业生网 . [2023-9-20]. https://www.yjbys.com/mianshi/ruhemianshi/559299.html）

第三节　幼儿教师的见习、实习礼仪

见习、实习是师范教育一个极为重要的教育教学实践活动，是幼儿教育师范生理论联系实际，接触和学习幼儿教育教学实践知识和经验，提高幼儿教育专业素质和技能的重要途径之一。掌握必要的幼儿教师见习、实习礼仪，可以促进幼儿教育师范生顺利适应幼儿教育工作，为今后走上工作岗位打下良好的基础。

一、幼儿教师见习、实习的目标

幼儿教师见习、实习的目标在于促进幼儿教育师范生进一步了解幼儿园教育新的发展方向和幼儿园教育教学工作特点，掌握幼儿园的教育教学内容、形式和方法，见习、实习幼儿园教师及保育员工作，培养独立从事幼儿园教育和保育工作，把幼儿教育基本理论、专业知识和技能、技巧综合运用于教育教学实践中的能力，树立保教并重，保教结合的理念，促进热爱幼儿的情感，增强事业心和责任感，树立良好的幼师形象。

二、幼儿教师见习、实习的基本内容

（一）熟悉幼儿园保育和教育工作

在指导老师带领下，幼儿园见习、实习教师熟悉幼儿园保育、教育工作，主要包括以下内容。

(1) 观察幼儿园大、中、小班教师组织教学活动，了解幼儿园“一日常规活动”

的过程。详细记录教师如何组织教学，如何使用教具、学具、玩具等活动环节，学习经验。

（2）观察幼儿园环境布置，包括幼儿园园所、教室的装饰方式、使用材料等，思考和了解幼儿园环境布置的特色，理解环境教育在幼儿教育中的重要作用。

（3）了解师幼、幼幼、教师与家长之间的互动情况，学习人际交往的规范礼仪，掌握促进沟通互动的策略。

（二）实践幼儿园教育活动

幼儿园见习、实习教师熟悉幼儿园保育、教育工作后，协助保育员老师日常工作，参与班级环境创设，在带班老师的带领下，初步实践幼儿园教育活动，组织幼儿的日常活动。实践领域包括音乐、语言、社会、自然、健康五大领域。实施教育活动，组织幼儿游戏与运动过程中，要观察揣摩幼儿心理、行为特征，不断与带班老师交流，学习经验，完善效果。

（三）总结见习、实习经验

幼儿园见习、实习教师要认真听课，详细记录教学全过程，整理每天的听课记录，完成见习、实习作业，撰写见闻和感想，记录见习、实习中的收获与感受，收集信息，积累经验。每周应进行实习总结，填写专业实习周志。见习、实习结束后，提交见习、实习报告。

拓展知识

幼儿园实习生管理制度

为进一步加强实习生管理，让实习生尽快熟悉幼儿园的各项工作，圆满高效地完成实习任务，特制订本制度。

（1）实习生来园须持实习介绍信，经园领导批准后持身份证、学生证等有效证件到人事室备案，并由保教室统筹安排。

（2）实习生在园期间除遵守本制度外，还必须自觉遵守幼儿园的其他有关规章制度，每日按时来、离园，并统一在门房签到，不得迟到早退，累计迟到三次以上或无故旷工一天者，取消其实习资格；不得随意请假，因病、事请假需提前和所在班级老师打招呼，并到保教室履行请假手续。

（3）实习生在园实习期间，必须服从保教室的统一安排和管理，不得自行调班、串班；实习生在园期间不享受任何工资、福利等待遇，幼儿园也不负责其食宿。

（4）实习生要积极主动地参与班内各项教学活动及各个环节的组织管理，尽快熟悉、适应幼儿园工作。

（5）实习生要注意与家长的沟通，更要学会尊重幼儿，做幼儿的朋友，不讽刺、挖苦幼儿，更不说反话。

(6) 实习生在园期间，要避免因自身原因造成的任何幼儿伤害事故的发生，完全因自身原因造成的幼儿伤害事故，由其本人承担全部责任；实习生离园后的个人人身安全由自己负责，我园不承担任何安全责任。

(7) 实习期满，幼儿园根据每位实习生的日常表现和实习效果，认真负责地填写实习鉴定表。

(资料来源：道客巴巴 . [2023-9-20]. http://www.doc88.com/p-69039793423768.html)

三、幼儿教师见习、实习的基本礼仪

(一) 态度端正

幼儿教师见习、实习时，要目的明确，态度端正。在见习、实习期间，幼儿教师应工作认真，勤奋好学，踏实肯干，遇到不懂的问题，要虚心向富有经验的前辈请教，善于思考，能够举一反三。对于别人提出的工作建议，要虚心接受，认真改进。要自始至终保持充沛的精力，专心致志地完成见习、实习的各项工作任务。

(二) 服从领导

幼儿教师见习、实习期间要服从领导，自觉遵守幼儿园的各项规章制度。不迟到、不早退、不旷工，按时上下班。严格保证见习、实习时间，遵守请假制度。如遇特殊情况需要请假，必须经带队教师、幼儿园带班教师或园长的批准。请假不能超过总见习、实习时间的 1/3。上班时间不做私事，不因私事接打电话，不会客，不随便离园，也不得将其他无关人员带入幼儿园。

(三) 为人师表

幼儿教师见习、实习期间，要树立良好的幼儿教师形象，为人师表。严格遵守文明礼仪行为规范，尊敬师长，礼貌待人，仪表端庄、整洁、大方，妆容淡雅，发型清爽。不佩戴首饰，不穿高跟鞋、硬底鞋。言谈举止文明有礼。爱护幼儿园公物。各种物品用后放回原处，保持幼儿园环境的整洁。凡借幼儿园或学校的用具、资料、材料等，应如期归还，如有损坏或遗失，应按有关规定赔偿。

(四) 认真完成见习、实习任务

幼儿教师应根据幼儿园见习、实习管理制度，认真完成见习、实习任务。幼儿教师见习的主要任务是观察熟悉幼儿园保育、教育工作，环境创设，家园互动等，并做认真、仔细的记录。见习时，注意不能影响保教人员的正常工作和幼儿正常的活动，如听课时应提前进班，做好听课准备，进出活动室时不大声喧哗。

幼儿教师实习期间，应协助保育教师完成日常工作，在带班老师带领下，认真组织幼儿开展教育活动，做好活动反思，总结经验，切实提升幼儿教育实践教育教学能力。

小贴士

优秀教育见习成绩评定参考标准

(1) 严格遵守见习生守则及幼儿园的各项规章制度，各方面表现出色。

(2) 积极主动地协助当班教师的工作，热爱幼儿，和幼儿关系好。

(3) 积极主动地为幼儿园做力所能及的事。

(4) 按时完成、上交各项见习作业，作业成绩优秀。

(5) 见习期间出满勤，没有迟到、早退现象，没有任何违纪现象。

拓展知识

幼儿园工作规程[①]

第一章　总　　则

第一条　为了加强幼儿园的科学管理，规范办园行为，提高保育和教育质量，促进幼儿身心健康，依据《中华人民共和国教育法》等法律法规，制定本规程。

第二条　幼儿园是对3周岁以上学龄前幼儿实施保育和教育的机构。幼儿园教育是基础教育的重要组成部分，是学校教育制度的基础阶段。

第三条　幼儿园的任务是：贯彻国家的教育方针，按照保育与教育相结合的原则，遵循幼儿身心发展特点和规律，实施德、智、体、美等方面全面发展的教育，促进幼儿身心和谐发展。

幼儿园同时面向幼儿家长提供科学育儿指导。

第四条　幼儿园适龄幼儿一般为3周岁至6周岁。

幼儿园一般为三年制。

第五条　幼儿园保育和教育的主要目标是：

（一）促进幼儿身体正常发育和机能的协调发展，增强体质，促进心理健康，培养良好的生活习惯、卫生习惯和参加体育活动的兴趣。

（二）发展幼儿智力，培养正确运用感官和运用语言交往的基本能力，增进对环境的认识，培养有益的兴趣和求知欲望，培养初步的动手探究能力。

（三）萌发幼儿爱祖国、爱家乡、爱集体、爱劳动、爱科学的情感，培养诚实、自信、友爱、勇敢、勤学、好问、爱护公物、克服困难、讲礼貌、守纪律等良好的品德行为和习惯，以及活泼开朗的性格。

（四）培养幼儿初步感受美和表现美的情趣和能力。

第六条　幼儿园教职工应当尊重、爱护幼儿，严禁虐待、歧视、体罚和变相体罚、

① 中华人民共和国教育部令第39号。

侮辱幼儿人格等损害幼儿身心健康的行为。

第七条　幼儿园可分为全日制、半日制、定时制、季节制和寄宿制等。上述形式可分别设置，也可混合设置。

第二章　幼儿入园和编班

第八条　幼儿园每年秋季招生。平时如有缺额，可随时补招。

幼儿园对烈士子女、家中无人照顾的残疾人子女、孤儿、家庭经济困难幼儿、具有接受普通教育能力的残疾儿童等入园，按照国家和地方的有关规定予以照顾。

第九条　企业、事业单位和机关、团体、部队设置的幼儿园，除招收本单位工作人员的子女外，应当积极创造条件向社会开放，招收附近居民子女入园。

第十条　幼儿入园前，应当按照卫生部门制定的卫生保健制度进行健康检查，合格者方可入园。

幼儿入园除进行健康检查外，禁止任何形式的考试或测查。

第十一条　幼儿园规模应当有利于幼儿身心健康，便于管理，一般不超过 360 人。

幼儿园每班幼儿人数一般为：小班（3 周岁至 4 周岁）25 人，中班（4 周岁至 5 周岁）30 人，大班（5 周岁至 6 周岁）35 人，混合班 30 人。寄宿制幼儿园每班幼儿人数酌减。

幼儿园可以按年龄分别编班，也可以混合编班。

第三章　幼儿园的安全

第十二条　幼儿园应当严格执行国家和地方幼儿园安全管理的相关规定，建立健全门卫、房屋、设备、消防、交通、食品、药物、幼儿接送交接、活动组织和幼儿就寝值守等安全防护和检查制度，建立安全责任制和应急预案。

第十三条　幼儿园的园舍应当符合国家和地方的建设标准，以及相关安全、卫生等方面的规范，定期检查维护，保障安全。幼儿园不得设置在污染区和危险区，不得使用危房。

幼儿园的设备设施、装修装饰材料、用品用具和玩教具材料等，应当符合国家相关的安全质量标准和环保要求。

入园幼儿应当由监护人或者其委托的成年人接送。

第十四条　幼儿园应当严格执行国家有关食品药品安全的法律法规，保障饮食饮水卫生安全。

第十五条　幼儿园教职工必须具有安全意识，掌握基本急救常识和防范、避险、逃生、自救的基本方法，在紧急情况下应当优先保护幼儿的人身安全。

幼儿园应当把安全教育融入一日生活，并定期组织开展多种形式的安全教育和事故预防演练。

幼儿园应当结合幼儿年龄特点和接受能力开展反家庭暴力教育，发现幼儿遭受或者疑似遭受家庭暴力的，应当依法及时向公安机关报案。

第十六条　幼儿园应当投保校方责任险。

第四章　幼儿园的卫生保健

第十七条　幼儿园必须切实做好幼儿生理和心理卫生保健工作。

幼儿园应当严格执行《托儿所幼儿园卫生保健管理办法》以及其他有关卫生保健的法规、规章和制度。

第十八条　幼儿园应当制定合理的幼儿一日生活作息制度。正餐间隔时间为3.5～4小时。在正常情况下，幼儿户外活动时间（包括户外体育活动时间）每天不得少于2小时，寄宿制幼儿园不得少于3小时；高寒、高温地区可酌情增减。

第十九条　幼儿园应当建立幼儿健康检查制度和幼儿健康卡或档案。每年体检一次，每半年测身高、视力一次，每季度量体重一次；注意幼儿口腔卫生，保护幼儿视力。

幼儿园对幼儿健康发展状况定期进行分析、评价，及时向家长反馈结果。

幼儿园应当关注幼儿心理健康，注重满足幼儿的发展需要，保持幼儿积极的情绪状态，让幼儿感受到尊重和接纳。

第二十条　幼儿园应当建立卫生消毒、晨检、午检制度和病儿隔离制度，配合卫生部门做好计划免疫工作。

幼儿园应当建立传染病预防和管理制度，制定突发传染病应急预案，认真做好疾病防控工作。

幼儿园应当建立患病幼儿用药的委托交接制度，未经监护人委托或者同意，幼儿园不得给幼儿用药。幼儿园应当妥善管理药品，保证幼儿用药安全。

幼儿园内禁止吸烟、饮酒。

第二十一条　供给膳食的幼儿园应当为幼儿提供安全卫生的食品，编制营养平衡的幼儿食谱，定期计算和分析幼儿的进食量和营养素摄取量，保证幼儿合理膳食。

幼儿园应当每周向家长公示幼儿食谱，并按照相关规定进行食品留样。

第二十二条　幼儿园应当配备必要的设备设施，及时为幼儿提供安全卫生的饮用水。

幼儿园应当培养幼儿良好的大小便习惯，不得限制幼儿便溺的次数、时间等。

第二十三条　幼儿园应当积极开展适合幼儿的体育活动，充分利用日光、空气、水等自然因素以及本地自然环境，有计划地锻炼幼儿肌体，增强身体的适应和抵抗能力。正常情况下，每日户外体育活动不得少于1小时。

幼儿园在开展体育活动时，应当对体弱或有残疾的幼儿予以特殊照顾。

第二十四条　幼儿园夏季要做好防暑降温工作，冬季要做好防寒保暖工作，防止中暑和冻伤。

第五章　幼儿园的教育

第二十五条　幼儿园教育应当贯彻以下原则和要求：

（一）德、智、体、美等方面的教育应当互相渗透，有机结合。

（二）遵循幼儿身心发展规律，符合幼儿年龄特点，注重个体差异，因材施教，引导幼儿个性健康发展。

（三）面向全体幼儿，热爱幼儿，坚持积极鼓励、启发引导的正面教育。

（四）综合组织健康、语言、社会、科学、艺术各领域的教育内容，渗透于幼儿一日生活的各项活动中，充分发挥各种教育手段的交互作用。

（五）以游戏为基本活动，寓教育于各项活动之中。

（六）创设与教育相适应的良好环境，为幼儿提供活动和表现能力的机会与条件。

第二十六条　幼儿一日活动的组织应当动静交替，注重幼儿的直接感知、实际操作和亲身体验，保证幼儿愉快的、有益的自由活动。

第二十七条　幼儿园日常生活组织，应当从实际出发，建立必要、合理的常规，坚持一贯性和灵活性相结合，培养幼儿的良好习惯和初步的生活自理能力。

第二十八条　幼儿园应当为幼儿提供丰富多样的教育活动。

教育活动内容应当根据教育目标、幼儿的实际水平和兴趣确定，以循序渐进为原则，有计划地选择和组织。

教育活动的组织应当灵活地运用集体、小组和个别活动等形式，为每个幼儿提供充分参与的机会，满足幼儿多方面发展的需要，促进每个幼儿在不同水平上得到发展。

教育活动的过程应注重支持幼儿的主动探索、操作实践、合作交流和表达表现，不应片面追求活动结果。

第二十九条　幼儿园应当将游戏作为对幼儿进行全面发展教育的重要形式。

幼儿园应当因地制宜创设游戏条件，提供丰富、适宜的游戏材料，保证充足的游戏时间，开展多种游戏。

幼儿园应当根据幼儿的年龄特点指导游戏，鼓励和支持幼儿根据自身兴趣、需要和经验水平，自主选择游戏内容、游戏材料和伙伴，使幼儿在游戏过程中获得积极的情绪情感，促进幼儿能力和个性的全面发展。

第三十条　幼儿园应当将环境作为重要的教育资源，合理利用室内外环境，创设开放的、多样的区域活动空间，提供适合幼儿年龄特点的丰富的玩具、操作材料和幼儿读物，支持幼儿自主选择和主动学习，激发幼儿学习的兴趣与探究的愿望。

幼儿园应当营造尊重、接纳和关爱的氛围，建立良好的同伴和师生关系。

幼儿园应当充分利用家庭和社区的有利条件，丰富和拓展幼儿园的教育资源。

第三十一条　幼儿园的品德教育应当以情感教育和培养良好行为习惯为主，注重潜移默化的影响，并贯穿于幼儿生活以及各项活动之中。

第三十二条　幼儿园应当充分尊重幼儿的个体差异，根据幼儿不同的心理发展水平，研究有效的活动形式和方法，注重培养幼儿良好的个性心理品质。

幼儿园应当为在园残疾儿童提供更多的帮助和指导。

第三十三条　幼儿园和小学应当密切联系，互相配合，注意两个阶段教育的相互衔接。

幼儿园不得提前教授小学教育内容，不得开展任何违背幼儿身心发展规律的活动。

第六章　幼儿园的园舍、设备

第三十四条　幼儿园应当按照国家的相关规定设活动室、寝室、卫生间、保健室、综合活动室、厨房和办公用房等，并达到相应的建设标准。有条件的幼儿园应当优先扩大幼儿游戏和活动空间。

寄宿制幼儿园应当增设隔离室、浴室和教职工值班室等。

第三十五条　幼儿园应当有与其规模相适应的户外活动场地，配备必要的游戏和体育活动设施，创造条件开辟沙地、水池、种植园地等，并根据幼儿活动的需要绿化、美化园地。

第三十六条　幼儿园应当配备适合幼儿特点的桌椅、玩具架、盥洗卫生用具，以及必要的玩教具、图书和乐器等。

玩教具应当具有教育意义并符合安全、卫生要求。幼儿园应当因地制宜，就地取材，自制玩教具。

第三十七条　幼儿园的建筑规划面积、建筑设计和功能要求，以及设施设备、玩教具配备，按照国家和地方的相关规定执行。

第七章　幼儿园的教职工

第三十八条　幼儿园按照国家相关规定设园长、副园长、教师、保育员、卫生保健人员、炊事员和其他工作人员等岗位，配足配齐教职工。

第三十九条　幼儿园教职工应当贯彻国家教育方针，具有良好品德，热爱教育事业，尊重和爱护幼儿，具有专业知识和技能以及相应的文化和专业素养，为人师表，忠于职责，身心健康。

幼儿园教职工患传染病期间暂停在幼儿园的工作。有犯罪、吸毒记录和精神病史者不得在幼儿园工作。

第四十条　幼儿园园长应当符合本规程第三十九条规定，并应当具有《教师资格条例》规定的教师资格、具备大专以上学历、有三年以上幼儿园工作经历和一定的组织管理能力，并取得幼儿园园长岗位培训合格证书。

幼儿园园长由举办者任命或者聘任，并报当地主管的教育行政部门备案。

幼儿园园长负责幼儿园的全面工作，主要职责如下：

（一）贯彻执行国家的有关法律、法规、方针、政策和地方的相关规定，负责建立并组织执行幼儿园的各项规章制度；

（二）负责保育教育、卫生保健、安全保卫工作；

（三）负责按照有关规定聘任、调配教职工，指导、检查和评估教师以及其他工作人员的工作，并给予奖惩；

（四）负责教职工的思想工作，组织业务学习，并为他们的学习、进修、教育研究创造必要的条件；

（五）关心教职工的身心健康，维护他们的合法权益，改善他们的工作条件；

（六）组织管理园舍、设备和经费；

（七）组织和指导家长工作；

（八）负责与社区的联系和合作。

第四十一条　幼儿园教师必须具有《教师资格条例》规定的幼儿园教师资格，并符合本规程第三十九条规定。

幼儿园教师实行聘任制。

幼儿园教师对本班工作全面负责，其主要职责如下：

（一）观察了解幼儿，依据国家有关规定，结合本班幼儿的发展水平和兴趣需要，制订和执行教育工作计划，合理安排幼儿一日生活；

（二）创设良好的教育环境，合理组织教育内容，提供丰富的玩具和游戏材料，开展适宜的教育活动；

（三）严格执行幼儿园安全、卫生保健制度，指导并配合保育员管理本班幼儿生活，做好卫生保健工作；

（四）与家长保持经常联系，了解幼儿家庭的教育环境，商讨符合幼儿特点的教育措施，相互配合共同完成教育任务；

（五）参加业务学习和保育教育研究活动；

（六）定期总结评估保教工作实效，接受园长的指导和检查。

第四十二条　幼儿园保育员应当符合本规程第三十九条规定，并应当具备高中毕业以上学历，受过幼儿保育职业培训。

幼儿园保育员的主要职责如下：

（一）负责本班房舍、设备、环境的清洁卫生和消毒工作；

（二）在教师指导下，科学照料和管理幼儿生活，并配合本班教师组织教育活动；

（三）在卫生保健人员和本班教师指导下，严格执行幼儿园安全、卫生保健制度；

（四）妥善保管幼儿衣物和本班的设备、用具。

第四十三条　幼儿园卫生保健人员除符合本规程第三十九条规定外，医师应当取得卫生行政部门颁发的《医师执业证书》；护士应当取得《护士执业证书》；保健员应当具有高中毕业以上学历，并经过当地妇幼保健机构组织的卫生保健专业知识培训。

幼儿园卫生保健人员对全园幼儿身体健康负责，其主要职责如下：

（一）协助园长组织实施有关卫生保健方面的法规、规章和制度，并监督执行；

（二）负责指导调配幼儿膳食，检查食品、饮水和环境卫生；

（三）负责晨检、午检和健康观察，做好幼儿营养、生长发育的监测和评价；定期组织幼儿健康体检，做好幼儿健康档案管理；

（四）密切与当地卫生保健机构的联系，协助做好疾病防控和计划免疫工作；

（五）向幼儿园教职工和家长进行卫生保健宣传和指导；

（六）妥善管理医疗器械、消毒用具和药品。

第四十四条　幼儿园其他工作人员的资格和职责，按照国家和地方的有关规定执行。

第四十五条　对认真履行职责、成绩优良的幼儿园教职工，应当按照有关规定给予奖励。

对不履行职责的幼儿园教职工，应当视情节轻重，依法依规给予相应处分。

第八章　幼儿园的经费

第四十六条　幼儿园的经费由举办者依法筹措，保障有必备的办园资金和稳定的经费来源。

按照国家和地方相关规定接受财政扶持的提供普惠性服务的国有企事业单位办园、集体办园和民办园等幼儿园，应当接受财务、审计等有关部门的监督检查。

第四十七条　幼儿园收费按照国家和地方的有关规定执行。

幼儿园实行收费公示制度，收费项目和标准向家长公示，接受社会监督，不得以任何名义收取与新生入园相挂钩的赞助费。

幼儿园不得以培养幼儿某种专项技能、组织或参与竞赛等为由，另外收取费用；不得以营利为目的组织幼儿表演、竞赛等活动。

第四十八条　幼儿园的经费应当按照规定的使用范围合理开支，坚持专款专用，不得挪作他用。

第四十九条　幼儿园举办者筹措的经费，应当保证保育和教育的需要，有一定比例用于改善办园条件和开展教职工培训。

第五十条　幼儿膳食费应当实行民主管理制度，保证全部用于幼儿膳食，每月向家长公布账目。

第五十一条　幼儿园应当建立经费预算和决算审核制度，经费预算和决算应当提交园务委员会审议，并接受财务和审计部门的监督检查。

幼儿园应当依法建立资产配置、使用、处置、产权登记、信息管理等管理制度，严格执行有关财务制度。

第九章　幼儿园、家庭和社区

第五十二条　幼儿园应当主动与幼儿家庭沟通合作，为家长提供科学育儿宣传指导，帮助家长创设良好的家庭教育环境，共同担负教育幼儿的任务。

第五十三条　幼儿园应当建立幼儿园与家长联系的制度。幼儿园可采取多种形式，指导家长正确了解幼儿园保育和教育的内容、方法，定期召开家长会议，并接待家长的来访和咨询。

幼儿园应当认真分析、吸收家长对幼儿园教育与管理工作的意见与建议。

幼儿园应当建立家长开放日制度。

第五十四条　幼儿园应当成立家长委员会。

家长委员会的主要任务是：对幼儿园重要决策和事关幼儿切身利益的事项提出意见和建议；发挥家长的专业和资源优势，支持幼儿园保育教育工作；帮助家长了解幼儿园工作计划和要求，协助幼儿园开展家庭教育指导和交流。

家长委员会在幼儿园园长指导下工作。

第五十五条　幼儿园应当加强与社区的联系与合作，面向社区宣传科学育儿知识，开展灵活多样的公益性早期教育服务，争取社区对幼儿园的多方面支持。

第十章　幼儿园的管理

第五十六条　幼儿园实行园长负责制。

幼儿园应当建立园务委员会。园务委员会由园长、副园长、党组织负责人和保教、卫生保健、财会等方面工作人员的代表以及幼儿家长代表组成。园长任园务委员会主任。

园长定期召开园务委员会会议，遇重大问题可临时召集，对规章制度的建立、修改、废除，全园工作计划，工作总结，人员奖惩，财务预算和决算方案，以及其他涉及全园工作的重要问题进行审议。

第五十七条　幼儿园应当加强党组织建设，充分发挥党组织政治核心作用、战斗堡垒作用。幼儿园应当为工会、共青团等其他组织开展工作创造有利条件，充分发挥其在幼儿园工作中的作用。

第五十八条　幼儿园应当建立教职工大会制度或者教职工代表大会制度，依法加强民主管理和监督。

第五十九条　幼儿园应当建立教研制度，研究解决保教工作中的实际问题。

第六十条　幼儿园应当制订年度工作计划，定期部署、总结和报告工作。每学年年末应当向教育等行政主管部门报告工作，必要时随时报告。

第六十一条　幼儿园应当接受上级教育、卫生、公安、消防等部门的检查、监督和指导，如实报告工作和反映情况。

幼儿园应当依法接受教育督导部门的督导。

第六十二条　幼儿园应当建立业务档案、财务管理、园务会议、人员奖惩、安全管理以及与家庭、小学联系等制度。

幼儿园应当建立信息管理制度，按照规定采集、更新、报送幼儿园管理信息系统的相关信息，每年向主管教育行政部门报送统计信息。

第六十三条　幼儿园教师依法享受寒暑假期的带薪休假。幼儿园应当创造条件，在寒暑假期间，安排工作人员轮流休假。具体办法由举办者制定。

第十一章　附　　则

第六十四条　本规程适用于城乡各类幼儿园。

第六十五条　省、自治区、直辖市教育行政部门可根据本规程，制订具体实施办法。

第六十六条　本规程自 2016 年 3 月 1 日起施行。1996 年 3 月 9 日由原国家教育委员会令第 25 号发布的《幼儿园工作规程》同时废止。

【本章思考题】

1. 幼儿教师礼仪教育有什么特点？
2. 幼儿教师礼仪教育的意义是什么？

3. 如何培养幼儿教师礼仪？
4. 幼儿教师求职前应做哪些准备？
5. 幼儿教师见习、实习期间应注意哪些礼仪？

【案例分析】

磊磊的妈妈是一位操心过度的家长。她总是以挑剔的眼光审视老师的工作，恨不得能一直在幼儿园里督查。这天，她来接磊磊下课的时候又找到了陈老师："陈老师，你们对我们家磊磊是不是有意见啊？"

陈老师被磊磊妈妈问愣住了，在短暂的惊愕之后，她恢复了平静，微笑着问："您何出此言呢？我们老师对每一个孩子都是一样的。我们有什么地方做得不好，还请您指出来。""没意见怎么开学都两个星期了，也不找我好好聊聊我们家磊磊？更不要说家访了！有你们这样当老师的吗？"磊磊的妈妈不依不饶，情绪激动，引来了其他家长的侧目。陈老师蹲下来跟磊磊说："磊磊，妈妈有些话想和老师去办公室说，你先在教室玩一会儿可以吗？"磊磊点头答应了。陈老师向肖老师示意后，笑着引导磊磊的妈妈去了办公室。

在办公室里，陈老师倒了一杯水给磊磊妈妈，说："是这样的，如果没有什么特殊的事情，我们是不会进行家访的，也是担心打扰您的正常生活。而且，磊磊的表现最近一直都非常好，您的家庭教育工作做得也很好，因此，我忽略了找您聊磊磊的事情。您看这样行不行，今天您和磊磊都累了一天了，您定一个时间，我去您家，跟您好好聊聊。"

后来在家访中，陈老师和磊磊妈妈进行了一次推心置腹的深谈。陈老师诚恳的态度让磊磊的妈妈承认："其实你是一个好老师，是我对磊磊太严苛了，想多学一点育儿知识把磊磊教育好，才变得有些紧张和焦虑，对你们挑剔苛刻了。"陈老师对磊磊妈妈的想法表示了理解，并提醒她，孩子的成长需要一个宽松的环境，而不是全方位的紧张监控。同时，陈老师说："我们很感谢您对我们工作的支持，今后，还是请您多给我们的工作提意见。毕竟，这是您对我们的信任和期待嘛！"

（资料来源：原创力文档 . [2023-9-20]. https://max.book118.com/html/2019/0823/7024102016002051.shtm）

【思考】

1. 这个案例中，陈老师身上体现了哪些良好的幼儿教师礼仪？
2. 幼儿教师在工作中应如何培养自身的职业礼仪？

【课后实训】

假设你是一名正在求职的幼儿教育师范生，请结合所学，收集、整理所在地区的幼儿教师就业信息，对幼儿教师就业形势、市场需求、用人单位情况等做出分析，为自己制作一份求职计划。

第三章

幼儿教师的形象礼仪

学习目标

1. 了解幼儿园教师职业形象的含义；
2. 理解形象礼仪对幼儿园教师职业形象塑造的意义；
3. 正确应用礼仪知识打造幼儿教师职业形象。

引导案例

放在盒子里的美甲给职业理想让路

22岁的林楠从学校毕业，来到幼儿园工作。她很喜欢跟小朋友在一起，刚参加工作不到一年，领导就非常信任她，将班主任的重担放在她的肩上。林楠每天为二十多个孩子操心，忙前忙后，参加工作以后还得了咽炎和鼻炎，除了教育和照顾小朋友外，还得耐心、细心地回答每个家长关心的问题。除此之外，她还需要完成幼儿园的各项工作。第一年的工作终于坚持下来了，她自己也感觉很满意。

假期了，她最想实现自己的一个愿望——美甲。美甲做好了，有些长但是在正常的范围内，而且做得很漂亮，自己喜欢得不得了，睡觉前都要拍几张照片然后笑着睡觉。但是假期很快结束了，开学后园长一直催促她剪指甲。她真的舍不得，刚刚剪了一个，看着那个被剪掉的指甲就觉得很丑，更加珍惜其他指甲了。

可是没办法，自己舍不得这些小朋友，也很喜欢这份工作，就一边抹眼泪一边把自己的美甲都剪下来，然后用小盒子装起来。她说，这是自己挣钱有收入后最想为自己做的事，本来第一个月发了工资就想做了，一直忍着等到放假了才做的，现在新做的指甲还没有坏，就又开学了，不得不剪掉，收在盒子里做个纪念吧。

【思考】幼儿园教师工作中应注意哪些形象管理？

第一节　不可忽视的首轮效应

一、首轮效应

（一）首轮效应概述

人认识外界事物，是一个大脑对输入信息的加工过程。外界信息输入大脑的顺序对认知结果形成的作用很大，通常人们总是更重视前面输入的信息，并且习惯于按照前面的信息来解释后面输入的信息，最终形成整体一致的印象。当不同的信息同时出现时，人们总是倾向于重视前面输入的信息。美国社会心理学家洛钦斯（Lochins）于1957年以实验证明了这个规律，提出了“首轮效应”。

首轮效应又称为首因效应、首次效应、优先效应或第一印象效应，指出了交往双方形成的第一印象对今后交往关系的影响，即第一印象“先入为主”带来的效果。

（1）初次见面形成的第一印象不一定总是正确的，但具有最鲜明、最牢固的特点。

（2）初次见面形成的第一印象如果是让人感觉良好的，会激发愿意接近的兴趣，促进相互了解，并会影响人们对其以后一系列行为和表现的解释。

（3）初次见面形成的第一印象如果是让人反感的，会降低进一步交往的热情。即使由于各种原因难以避免需要接触，也会表现出冷淡的迹象，有时甚至会在心理上或行为中产生对抗状态。

（二）首轮效应在人际交往中的应用

1. 对首轮效应的主动应用

心理学研究发现，首轮效应中的第一印象在初次见面的45秒内产生，是大脑以片面的资料为依据做出的判断。初次见面通常关注对方的性别、年龄、长相、姿态、身材、衣着打扮等信息，以此判断对方的内在素养和个性特征，具有很强的主观性色彩，而且影响着人们对他人以后的评价和看法。

人们在社会交往中会不自觉地运用这一心理效应，形成对他人的感觉和印象；也可以自觉应用这一心理效应，主动塑造良好的第一印象，为自己的生活和工作服务，帮助自己顺利地进入人际交往活动中，为以后的交流打下良好的基础。

在交友、面试、工作、谈判等场合的初次交往中，要想给人留下美好的第一印象，首先要重视仪表风度，通常人们更愿意与衣着干净得体、落落大方的人交往；其次要注意个人的言谈举止神态，传达出尊重与真诚、友善与儒雅的气质魅力。

1977年社会心理学家艾根通过实验发现，在与人初次见面时，按照SOLER模式来表现自己可以明显增加对方对自己的接纳性，有利于在对方心中建立良好的第一印象。SOLER是由五个英文单词的首字母拼成的，其中S表示坐姿或者站姿要面对别人；O表示体态姿势要自然、开放，显示出对他人接纳的态度；L表示身体微微向前倾，显示对他人的兴趣；E表示目光接触；R表示放松。

整体来看，用 SOLER 模式表达出来的意思是“我很重视和尊重您，对您很有兴趣，我内心是接纳您的”。

2. 对首轮效应缺点的弱化

首轮效应根据短时间形成的第一印象来评价和判断对方，具有片面性、短暂性和不稳定性，容易失之偏颇或者被表象误导。通常会出现两种误区，一种是“以貌取人”；另一种是出现“以言取人”的认知偏差，甚至这种仅仅依靠第一印象就妄加判断也会带来不可弥补的错误。

首轮效应的负面影响通常与个人的知识储备、社会经历、社会阅历的丰富程度有关。通常对于知识储备充实、社会经历丰富、社会阅历深厚的人，更明确首轮效应是基于对方表面的、非本质的特征做出的评价，会在以后的交往中主动进行不断的修正和完善。这就是“路遥知马力，日久见人心”的道理。

拓展知识

美国社会心理学家洛钦斯的实验

1957 年洛钦斯通过实验证明了首轮效应的存在。他用杜撰的一个叫詹姆的学生的故事作为实验材料，这些故事都是描述詹姆学生生活的片段。一段故事中把詹姆描写成一个热情并且外向的人，而另一段故事中把詹姆描写成冷淡而内向的人。洛钦斯把这两段故事进行了以下排列组合。

第一组被测试的中学生拿到的材料如下：将描写詹姆性格热情外向的材料放在前面，描写他性格内向的材料放在后面。

第二组被测试的中学生拿到的材料如下：将描写詹姆性格冷淡内向的材料放在前面，描写他性格外向的材料放在后面。

第三组被测试的中学生拿到的材料如下：只出现那段描写詹姆热情外向的故事。

第四组被测试的中学生拿到的材料如下：只出现那段描写詹姆冷淡内向的故事。

洛钦斯将不同组合的材料分别让水平相当的中学生阅读，并让他们对詹姆的性格进行评价。结果表明：

第一组测试的中学生中，有 78% 的人认为詹姆是一个比较热情外向的人；

第二组测试的中学生中，有 18% 的人认为詹姆是一个热情外向的人；

第三组测试的中学生中，有 95% 的人认为詹姆是一个外向的人；

第四组测试的中学生中，只有 3% 的人认为詹姆是一个热情外向的人。

该研究证明了第一印象对认知的影响。在首轮效应中，对情感因素的认知常常起着十分重要的作用。人们一般比较喜欢流露出友好、大方、随和情感的人，因为在生活中，我们都需要他人的尊重和注意，这个特点在儿童身上表现得更为明显。儿童都喜欢第一次见了他就笑呵呵的人，如果再给予相应的赞扬，那么儿童就会更加高兴。

（资料来源：搜狗百科 . [2023-9-20]. https://baike.sogou.com/v117314.htm?fromTitle=%E9%A6%96%E8%BD%AE%E6%95%88%E5%BA%94）

二、幼儿教师的职业形象及其良好职业形象的意义

（一）职业形象

每种职业都有社会和文化对其认可的文化模式，进入该职业的人士必然受这种文化模式的影响。职业形象就是社会对某职业的认可模式之一，即每种职业的社会形象。从事某职业的个人，需要让自己的个人形象与所从事职业的职业形象相协调。所以对于职场人士，塑造自己的职业形象成为个人形象管理的重要内容。

我们所说的职业形象是指个人给职场公众建立的印象，包括内在和外在两种主要因素，由外在形象、内在品德修养、专业能力和知识结构四个方面组成，通过个人的衣着打扮、言谈举止反映出他的职业态度与精神、职业修养与道德和职业知识与能力。

职业形象与个人的职业发展有着密切的关系，职业形象与职业地位有着正相关的关系。每个在职人士都需要树立主动塑造和维护自我的职业形象的意识，当个人的职业形象符合职业特点、满足职业需要、符合职业趋势时，必将促进自己职业地位的提升。

提升职业形象是一个需要个人长期努力和自律的过程，而学习职业礼仪，塑造良好形象是提升职业形象的基础。职业礼仪是指个体在职场中所需要遵循的礼仪规范，学习这些礼仪规范，可以让个人的职业形象大为提高。

（二）幼儿教师的职业形象

幼儿教师的职业形象指幼儿教师的社会形象。随着我国经济和教育水平的提高，社会对幼儿教师的专业化认识也在不断深化。2012 年教育部颁发了《幼儿园教师专业标准（试行）》（教师〔2012〕1 号），从内在和外在提出幼儿教师的专业标准，是幼儿教师职业形象塑造的主要依据。

该标准明确提出幼儿园教师要以师德为先，需要“热爱学前教育事业，具有职业理想，践行社会主义核心价值体系，履行教师职业道德规范，依法执教。关爱幼儿，尊重幼儿人格，富有爱心、责任心、耐心和细心；为人师表、教书育人、自尊自律，做幼儿健康成长的启蒙者和引路人”。同时，指出幼儿教师应该注重个人修养和行为，做到“衣着整洁得体、语言规范健康、举止文明礼貌”。

《幼儿园教师专业标准（试行）》为从事幼儿教师工作的个人提升和塑造自己幼儿教师职业形象提供了依据，能有效促进幼儿教师的职业发展。根据该标准，学习幼儿教师形象礼仪，提升个人修养和行为，是幼儿教师提升职业形象的重要内容。

（三）学习形象礼仪，促进幼儿教师职业形象塑造

幼儿园是幼儿走出家门，进入社会，进行社会化成长的重要场所。幼儿教师是幼儿成长的重要启蒙者。要成为一名优秀的幼儿教师，必须注重自己的职业形象。捷克的教育家夸美纽斯说：“教师的职务是用自己作为榜样教育学生。”对于幼儿而言，学习的主要方式以模仿为主，所以幼儿教师举手投足的规范性、仪容仪表的得体性、语言

神情的适宜性对幼儿的学习与成长有潜移默化的重要影响。

根据首轮效应，良好的职业形象是人际交往中一份得体的自我介绍，可以给他人留下正面积极的第一印象，为日后的交往打下良好的基础。幼儿教师学习幼儿教师形象礼仪，可以促进教师职业形象的塑造。

（1）学习形象礼仪，有助于提升幼儿教师个人的修养与素质。在人际交往中，人们倍加关注对方的修养和素质，好的修养和素质会给人留下难以磨灭的第一印象。而个人的形象礼仪是可以通过对每个细节的学习和践行，逐渐提升的。

（2）学习形象礼仪，有助于发挥幼儿教师的示范引领作用。幼儿教师不仅通过具体的教学活动促进幼儿成长，还通过潜移默化的示范来影响幼儿的发展。《3 ～ 6 岁儿童学习与发展指南》明确指出：“幼儿的社会性主要是在日常生活和游戏中通过观察和模仿潜移默化地发展起来的。成人应注重自己言行的榜样作用，避免简单生硬的说教。”可见，一个拥有良好礼仪形象的幼儿教师总能吸引幼儿的注意力，幼儿更乐于亲近老师、模仿老师的行为举止。所以，幼儿教师学习形象礼仪，塑造积极健康正面的职业形象，有助于塑造幼儿健康的道德品质、行为习惯。

（3）学习形象礼仪，助力家园工作的顺利开展。幼儿教师的工作内容繁杂多样，除了对幼儿提供适宜的课程、进行良好的照护以外，还需要做好与家长的沟通，促进家园合作，实现家园共育。幼儿教师良好的职业形象可以增强自身的专业性与教育威信，能更好地赢得家长的信任与认同，促进与家长的沟通。例如，衣着得体、举止文雅、仪态端庄、和蔼可亲、作风正派的幼儿教师更容易在家长心中建立教师威信。

（4）学习形象礼仪，营造融洽和谐、积极健康的园所形象和氛围。幼儿教师个人形象不仅代表着个人的修养与素质，同时也是幼儿园形象的代表，体现了幼儿园的管理水平、园所文化。另外，在幼儿园中，教师与园长、教师与教师、教师与家长、教师与幼儿之间的良好互动关系有助于营造融洽和谐、积极健康的园所形象与氛围。

小贴士

卡耐基在《如何赢得朋友》一书中总结了七条怎样给人留下好印象的方法，分别如下。

（1）真诚地对别人感兴趣。

（2）微笑。

（3）多提别人的名字。

（4）做一个耐心的倾听者。

（5）鼓励别人谈他们自己。

（6）谈符合别人兴趣的话题。

（7）以真诚的方式让别人感到他自己很重要。

（资料来源：搜狗百科 . [2023-9-20]. https://baike.sogou.com/v117314.htm?fromTitle=%E9%A6%96%E8%BD%AE%E6%95%88%E5%BA%94）

第二节 仪容修饰

仪容反映出一个人的精神状态和礼仪素养，是人们交往中的“第一形象”。仪容修饰是幼儿教师形象塑造的第一步，在幼儿教师礼仪修养中占有非常重要的地位。

一、仪容修饰概述

（一）仪容修饰与幼儿教师的职业形象

在人际交往中，个人的仪容备受对方的关注。仪容通常是指人的容貌。容貌很大程度上来自遗传因素，每个人都有自己的容貌特点，但是后天的美化与修饰也同样重要，可以起到扬长避短的效果，正所谓“三分长相、七分打扮”。得体的仪容修饰是塑造良好职业形象的重要环节，不仅能够给人留下良好的第一印象，还充分展现了个人欣赏美、追求美、创造美的修养与能力，展现了敬业乐业、真诚友善的精神风貌。

对幼儿教师而言，仪容礼仪的主要内容是做到仪容美。幼儿教师的仪容美从外在到内在包含三个层次：仪容自然美、仪容修饰美、仪容内在美。教师在进行仪容修饰美化时，需要保持自然清新、内外和谐的风格，善于发现自己仪容的优缺点，运用恰当的修饰美化方法扬长避短，塑造出自信自爱、自尊敬人的美好形象，并通过努力学习与实践，不断提高自己的文化、艺术素养和审美能力，提升自己的气质，做到秀外慧中、表里如一。

（二）仪容修饰的原则与内容

1. 仪容修饰的原则

幼儿教师的仪容修饰主要遵循以下原则。

（1）自然原则。幼儿教师的容貌修饰以淡妆为主，做到“妆成却无”，给人一种浑然天成的感觉，切忌浓妆艳抹或者时尚前卫。另外，如果利用医学通过各种针法或者手术的方式改变自己的容貌，如割双眼皮、隆鼻、文眉、文眼线等，一旦出现失误或者恢复不佳，甚至是由于美容整形机构资质与经验欠佳导致毁容，将会使自己容貌显得过于做作，失去自然美感和亲和力，这是不值得提倡的。

（2）美化原则。在了解自己容貌特点的基础上，通过修饰、化妆、保养等各种合理手段对容貌进行适度的修饰美化，让自己的容貌符合大众审美，更加具有魅力。美化的过程中切忌过度修饰，以免显得矫揉造作不自然。

（3）协调原则。容貌的修饰要与自己的五官特点协调、年龄协调、身份协调、风格协调，强调整体美，容貌和身体的各部分综合协调搭配。

2. 仪容修饰的内容

幼儿教师在修饰个人仪容时，主要从面容、头发、手臂、腿部四个方面进行。

二、女教师的面部修饰

女教师的面部修饰，首先要做到清洁，即勤于洗脸，使面部干净清爽，无汗渍、无污渍、无泪痕等不洁之物；然后就是面部各个部位以淡妆为原则的妆容修饰。

（一）眉部修饰

女教师进行眉部修饰时，主要关注眉形和眉色两个方面。

1. 眉形方面

每个人都有天生眉形，有的眉毛浓密、眉形比较清晰，有的眉毛稀疏、眉形比较模糊，所以学会眉形的修剪是眉毛美化的第一步。眉毛的修剪是在原有眉形的基础上进行调整，主要目的是让眉形更加清晰，能衬托出气质。修剪眉形的要点如下。

（1）顺着眉骨的走向，用三点定位法确定好眉头、眉峰和眉尾的位置，修剪出眉形。

（2）三点的位置：眉头在鼻翼与内眼角的延长线；眉峰在鼻翼与瞳孔外侧的延长线；眉尾一般在鼻翼与外眼角的延长线，比眉头稍高一点的位置。

（3）三点的高低关系是眉头不高于眉峰、眉尾不低于眉头。

（4）眉毛修剪前应先把杂乱的眉毛剔除。

2. 眉色方面

眉色整体要与发色和瞳孔的颜色相协调，大多数比较适合深棕色、灰棕色和浅棕色。如果要增加眉色的层次感，可以在需要加重的眉峰、眉尾部分用黑色眉笔略增加几笔调色即可。整体而言，眉色的变化是眉头浅、眉峰重，眉尾淡于眉峰但重于眉头。

另外，在修整好眉形的基础上修饰眉色，还需要遵循缺哪里补哪里的原则。例如，大部分人眉毛前部分比较浓密，后半部分稀疏，那就可以重点强调在后半部分补色。

（二）眼部修饰

眼睛是心灵的窗户，恰当精致的眼部修饰，让人看起来神采飞扬；而失败错误的眼部修饰，则让人感觉矫揉造作或者无精打采。眼部修饰主要关注以下四个方面。

1. 眼部清洁

时刻注意保持眼部干净整洁，忌讳出现眼睛分泌物或者眼部妆容晕染造成的污渍。

2. 眼部妆容修饰

眼部妆容修饰主要强调眼影、眼线和睫毛膏。眼影主要是在上下眼睑处着色，让眼睑显得更加有层次感。女教师眼影选色应以干净、温柔、严谨的色调为主，与自己的年龄和肤色相协调。例如，大地色适合各个年龄段的女教师，粉色调和橘色调适合年轻的、皮肤比较白皙的女教师。对于上班时间段的女教师，眼影选色不能出现烟熏妆、欧美妆、个性冷酷类的眼妆。眼线和睫毛膏则优选黑色和深棕色，更能衬托出东方女性有神的双眼。

3. 眼镜的佩戴

对于需要戴眼镜矫正视力的女教师，佩戴眼镜成为重要的眼部修饰。眼镜主要由镜片和镜框两部分组成，选择眼镜时需要注意：镜框和镜片的颜色要与发色和肤色相协调，色彩太突兀于面部与发色的眼镜会让眼镜成为整个人面部的焦点，影响眼神与表情在人际交往中的主要作用；镜框和镜片的形状根据脸型来选择，切忌为了赶时髦，选择奇形怪状的镜框形状，让自己赶了时髦却丢了气质；另外，对于喜欢戴美瞳隐形眼镜的老师，则应注意美瞳隐形眼镜的选色不能太出挑，优选黑色，显得眼睛有神、水灵，棕色是次选色，可以显得比较靓丽，而蓝色、绿色、灰色、紫色则不推荐在工作时佩戴。

4. 注意用眼卫生

养成良好的用眼习惯，避免熬夜和久视电子产品，造成眼睛干涩、红血丝、频繁眨眼等问题，影响工作和形象。

（三）耳部修饰

耳部修饰的重点在于耳部清洁和耳部配饰的选择。

1. 耳部清洁

养成定期耳部除垢的习惯，防止耳道和耳郭周边出现过多耳部分泌物、皮脂屑或者灰尘、干皮脱皮等情况，会给人留下极不雅观和不讲卫生的印象。另外，不可以在公众场合做清理耳垢的动作。

2. 耳部配饰的选择

幼儿女教师耳部配饰的选择应以简洁大方为原则，具体内容在服饰形象章节（第四章）介绍。在此处重点强调的是，幼儿女教师打耳洞，以耳垂单耳洞为佳，切记不可在耳朵轮廓上打多个耳洞，给幼儿、家长、领导、同事以前卫不稳重的印象，这样的印象与幼儿教师的社会形象不协调。

（四）鼻部修饰

鼻部修饰主要注意以下两点。

1. 鼻部卫生

鼻部卫生主要关注分泌物即鼻涕的管理。忌讳当众用手擤鼻涕、挖鼻孔、乱弹或乱抹鼻垢，或者用力回吸鼻子发出声响。当确实需要清理分泌物时，应该用手帕或者纸巾辅助，同时尽量不发出大的声响。因为幼儿有喜欢模仿的天性，对于教师挖鼻孔、擤鼻涕这样细小的动作，幼儿可能会觉得很有趣，主动模仿，长期下来会形成不好的习惯。所以，如果老师身体确实欠佳，则需要居家休养，避免带病上班。

2. 鼻部保养

鼻部保养主要是避免干皮起皮现象、黑头密集的问题。所以，需要注重鼻部皮肤的护理，正确选择洁面产品，做好鼻部的保湿和黑头的清洁，必要时需要使用鼻贴或者去专门的机构进行清理。

（五）口部修饰

口部是人体中功能最多的一个器官，承担着语言发声、进食饱腹的重要功能，同时还是面部最重要的美化部位。所以，进行口部的保养不仅体现着教师的基本素养，还有助于提升教师的气质。口部修饰主要包括以下四个方面。

1. 牙齿清洁、卫生和美观

勤于刷牙，清洁每日饮食呼吸留存在牙齿上的杂物与细菌；定期洗牙，找专业的医生洗牙，清除牙齿上沉积的牙垢和牙菌斑，有助于口腔卫生和口腔健康。因意外或者年长导致牙齿松动、龋齿、脱落等问题时，应及时就医进行科学处理，保证牙齿整齐和健康。

2. 保持口腔洁净，气味清新

幼儿教师教育幼儿养成口腔卫生的好习惯，自己也必须做到成为幼儿的榜样。经常漱口，保持口腔清洁，尤其是用餐后及时漱口或者刷牙，保证牙齿上没有异物。工作期间，不吃容易产生异味的食物，如大蒜、韭菜、蒜薹等。如果不小心食用，也应该使用漱口水、口香糖等清理口腔异味。

3. 口部异响管理

人体作为具有活力的生命体，不可避免地会发出声响，如咳嗽、打哈欠、打喷嚏、打嗝、吐痰、清嗓等。但是在公众场合，这些声音都会影响个人形象，属于不雅之声，故在人际交往礼仪中把这些声音统称为异响。在工作场合，教师应尽量避免发出这些声音。需要指出的是，有时出于不得已的原因，不慎发出这些声音时，要采取必要的措施管理，同时要向周围的人表示歉意。例如，打喷嚏时可以用纸巾掩鼻，如果来不及，可以用手肘掩鼻，事后向大家表示致歉。

4. 适当唇部修饰

唇部饱满、红润会让人精神焕发，所以要注意唇部保养，多喝水和及时使用润唇膏，避免嘴唇起皮、干裂；注意生活饮食规律，避免嘴唇起泡或唇内出现溃疡；唇部修饰的另一个重点是正确选择口红，幼儿教师的口红以接近唇色的淡雅口红为佳，具体颜色应该根据个人的肤色、唇色、气质和年龄来选择，年轻的老师可以选草莓色系列、豆沙色系列、胡萝卜色系列，年长的老师可以选择红棕色系列、枫叶红系列、番茄色系列等。

拓展知识

女教师日常淡妆的化妆步骤

女教师完成基础清洁和保湿护肤后，化淡妆，提升形象的五个步骤如下。

1. 防晒

一定要记得涂防晒霜，缓解皮肤的光老化问题。涂抹防晒霜需要花费时间才能形成薄膜，这样以后的妆容才不会被“破坏”。此时，可以等待5分钟，在该期间可以整理自己的发型。

2. 底妆

隔离：为了把皮肤与化妆品隔离开，还有提亮肤色、纠正肤色、遮盖瑕疵的作用。一般肤色发黄、有色素成斑的皮肤用紫色隔离，皮肤有红血丝、红色痘痘的用绿色隔离。

应该注意的是，隔离的数量并不需要太多，适当提亮即可，不能多到出现假面感。

粉底：选择与自己肤色接近，稍微亮一点的色号，把海绵蛋蘸湿后挤干水分，用湿润的海绵蛋把粉底在面部均匀铺开，避免干皮、斑块、假面现象，要少量多次使用。

3. 眉毛

眉毛是五官之首，淡妆必须画眉毛。眉毛可以直观地反映每个人的第一印象。每个人的眉毛形状都不同。用三点定位法确定眉形，先用眉粉轻扫出眉毛轮廓，再用眉笔填充，画出适合自己的眉毛。眉毛的颜色应与发色、瞳孔色接近。

4. 眼妆

淡妆的眼妆主要起到突出眼睛有神的特点即可，通常在眼影、睫毛、眼线三者中选择睫毛和眼线即可放大双眼，总共三步：睫毛夹翘、涂睫毛膏、画眼线。当然，如果时间充足，也可以画眼影。

5. 口红

口红是妆容的最后一步，也是妆容的焦点。幼儿园教师的口红应选择接近唇色的自然色，并且要与自己的年龄、气质相符合。

三、男教师的面部修饰

男教师的面部修饰除了不用化妆和戴首饰外，和女教师有许多共通之处，如眉、眼、耳、鼻、口保持干净卫生、整洁美观，避免外来污渍、身体分泌物、异物异味、起皮开裂等，在眼镜佩戴、牙齿口腔卫生管理方面也需要引起注意。

男教师面部修饰需要重点注意的事项如下。

(1) 注意鼻毛和耳毛的修剪，尤其是对于毛发比较重的男老师。每天出门前，男教师都应该检查耳毛和鼻毛是否长出耳孔、鼻孔之外，一旦发现这种情况，一定要用合适的工具进行修剪，避免出现耳毛、鼻毛恣意生长，给人不修边幅的感觉。

(2) 男教师及时净须。上下唇长有胡须是成年男子的基本生理特点，有的或许还有连鬓角的胡须。依据现代礼仪，在社交场合，即使是胡子茬被他人看见，也会让人感觉不够雅观，显得邋遢失礼。所以，男教师若没有特殊的宗教信仰或者民族习惯，最好不要蓄须，必须经常刮剃自己的胡须，保持唇部、鬓角、下颌整洁。

第三节　发式发型打理

一、发式发型

（一）发式发型与幼儿教师的职业形象

一个人的仪容仪表形象首先要从头说起，头部除了面部的五官特点、妆容修饰外，还有一个重要的亮点就是发式发型。发式发型是指头发的长度、颜色和形状构成的整体特点。头发生长于头顶，发式发型处在人体的“最高点”，所以更容易先入为主，引起交往对象的注意。

幼儿教师的发式发型不能随心所欲，过分强调个性和时尚，需要考虑环境、对象、性别、年龄、身高、肤色等因素进行选择。幼儿处在模仿学习的阶段，幼儿教师的示范作用有很明显的作用，所以打造整洁、规范、大方、美观的发式发型有利于幼儿教师树立良好的职业形象，给幼儿与家长留下美好印象，也能展现幼儿园所教师的整体精神风貌。

（二）幼儿教师发式发型打理的原则与内容

幼儿教师发式发型应该注意头发的清洁、造型美感，给人留下美观舒适、亲切随和的印象是重点。幼儿教师发式发型打理的原则与内容如下。

1. 干净整洁

做好头发的日常护理。选择适合发质的洗发水和头发护理产品，避免头发干枯毛糙，显得人无精打采；每周至少洗头发 2 ～ 3 次，及时清理头发异味和异物，避免油腻感和头皮屑的滋生；勤于梳理头发，保持发丝整齐，发型规范，忌讳出现蓬头乱发现象。

2. 长短适中

头发的长短应该根据性别、年龄、身高来选择，不能只考虑自己的喜好。对于幼儿教师，男生留长发（非特殊职业需要）、长者梳长辫、矮个子留齐腰长发，既不会显出应有的气质和身份，也会让人感觉缺乏基本的审美素养。

3. 发型适宜

发型包括发色和造型两个方面。幼儿教师应该选择美观大方、自然得体的发色和发型。天生自然的发色以黑色、黑褐色、黄棕色为主，对于幼儿教师，发色以保持自己的自然色为佳，如果进行发色修饰，也以选择接近自然色的颜色染色为佳，不能出现亮色挑染、整体艳色或者灰色、蓝色、紫色等的染发。

头发的造型需要根据自己的年龄、身材和脸型来选择，常见的分类有直发与卷发、短发与长发、束发与散发等造型。由于幼儿教师在工作中经常会有弯腰、下蹲、舞蹈跳跃等动作，而且需要照顾幼儿的饮食和起居，因此幼儿教师在工作时间段应以束发为主，避免散发。

4. 美观自然

头发的修饰可以选择美发机构或者自己动手，有意识地运用一些技术手段（去美发机构的烫发，自己使用发油、啫喱、发蜡等做造型）进行美化。教师的美发应追求美观大方、自然而然的特点，以显得端庄稳重、大方典雅为佳。

二、女教师发式发型选择与打理

女教师的头发一般比男教师的头发长，发式发型不能过分强调个性和追求时尚。头发颜色以自然色为佳，头发造型以帮助幼儿建立健康审美观、方便自己工作为原则。例如，刻意染时尚色、做个性烫发、时尚夸张的剪发设计不利于幼儿正确审美观的建立，长发披散虽然显得教师温柔，但是在教学中容易头发散乱，或者飘飘长发吸引幼儿的注意力，让其忽视对教学内容的关注；另外，披散的头发还容易脱落，可能会在幼儿进餐时掉进幼儿的餐食里。所以，幼儿园女教师的发式发型选择与打理主要包括以下内容。

（1）额前的头发以不遮盖眼睛为宜，超过肩膀的头发应盘起或束起，以方便教学与活动。

（2）发型以活泼大方或者端庄大方、自然得体为原则，不留夸张、怪异的发型。

（3）如果佩戴发饰，则以简洁大方为原则，不佩戴造型复杂夸张、颜色艳丽的发饰，会显得不够成熟和自然。同时，要注意观察发饰的质量是否合格，以免发饰掉落或脱落，伤害到幼儿或影响幼儿饮食与午休。

（4）幼儿园女教师发式发型的选择要与身材和脸型相协调。

整体而言，身材较为瘦长的，短发使肩部两侧有空虚，会让人更显瘦长，而留长发或者波浪发可以适当中和；身材矮小发胖的，长发和波浪发会显得更加矮胖，更适合短发和束发。

从脸型的角度来看，通常脸型偏长的女生适合自然、蓬松感的发型，起到修饰脸型长度增加美感的作用；方脸型可以通过把头发向上梳，营造蓬松感来拉长脸型；圆形脸显得年轻幼态，为了增加成熟稳重感，可增加头发波浪感，同时采取侧分方法，拉长脸型；椭圆形脸则相对比较标准，长发和短发都可以，尽量把脸显现出来，突出脸型的美感。幼儿园女教师发式发型示例如图 3-1 所示。

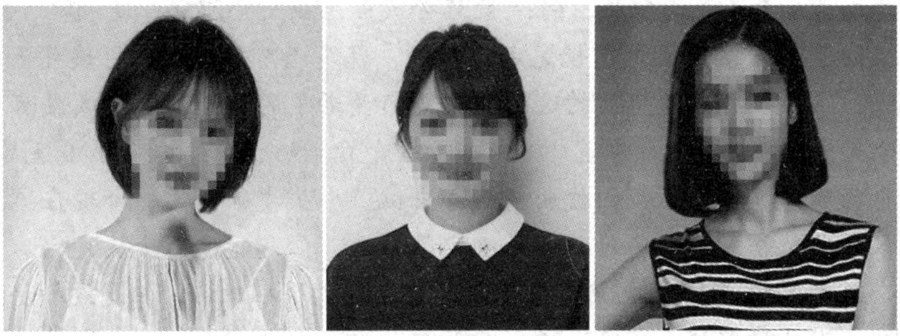

图 3-1　幼儿园女教师发式发型示例

（图片来源：百度图片 . [2023-9-20]. https://image.baidu.com）

三、男教师发式发型选择与打理

幼儿园男教师发式发型打理应注意以下几点。

（1）幼儿园男教师的发式发型以寸头和偏分为主，可以根据自己的脸型和喜好选择，但是不能出现长发和光头的情况。

（2）头发的长度以前发不过眉、侧发不盖耳、后发不触领为原则。

（3）头发的造型不能过分追求时尚，也不能标新立异显个性。

幼儿园男教师发式发型示例如图 3-2 所示。

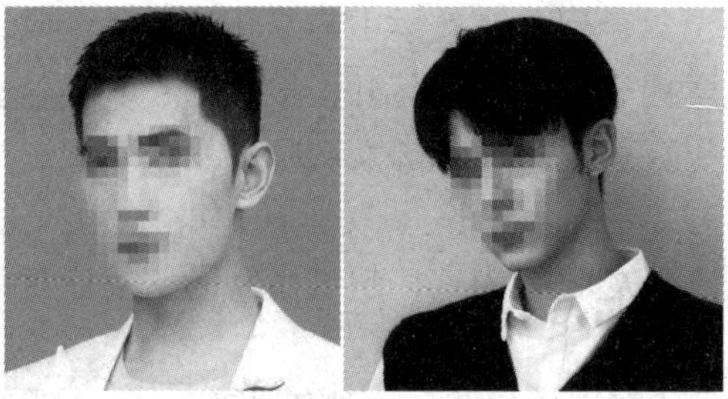

图 3-2　幼儿园男教师发式发型示例

（图片来源：百度图片 . [2023-9-20]. https://image.baidu.com/）

案例

王老师突然变老了

9 月 1 日早晨，上中班的萱萱开开心心地来到幼儿园，开始新学期的生活。王老师也像以前一样在教室等候每个小朋友的到来。活泼开朗的萱萱见到老师微笑鞠躬问好，抬起头时她注意到老师扎起的头发颜色变了，不是以前的黑色。萱萱很是好奇，整个上午上课的时候，只要王老师进教室，萱萱就盯着王老师的头发看。在画画课上，萱萱还从彩笔里找和王老师头发一样的颜色，可是她发现老师的头发既不是白色，也不是普通的灰色，彩笔里没有和老师头发一样的颜色。这么选来选去，整个画画课要结束了，萱萱还没有把作品完成。

王老师过来看看萱萱的作品，问："萱萱今天是想画一个阿姨，是吗？"萱萱点头，王老师又关切地问："萱萱画的阿姨完成得挺好，就是还需要给这位阿姨补上头发，你想怎么画呢？"萱萱说："我想画的这个阿姨是您变老了的样子，可是我没有从彩笔里找到和您今天头发一样颜色的彩笔……"王老师听了，很是惊讶，脸上露出无奈的笑容。

想起自己前一段时间休假，被朋友推荐去做了个头发，说染一个现在流行的雾霾淡蓝色，很时尚，等头发染完后刚开始确实很好看，但是洗过两次头发以后，颜色就开始掉色，这才 20 多天，颜色就变得发灰，自己都觉得很难看，但是没办法，不能因为这个就把头发从根部都剪了呀，所以只能把头发扎起来。没想到，还是没有逃过小朋友的眼睛，更没想到，可爱的萱萱以为自己老了。

【思考】幼儿园教师在发型方面应该注意什么？

第四节　肢体修饰

一、肢体修饰概述

（一）肢体修饰与幼儿教师的职业形象

肢体是幼儿教师在幼儿教育、工作交际中使用最多的部位，得体的肢体修饰既可以提高教师的气质形象，也有利于教育活动的进行。所以，幼儿教师必须注意肢体修饰的细节。

（二）肢体修饰的原则

肢体修饰通常包括颈部、手部、臂部、腿部、脚部等部位的修饰与美化。人际交往中，对交往对象的关注通常有“远看头、近看脚”的顺序感，所以肢体部位的细节修饰也影响着个人的形象。关于以上部位的修饰，应遵循以下原则。

1. 干净整洁

注意肢体部位的卫生清洁，勤洗手、勤洗澡、勤洗脚，避免这些部位的褶皱处出现污渍、汗渍和异味；另外，还需要注意肢体部位的保养，避免剐蹭磕碰造成伤口或疤痕。

2. 自然得体

对于幼儿教师，肢体部位通常不进行多余修饰，以保持自然本身的状态为佳，即使佩戴配饰或进行修饰，也要以简洁、素雅为原则。

3. 适度美化

幼儿教师对肢体部位的美化以少而精、简与雅为原则，避免出现绚丽的颜色、特别的造型，更不能出现刺字、贴画、文身等情况。

二、女教师的肢体修饰

（一）颈部修饰

颈部是离头面部最近的肢体部位，颈部也是人际交往中重要的关注点，颈部的状态会影响人的精神面貌和气质。幼儿女教师的颈部保养主要体现在以下方面。

1. 颈部皮肤护理

颈部皮肤护理与面部一样重要，可以采用相同的步骤。及时清洗和使用相关护肤产品，避免出现颈部皮肤干燥、褶皱明显或者污渍。

2. 颈部姿态管理

颈部姿态影响人的体态气质，也影响颈椎的健康状况。女教师应避免保持颈部一个姿势，以免出现颈部僵硬、颈纹明显的问题；养成规律运动颈部的习惯，避免颈纹产生和颈椎病的发生；无论走路、坐立都要保持颈部挺直，显得人更加自信有气质。

3. 颈部配饰选择

颈部的配饰有多种类型，适当的颈部配饰可以起到颈部美化、形象提升、彰显身份的作用。但是，对于上班时间的幼儿教师，颈部最好不戴配饰。其原因有二：①项链作为装饰物，一定有吸引注意力的设计效果，尤其是外形夸张、层次感强、颜色特别的项链更会吸引幼儿的注意力，影响幼儿对课堂内容的理解与参与；②教师经常近距离接触幼儿，幼儿出于喜欢或者好奇会触摸老师的项链，甚至当幼儿出现情绪激动、自控力差、发泄情绪时，很容易出现抓扯现象，此时容易造成幼儿受伤、教师项链损坏的情况。

另外，幼儿教师选择的衣服的领型也可以对颈部起到一定的修饰作用。V 字领可以拉长颈部，适合颈部偏短、偏胖的教师；圆领和一字领更适合颈部较长、偏瘦的教师。

（二）手部修饰

手是人际活动中使用最多、动作最多的一个肢体部分。英国学者亨利·弗克因说："手与脸一样，是一个人气质、爱好及从事职业的最好介绍。因此我们可以称之为人的第二张脸。"由此可见，手部保养和修饰对职业形象同样有重要的意义。

幼儿女教师的手部保养与修饰主要包括以下两个方面。

1. 手部的清洁和保养

勤洗手，保持手部干净。根据不同的体质和肤质，有的人手部爱出汗，需要经常擦拭；有的人手部容易干裂，需要及时使用护手霜滋润，以免手部起皮、粗糙，在与幼儿娇嫩的皮肤接触时引起幼儿的不适。

2. 手部指甲的清洁与保养

不能留长指甲，指甲的长度以伸展手掌，眼睛平视掌心的情况下看不到手指甲为宜。及时修剪洗刷指甲，做到"三天一修剪，每天一检查"，防止指甲过长和留有污垢。

不能涂指甲油，保持指甲的自然光泽即可。幼儿教师不仅需要给幼儿进行授课，还需要照顾幼儿的饮食起居，如涂染指甲油或者粘贴指甲饰品，工作中可能会造成卫生与安全隐患。

（三）臂部修饰

手臂带动手掌表现出来的肢体语言非常丰富，幼儿教师经常要通过拉、抱、搂等动作表达对幼儿的关心、照顾、安慰、引导等意思，所以手臂的保养和修饰是幼儿教师形象管理的重要部分。

1. 手臂的清洁和保养

勤洗澡，保持手臂干净，尤其要注意手肘的褶皱处，注意去除多余的角质层。如果手臂容易干燥，则需要涂抹身体乳进行滋润。

2. 手臂的保护，避免伤残

教师须对自己的手臂细心照顾，避免磕碰、烧烫伤的发生，出现结痂或者疤痕现象，影响手臂的美观。如果手臂出现发炎、长癣、生疮等病变，要及时就医，并进行保护与遮盖，以免幼儿看到产生担忧、害怕等情绪，影响上课心情和效果。如果出现更严重的情况，则应该避免与人接触。

3. 手臂的修饰

根据教师礼仪，教师上班时间或者其他正式场合不能穿着无袖装、露肩装、露胸装、露腰装或露背装。手臂和肩膀则不能完全裸露在衣服之外。

幼儿教师不宜佩戴手链、手镯，以免给幼儿造成剐蹭皮肤等安全隐患，以及出现首饰变形、损坏的情况。

4. 汗毛和腋毛的管理

如果女教师汗毛比较浓密，影响手臂美观，可以借助一定的仪器或者去专门的机构进行剔除。腋毛属于个人隐私，出于礼貌，无论正式场合还是非正式场合，腋毛裸露在外都是非常不雅观的失礼行为，尤其是对于外人或者异性。幼儿教师在工作场合不能穿无袖露肩装，如果袖子确实有点短，而腋毛比较长和密，免不了露出来，应该及时对腋毛进行修剪或者清理。

（四）腿部与脚部修饰

腿部和脚部的修饰主要注意以下三个方面。

1. 保持干净清洁

勤洗澡洗脚、勤换鞋袜，防止脚部产生异味，影响形象。

2. 不光腿、不光脚

幼儿女教师由于工作中有各种活动要参与，经常有下蹲、弯腰等动作，所以应尽量避免穿比较短的裙子和短裤，优选长裤或者及膝与过膝的裙子，正式场合需要穿连裤袜，避免裸露腿部。一年四季，女教师都不应该光脚，或者穿裸露脚趾的鞋子。穿鞋一定配合适的袜子。

3. 定期修剪趾甲，不能在脚踝或者腿部刻字、文身

趾甲和指甲一样，需要养成定期修剪的习惯；同时，作为教师，绝对不能出现腿脚部的纹饰，通常也不能在脚踝佩戴脚链。

（五）体味管理

在个人形象中，干净整洁是基本素养，而体味的出现必然让自己的形象大打折扣。通常影响体味的因素有汗味、油腻味、腋臭、脚臭等。无论哪种异味，都可以通过以下方法进行管理。

1. 洁净身体

勤于洗澡、洗头、洗脚，可以大大避免身体出现异味。适当地使用洗发液、沐浴乳、护体乳，还可以带来自然清香，提升个人形象。

2. 注意防病

有些人由于遗传或患病，会出现腋臭和脚臭等，此时需及时就医，且要比常人更勤于洗澡、勤于更换服饰与鞋袜，避免异味聚集。

三、男教师的肢体修饰

幼儿男教师的肢体修饰原则与方法与女教师相比要简洁得多，最主要的就是遵循干净整洁、自然得体的原则，展现出积极向上、健康阳光的气质。男教师忌讳在肢体部位出现刻意的修饰与美化。整体而言，男教师的肢体修饰应注意以下几点。

（一）勤于洗澡，保持各肢体部位的清洁卫生

干净整洁是男女教师通用的原则。男教师也要多注意颈部、手部、臂部、腿部、脚部的清洁保养，尤其注意褶皱处皮肤的卫生状况。勤洗手，保证手部干净滋润和指甲长度适中，甲缝没有污垢；勤换鞋袜，以免散发脚汗味，影响形象。

（二）及时管理汗毛、腋毛，不光脚不光腿

汗毛和腋毛是成年人基本生理特点之一。对于男性，有时汗毛会长得过浓、过长，一般无关大局，不用过分管理。男教师工作时不能穿无袖上衣、短裤，也不能光脚穿凉鞋。只要注意这几点，把浓密、较长的汗毛和腋毛作为个人隐私管理好即可。

（三）不戴配饰、不文身

男教师的形象应该是积极阳刚、健康阳光的，而且严格地讲，幼儿教师不能佩戴任何配饰，所以幼儿男教师也不能戴任何配饰。同时男教师也必须避免文身、刻字、贴画等行为，以免影响作为教师的正面形象。

（四）严格管理体味

男教师的体味通常受烟草味、汗味、头发油腻味、腋臭味、脚臭味等影响，所以男教师在日常生活中必须勤洗澡，避免出现汗味、头发油腻味、腋臭味、脚臭味等。如果男教师有抽烟的习惯，那还要注意上班前和上班期间不能抽烟，以免口腔、头发、衣服上留有烟草味，影响自己的形象，也会对幼儿的身心成长产生不良影响。

【本章思考题】

1. 首轮效应在人际交往中有哪些作用？
2. 幼儿园教师仪容修饰的原则有哪些？
3. 幼儿园女教师仪容修饰有哪些注意细节？
4. 幼儿园教师发式发型打理的原则是什么？
5. 幼儿园男教师的肢体修饰有哪些细节要注意？

【案例分析】

幼儿园教师仪容形象规则

教育家加里宁曾说：一个教师必须好好检查自己，她（他）应该感觉到自己的一举一动都在最严格的监督之下，世界上任何人也没有受到这样严格的监督。这段话告诉我们幼儿对教师的行动的敏感程度，所以无论是教师还是保育员，都应学会调整自己的外在形象，在幼儿面前保持清新、端庄、美丽大方的模样，使之能对幼儿产生良好的影响。

李主任拟定了一份本幼儿园教师仪容形象规范的要求，具体内容如下。

幼儿园教师仪容要求活泼大方，清新自然，符合教师形象，给孩子以亲切感，起到潜移默化的作用。

（1）头发：洁净、整齐。长发盘起，短发整洁，刘海不遮眼，侧发不遮脸，发饰朴素大方，不艳丽夸张，不做奇异发型、发色。

（2）佩饰：安全、适宜。可戴简单耳钉、胸针（磁力）、项链，不妨碍幼儿活动，保证幼儿安全，不佩戴过多饰品。

（3）妆容：可化淡妆。不戴有色的隐形眼镜，假睫毛不宜过长过浓。

（4）指甲：整齐、干净。指甲不过长，不做美甲；不戴造型夸张的戒指。

（资料来源：幼儿教师网 . [2023-9-20]. http://admin.yejs.com.cn/yzzc/article/id/63746.htm）

【思考】

1. 李主任拟订的这份幼儿园仪容形象规则有哪些可取之处？

2. 这份仪容形象规则是否有需要修改的地方？为什么？

【课后实训】

请结合所学，观察身边职业人士的整体形象，并对他们的形象进行讨论，分析他们形象的优缺点。

第四章

幼儿教师的服饰礼仪

学习目标

1. 了解幼儿园教师的着装原则和内容；
2. 掌握幼儿园教师的着装和配饰技巧；
3. 能运用幼儿园教师服饰礼仪打造服饰风格。

引导案例

"我爱美，穿什么是我的自由"

琳琳刚搬新家，因为新家离孩子之前上的幼儿园太远了，所以她将孩子转入了就近的新幼儿园。

在报名的时候，她就发现这个幼儿园和之前那个不太一样，学生和老师都没有统一的服装，不过琳琳也没有很在意这些，只觉得幼儿园的教学质量好就行。

可就在第一天上学时，琳琳就发现，孩子的带班老师穿着有些亮眼。琳琳心想，可能是因为开学第一天，老师想吸引孩子们的注意力，和孩子们更亲近些。

可是随着天气越来越热，琳琳就发现，带班老师穿得越来越靓，也越来越暴露。孩子每次回家的时候，都会跟自己讨论老师今天穿得很好看之类的。

这天，她去接孩子放学的时候，在门口和孩子同班的学生家长聊天，她们也发现了这个问题，都纷纷表示，自己的孩子也是每天回家和自己讨论老师的着装。于是几个家长意见一致地觉得，孩子带班老师穿得太性感了，看起来完全不像是一个幼儿园老师，这样下去可能会对孩子的教育不太好，所以就决定在回家后向老师提一下建议。

晚上的时候，一位家长先在群里发表了意见，随后琳琳和其他家长都开始纷纷应和。这本就是出于好心想要给老师提一个小小的建议，希望老师以后上班的时候不要穿得这么吸引小孩子注意。可是当这位老师看到家长们在群里的言论后，竟然说："穿衣服是我自己的事，我愿意这么穿，总不能穿衣服也管着我吧。我美，我爱美也没错呀，家长们应该没权利干涉我穿衣服吧。"面对老师这样的态度，一下子让家长们不乐意了。

第二天，家长们联合起来，将这件事情反映给了幼儿园园长，要求这位老师注意着装。随后在幼儿园园长介入后，老师们都换上了统一的工作服，这件事才就此结束。

（资料来源：网易 . [2023-9-20]. https://www.163.com/dy/article/HA0REIRR055339F8.html）

【思考】幼儿教师着装应该注意什么？

第一节　幼儿教师着装的原则

着装是指人们的穿衣打扮，即穿戴，包括穿着的服装和佩戴的饰物。一个人的着装具有很强的表达与沟通能力。莎士比亚曾说："服饰往往可以表现人格。"在人际交往活动中，人们可以通过着装判断对方的身份、地位、涵养、气质与品位，个人也可以通过着装表达自己的心情、态度、修养和审美品位。所以，着装是人内在美和外在美的和谐统一。幼儿教师讲究着装，注重着装礼仪，是树立良好个人形象、维护所在幼教机构形象的重要途径。

一、着装的 TPOR 原则

着装的 TPOR 原则是根据国际惯例总结的着装规范。T、P、O、R 分别是英文 Time（时间）、Place（地点）、Occasion（场合）和 Role（角色）的首字母，强调人们在选择服装时，除了考虑遮羞、御寒、美化、喜好的因素外，还必须兼顾时间、地点、目的及自身的角色，力求自己的着装与自己所处的时间、地点、场合与角色协调一致，才能符合社交礼仪，在人际交往中树立良好的个人形象。

（一）Time（时间）原则

着装的时间原则包括交际活动在一天中的什么时间段，即白天、晚上，上午、下午等；还包括四季和时节变化；同时还要考虑个人所处的时代等因素。

白天时间：可以细分为工作、办公时间和休闲、运动、娱乐、旅游时间两类。

晚上时间：可以分为社交活动时间，如聚会、酒会、宴会，以及居家休息时间。

四季时节：每个季节都有各自的特点，对人的生理和心理都有不同的影响，着装要随四季时节变化，做到"冬暖夏凉、春秋适宜"。

（二）Place（地点）原则

着装的地点原则包括交际活动的具体场地，如办公室、教室、会议室、公园、景区、游泳馆等，还包括所处的地域文化习俗，如伊斯兰教文化区域、佛教文化区域等。

（三）Occasion（场合）原则

在生活和工作中，人们在某一时刻一定是处在特定的场合中的。场合大致可以分为两类：工作场合与私人活动场合，其中工作场合包括上班的地方（车间、办公室、教室等）、洽谈、演讲、会议、因公酒会、因公宴会等；私人活动场合包括下班后的个人生活与社交场合，如居家休闲、旅游、友人聚会等。不同的场合需要展现的形象不同，应该有不同的着装规范。

（四）Role（角色）原则

每个人都有不同的角色。工作中，是下属的领导，同时也是上级的下属；生活中，既是父母，也是子女。工作中需要穿出专业性、权威感，生活中需要穿出舒适度和亲和感。用合适的着装让自己的形象更符合当下的角色，可以提升在人际交往中的接纳度和亲和力，促进人际活动的开展。

二、幼儿教师着装的 TPOR 原则

着装是幼儿教师形象的直观表现形式，得体适宜的着装不仅是对自身形象的美化与修饰，同时也是个人内在修养和审美品位的外在体现。幼儿教师学习和应用着装礼仪，要站在维护个人形象、维护所在幼儿机构形象、维护幼儿教师队伍整体形象的高度。幼儿教师着装的 TPOR 原则有其具体的特点和内涵。

（一）幼儿教师着装的 Time（时间）原则

幼儿教师着装的时间原则主要体现在白天工作时间段，从早晨迎接幼儿入园到下午送幼儿离园的时间段内，同时也要注意四季时节的变化。在这个时间段内，幼儿教师主要是完成日常教学、幼儿陪护、园内教研和会议等活动，期间的着装应该在注意符合季节特点的同时，重点是方便完成工作，树立勤奋认真、温柔随和的教师形象，同时体现所在幼儿园所的管理文化。

（二）幼儿教师着装的 Place（地点）原则

幼儿教师着装的地点原则是根据幼儿教师工作中的地点变化而言的，包括教室、办公室、会议室、园所室外活动区、园外实践场所（如博物馆、采摘园）等。幼儿教师在这些地点的着装以方便完成工作、树立积极正面幼儿教师形象为原则，不宜强调个性和潮流，以树立良好的园所幼儿教师整体形象为目标进行着装。

（三）幼儿教师着装的 Occasion（场合）原则

幼儿教师着装的场合原则是根据幼儿教师在人际交往中的关系与目的来区分的，包括迎送、教育、陪护幼儿的场合，与幼儿家长沟通交流的场合，同事研讨的场合，与领导交流谈话的场合，开会的场合，与幼儿及家长举行联欢或会议的场合等。在这些场合中，幼儿教师的着装需要能展现自己的专业性、敬业度、亲和力和上进心等。

（四）幼儿教师着装的 Role（角色）原则

幼儿教师着装的角色原则是指幼儿教师的着装应符合在工作时间所承担的角色，包括面对幼儿时既是老师也是和蔼可亲的长辈，面对幼儿家长时是幼儿教育的专业人士、受人尊敬的教师身份和园所员工的代表，面对同事时是友善互敬、团结协作的伙

伴，面对领导时是积极上进、勤奋认真的下属等。幼儿教师在工作时间的角色如此丰富，其着装特点应该找到各个角色之间的共同需求后确定，切莫太过偏颇或者只强调个性。

拓展知识

着装的配色原则

三色原则：正式场合的着装尽可能遵循“三色原则”，即全身上下的衣着颜色一般保持在三种颜色以内，显得干练、稳重。如果超过三个颜色，就会显得杂乱或华丽，不适合较为严肃、庄重的正式场合。

三一定律：强调男士着装色彩，服装色调协调的基础上，公文包、鞋子、腰带三者是同一个颜色，显得成熟稳重。

基调明确：全身色彩要有明确的基调，主要色彩应占较大的面积，相同的色彩可以出现在不同部位；大面积的色彩不宜超过两种。

点缀鲜明：服装上的点缀色应当鲜明、醒目，少而精，起到画龙点睛的作用，一般采用胸针（花）、丝巾、项链、徽章。

深浅互搭：突出上衣时，下装颜色要比上衣深；突出下装时，上衣颜色要比下装深；上深下浅，显得端庄、大方、恬静、严肃；上浅下深，显得明快、活泼、开朗。

万能色巧用：黑、白、金、银色可以和任何色彩搭配。例如，配白色，增加明快感；配黑色，增加稳重感；配金色，增加华丽感；配银色，能产生和谐感。

（资料来源：金正昆．教师礼仪规范 [M]. 3 版．北京：中国人民大学出版社，2019.）

第二节　幼儿园女教师的着装技巧

幼儿园女教师的着装除讲究适合时间、适合地点、适合场合、适合角色的原则外，还要注意配色和款式。综合幼儿园女教师一年四季的教学工作、主要的交际活动地点与场合，其承担的角色包括老师、长辈、员工、同事、下属等，我们把幼儿园女教师的着装分为四大种类，分别是制服、套装（套裙）、便装、运动休闲装。

一、制服

（一）什么是制服

制服又称团体服装，即处在同一群体的人员的统一样式的着装，用以辨识不同职业或者不同团体的成员，如警察、军人、法官、消防员、医生、护士、厨师的着装都是制服的代表。制服一般具有统一性、制约性和辨识度。

（二）幼儿园女教师的制服

幼儿园女教师虽然没有类似于警察、军人、法官这样带有鲜明职业标志、指定穿着的制服，但是现今的幼儿园所也非常重视教师队伍整体形象的建设，一般会为本园所的员工定制统一样式的服装，用以区分本园所的员工和树立园所的集体形象，突出幼儿园教师的职业特色、整齐划一的精神风貌。幼儿园女教师的常见制服款式有套裙和便装两种形式，讲究款式统一、颜色统一、配饰统一，主要用于幼儿园举行集体活动、对外交流活动等场合。常见幼儿园女教师制服款式如图 4-1 所示。

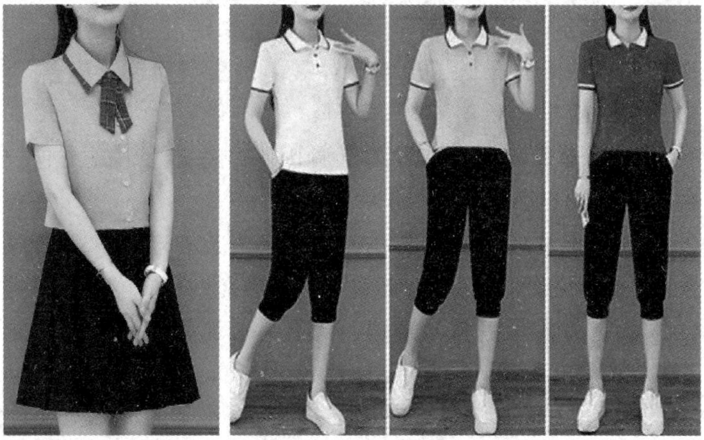

图 4-1　常见幼儿园教师制服款式

（三）幼儿园女教师制服着装技巧

幼儿园女教师在选择和穿戴制服时，需要注意以下四点。

1. 合身得体

幼儿园女教师选择幼儿园制服时，虽然不能挑选款式和颜色，但是可以正确选择适合自己的尺码，尺码的选择以显得端庄和活动自如为原则。例如，身体比较丰满的老师，不要因为害怕别人笑话自己，就选择比较小的码数，这样会导致制服穿在身上比较紧绷，甚至紧绷到背部出现棱线，既显得更加肥胖，也不利于身体活动，反而会让自己因为穿着不合体的衣服显得别扭、不舒服和不自信。

如果实在没有合适码数的制服，可以选择大一码的制服，找专业的衣服修改机构根据自己的身体尺码修改尺寸，要让自己的制服穿在身上显得合身得体、舒服自信。

2. 穿着规范

如果园所有统一着制服的规定，那么老师就应该按照规定穿着，而不得随意穿自己的便装，或者把制服与自己的便装混搭穿着，否则会有损园所的整体形象，让人感觉园所管理不够严格，员工集体意识不足，对园所的制度和要求不够重视。另外，穿着制服时要注意佩戴与制服风格和谐统一的配饰，或者按照园所制服配饰的规定佩戴，不能为追求个性和凸显时尚，破坏制服的统一性与严肃性。

3. 保持整洁

制服是否能真正体现出幼儿园教师的专业性、权威性和园所形象的统一性、隆重性，主要取决于制服的穿着是否整齐划一，所有教师是否真正按照制服礼仪的要求穿戴。例如，不系领口、敞胸露怀、高卷袖筒、乱配鞋袜、衬衫下摆散乱没有系在裤腰或裙摆里，这种危害不亚于不穿制服。另外，穿着制服要保持制服清洁，使制服无折痕、无异味、无异物、无异色、无污渍。

4. 维护完好

一般情况下，无论制服还是其他衣服，如果出现开线、磨毛、破损、纽扣脱落、拉链损坏等情况，就不能视而不见仍然穿着了，需要及时进行补救或者修饰处理，否则会给人衣服质量差、生活邋遢、不修边幅的感觉。

二、套装（套裙）

（一）什么是套装（套裙）

套装（套裙）一般指上下身统一设计制作的配套服装，通常由同色同料或造型格调一致的衣、裤、裙等相配而成。套装（套裙）可以是两件套、三件套等，强调造型风格基本一致、配色协调，主要是给人整齐、和谐、统一的印象。职场人士多选择套装（套裙）提升自己的气质和形象。

（二）幼儿园女教师的套装（套裙）

幼儿园女教师穿的套装（套裙）主要来源有两种，一种是园所统一定制，另一种是出于自己的品位和喜好个人配置。幼儿园女教师的套装（套裙）从款式上可以分为正式套装（套裙）和运动休闲套装（套裙）。

如果是园所统一定制的套装（套裙），其穿着场合已经在制服部分介绍过；如果是女教师出于个人品位和喜好购买的套装（套裙），则主要体现个人的气质个性、品位喜好，可以用于会议、培训、演讲、颁奖、座谈、办公室、教室等场合。女士职业套装和职业套裙如图 4-2 和图 4-3 所示。

图 4-2　女士职业套装

图 4-3　女士职业套裙

（三）幼儿园女教师套装（套裙）着装技巧

关于幼儿园女教师套装（套裙）的穿着技巧，此处重点讨论幼儿园所统一定制的制服以外的套装（套裙）。除了和穿制服一样需要注意的事项外，穿着套装（套裙）时还需要注意以下三点。

1. 套装（套裙）选择符合身份

幼儿园女教师选择套装（套裙）时，不能和其他办公职场女性一样选择，而应该突出幼儿园女教师的职业特点，一般选择典雅大方、活泼有亲和力的款式和色调；不能出现低胸、露大腿和无袖款；色彩不适合选择单一的黑白灰，可以选择比黑白灰更具有亲和力、温柔感、活泼感的颜色，如粉色调、橙色调、紫色调、绿色调、蓝色调等。

2. 套装（套裙）选择符合身材和年龄

不同的款式和色调传达不同的信息，可以看出个人的选择心理、选择标准等，是个人审美品位的体现。幼儿园女教师选择套装（套裙）时应该根据自己的年龄和身材特点选择款式，色彩选择考虑自己的年龄和肤色，如年长的女教师避免鲜艳、显嫩的淡粉色、亮橙色、果绿色的大面积使用，多选用色调较为沉稳的藕荷色、卡其色、酒红色、藏蓝色等。体型偏胖的女教师，苹果型身材，上身和腰腹肥胖，不适合穿紧身的上衣；梨形身材，腰腿粗壮，不适合穿及膝的裙装或锥形的裤装等。肤色偏黄、偏暗的女教师，可以通过化妆调整肤色，同时避免穿特别亮的色调，以免显得脸部更暗；肤色偏白、偏亮的女教师则对颜色的适应范围广，大部分颜色比较适合，选色时更多考虑自己的年龄和角色因素即可。

3. 着套装（套裙）正确选择配饰

在选择套装（套裙）的配饰时，需要考虑与套装（套裙）的风格相协调。这里的配饰包括鞋袜、围巾和丝巾、衬衫和打底衫、手包和挎包等。

鞋袜的搭配特别影响套装（套裙）的整体风格。如果是正式的套装（套裙），则适合搭配皮鞋和肉色的连裤袜。适合女教师的皮鞋包括船鞋和及踝鞋，鞋跟优选粗跟、坡跟款式，跟高不高于 5 厘米，以 3 厘米左右为佳，皮鞋鞋面避免夸张闪亮的配饰，优选简洁大方的造型；另外，不以凉鞋、凉拖、中靴、长靴配套装（套裙）。选择袜子时，如果穿正式的套裙，则不能选择及踝或及膝的短袜与中袜，这样会把腿分成两截或三截，显得不够正式和雅观。最佳应该是连裤袜配套裙，袜子的颜色优选与自己肤色接近的裸肤色，如果是冬天，可以考虑黑色的连裤袜。

围巾和丝巾主要用于室外和部分室内，主要起到保暖、提亮的作用。围巾和丝巾的款式、厚度、颜色要考虑与季节相符合、与年龄相匹配、与套装（套裙）的风格色调相呼应。

衬衫与打底衫主要适用于套装，起到提亮和纠正脸型与肤色的作用。衬衫和打底衫可以选择与套装（套裙）同色系不同明度的颜色，以追求和谐美；或者选择与套装（套裙）互补的色系与色调，以突出反差美。衬衫和打底衫都要注意领口不能太低、太大，以免影响教师形象；另外，圆脸的女教师适合 V 形领，长脸的女教师适合“一”字领和圆领，达到纠正脸型提升气质的效果。

手包和挎包的选择主要考虑大小、款式、颜色。其中，大小要考虑自己的身高和身份，矮个子和体型偏胖的老师应避免选择大款、长款的包，以免显得自己更矮更胖；款式要考虑自己的年龄和身份，年长的幼儿园女教师更适合选择款式简洁、立体的包；颜色要考虑与套装（套裙）的色调、鞋袜色调和谐，符合年龄和身份。

包通常与鞋的颜色相呼应，或者与套装（套裙）上的一种色彩相呼应，当然也可以通过对比色营造反差美；颜色也要考虑年龄的因素，如年长的女教师不可选用特别鲜艳鲜亮的颜色。幼儿园女教师的身份决定了其在上班时间不能选择款式繁复、大小夸张、颜色怪异的手包或者挎包，这样会显得过分另类、时髦、不够稳重。

三、便装着装

（一）什么是便装

便装又称便服，是指区别于严谨、庄重类型服装的任何服装。便装展现的是自然随意、休闲舒适、喜好个性的特点，是相对于正装而言的。

（二）幼儿园女教师的便装

幼儿园女教师的便装是指除了园所统一制服、正式的套装（套裙）以外的各种款式与风格的衣服，包括牛仔裤、T 恤、衬衫、外套、连衣裙、半裙、裙裤、长裤等。幼儿园女教师的便装主要用于非正式场合，如日常教学、日常办公等场合。其常见款式如图 4-4 所示。

图 4-4　女士便装

（三）幼儿园女教师便装着装技巧

由于便装种类丰富、风格多样、款式和品质不一，因此对便装的选择更能显示出幼儿园女教师的修养素质和审美品位。幼儿园女教师在上班时间穿的便装也必须以符合幼儿园教师的职业形象为根本原则，遵守相关礼仪，在此基础上再考虑自己的年龄、身份、身材、喜好等因素。

1. 配合环境

幼儿园女教师穿便装的环境主要是日常教学和日常办公时，所以便装的选择应该突出“舒适、自然、得体”。优选非紧身的长裤、牛仔裤、及膝长度的 A 形或 H 形的半裙或者连衣裙、衬衫、休闲西服、T 恤、卫衣等，鞋子可以选择平底的皮鞋、小白鞋、运动鞋等，袜子选择与裤子或鞋相呼应的颜色即可。

不适合选择那些在教学中会造成不方便的款式，如大裙摆的长裙、紧身紧绷无法弯腰下蹲的长裤 / 短裤 / 短裙、弯腰或下蹲会露腰的下装、伸展手臂会露脐的上衣等。

2. 适合自身

选择便装，需要充分考虑自己的年龄、身材、肤色、角色等因素。不可通过衣服装嫩，也不穿着过于呆板没有活力的便装；不可过紧，让自己不舒服、不自由；也不可选择太宽松、松垮的款式，造成在活动中不方便或显得没有精气神。刚入职和年轻女教师应该以活泼阳光、积极上进的形象示人，不能穿得太有权威感。

3. 风格协调

不同类型的服装，其具体风格差别比较大。幼儿园女教师要注重风格的统一，在进行风格混搭时不可有违基本审美规则和幼儿园女教师身份。

4. 色彩和谐

选择不同颜色的衣服，除了考虑个人喜好、流行元素外，还要考虑自己的身份、年龄、肤色、体型、衣服搭配等因素。幼儿园女教师可以通过色彩彰显自己的个性和审美，但不能太过夸张和时髦，影响幼儿园女教师的职业形象，或者与自己的年龄、肤色、体型不搭，显得自己审美素养比较低。

5. 面料般配

便装面料的选择比较广泛，女教师要对各种面料的基本特点有基本了解，注意整体着装面料的风格和舒适度。优选那些方便活动、不易起褶皱、便于保养清洁的面料，注意蕾丝、薄纱等面料的应用部位和使用比例，以免显得过于廉价、轻佻、性感。

四、运动休闲装

（一）什么是运动休闲装

运动装是指运动时穿的服装，一般指专业运动时穿的服装，具有专业功能性，如篮球鞋服、游泳衣、瑜伽服等；休闲装是指在休闲生活时穿的衣服，一切区别于工作场合的正装、礼服的所有衣服都可以归于休闲装，款式可以时尚、前卫、居家、放松等。

（二）幼儿园女教师的运动休闲装

幼儿园女教师的运动休闲装是指幼儿园女教师在参加园所组织的专业运动活动、进行日常教学时的户外活动教学、带领幼儿及家长进行园外实践教学时应该穿着的适合运动、方便活动、具有休闲放松特点的衣服，包括参加园所组织的专项运动活动与比赛的功能性运动服，如篮球服，也包括适合一般户外活动休闲的运动风格的休闲服，如图 4-5 所示。

图 4-5　女士运动休闲装

（三）幼儿园女教师运动休闲服着装技巧

幼儿园女教师的运动休闲服以能够满足特定运动、特定教学活动需求为原则，遵循场合原则、协调原则和方便原则，具体内容如下。

1. 场合原则

如果是参加园所组织的专业运动项目比赛或者活动，幼儿园女教师需要穿相应的专业运动服装，一是为了方便运动和活动，发挥正常水平；二是这些专业的运动衣服鞋袜有一定的运动保护作用，避免运动受伤。而进行正常的园内园外的户外运动与户外实践教学时，应该根据当时的季节、天气状况选择宽松、方便的运动风格休闲装，配合适的运动鞋或者休闲鞋，避免不合时宜的高跟鞋、凉鞋、皮鞋等。

2. 协调原则

运动休闲装也体现了一个人的审美素养和个性喜好。选择运动休闲装时，除了考虑功能性外，还要注意色彩、质地、款式与自己的年龄、身材、肤色相协调，必要时可以搭配帽子、太阳镜、腰包等运动类配饰。整体要注意风格和色彩的协调，避免出现杂乱性混搭风。

3. 方便原则

运动休闲装以方便教师运动和活动为原则，讲究少而精，简洁便捷。因为幼儿教师在进行园内和园外的户外教学或者户外实践时，主要的精力是活动的组织、幼儿的安全和饮食、家长的沟通，如果自己着装和配饰过于复杂，容易增加不必要的麻烦、分散注意力，容易造成工作中的失误或错误，让家长感觉不够专业和敬业，影响工作绩效和个人与园所的形象。

小贴士

幼儿园女教师着装“四忌”

一忌露：忌讳裸露身体的某些部位，如胸部、腋窝、腰窝、肚脐、大腿、脚趾等部位，这样显得不够雅观和文明，严重影响幼儿园女教师的职业形象。

二忌透：忌讳内衣、内裤等隐私若隐若现，甚至一目了然，这样显得轻佻随意，也严重影响幼儿园女教师端庄大方的形象。

三忌紧：忌讳上衣、裤装、内衣过分紧身，忌讳衣服下摆、裤腿、袖口过分短窄，一方面会暴露身体部位；另一方面会勒出赘肉棱，不方便运动活动，也显得很不雅观。

四忌杂：穿衣没有基本的审美素养和搭配理念，想穿什么穿什么，想怎么搭配怎么搭配，显得杂乱、庸俗、没有品位。因此，幼儿园女教师需要进行着装礼仪与服饰审美知识的学习与实践。

第三节　幼儿园男教师的着装技巧

幼儿园男教师着装礼仪的意义与原则与幼儿园女教师有许多共性之处，唯一不同的是幼儿园男教师与幼儿园女教师通过着装要塑造的性别形象。所以，幼儿园男教师要通过合适得体的着装来传递符合幼儿园教师职业的形象，同样需要注意着装的 TPOR 原则、配色原则、和谐原则等，并通过恰当的着装塑造男教师积极阳刚、坚强进取、严谨务实的形象。与幼儿园女教师共性的着装礼仪本节不再赘述，这里重点介绍幼儿园男教师着西装、便装和运动休闲装的技巧。

一、西装

（一）什么是西装

“西装”一词的含义有广义和狭义之分。广义的西装泛指一切相对于“中式服装”的欧式服装，狭义的西装是指源于欧洲的西式上装或西式套装。这里主要采用狭义西装的含义。

西装是男士在正式场合常用的正装，其主要特点是外观挺括、线条流畅、穿着庄重典雅。与西装配套穿搭的通常有衬衫、背心、领带、皮鞋、手表等。由于西装的这些特点，人们常常用“西装革履”指代男士文质彬彬、儒雅绅士的气质。

（二）幼儿园男教师的西装

幼儿园男教师在工作期间，西装并不是其主要的服装。不过，如果园所给老师配备制服，为男老师配备西装则是一个很好的选择。当然，如果园所没有给男教师配备西装作为制服，男教师也需要为自己购置一套西装，作为正式场合的正装准备着。所以，幼儿园男教师要学习西装的着装礼仪，主要用于园所内办公、会议、演讲、培训、对外交流与洽谈等场合。男士西装如图 4-6 所示。

图 4-6　男士西装

（三）幼儿园男教师西装着装技巧

幼儿园男教师西装的着装技巧包括西装的选择、西装的穿法和西装的搭配三个方面。

1. 西装的选择

幼儿园男教师选择西装时需要考虑西装的面料、尺码、版型、颜色、图案、做工等因素。西装以毛料、呢料等有质感的面料为主；尺码以西装肩宽比自己肩宽宽 1 厘米、腰围以扣上扣子能伸进一个拳头的宽松度为宜，裤长以穿上皮鞋后裤脚的下边缘接触到皮鞋后跟上边缘为佳；西装的版型有单排扣、双排扣，可以根据自己的喜好进行选择。另外，偏瘦的男士选择 A 版西装，肥胖型男士选择 B 版西装，如果没有合适的，那就只能找专业人士量体裁衣定制西装。西装的颜色优选藏蓝色，灰色和棕色也不错，图案以隐形斜纹比较有质感，不能出现明显花纹，以免显得过于花哨而失去西装特有的典雅庄重风格。

西装的做工尤其影响其品质，挑选西装时必须注意西装做工的精度如何。通常从以下六个方面进行判断：衬里的质感与是否外露、衣袋是否对称平整、面料表面是否起泡、针脚是否匀称扎实、纽扣是否牢固、肩领衣身是否平整。其中有一个方面出现问题，这套西装都不能选，如果非穿不可，也必须把存在的问题进行调整修改后才可以穿。

2. 西装的穿法

西装作为男士的重要正装，是职场和商务场合的优选服饰。在正式公务场合，西装有严格的穿着礼仪。幼儿园男教师如若穿了西装，则必须遵守西装穿着的相关礼仪规则，否则不仅不能通过西装给自己的形象增色，反而显得自己缺乏西装着装礼仪常识。

1）拆除商标

不管买了什么品牌的西装，穿前都必须要把商标拆除，表示这套西服已经被启封。如果穿了西装，但是商标还裸露在外，会让人贻笑大方。

2）保持整洁

西装有外形挺括、典雅庄重的特点，要想穿上西装也美观大方，穿西装时必须保证熨烫平整无褶皱，裤线清晰笔挺，衣服上没有污渍、头屑、皮脂屑、毛发等。

3）穿着规范

（1）系好纽扣。根据西装的着装惯例，单排扣西装最下面的纽扣不系，双排扣西装则需要全部系上纽扣。站立时，纽扣按照以上规则系上，就座时则需要把纽扣解开，落座后把西装整理平整后端坐。如果内穿背心，外穿单排扣西装，可以站立时不系纽扣。

（2）正确使用西装口袋。为保持西装平整笔挺，穿西装时口袋里最好少装或不装东西。各个口袋的使用规范如下：西装上衣左侧的外胸袋除了装具有修饰作用的真丝手帕外不装任何其他东西；内侧的胸袋只能用来别钢笔、放名片或皮夹；上衣外侧下方左右两个口袋原则上不放任何东西；西装背心上的口袋只起装饰功能，不放任何东西；西装裤子左右两侧口袋、后面两个口袋原则上也不装任何东西，如果实在无法避免，可以在左右两个侧袋装必需的纸巾或者钥匙。穿西装时如果确实需要存放东西，应该配手包或者提包。

（3）不披不挽（卷）。西装穿着多是在正式场合，所以不能把西装上衣当风衣或者披肩一样搭在肩膀上；同时，穿着西装时不能挽袖子或者卷裤腿，这些行为都会显得过分随意、庸俗，与自己所在场合、角色、职业形象不符合。

3. 西装的搭配

幼儿园男教师穿西装出席正式场合时，可以搭配衬衫、领带、腰带等。

1）衬衫的选择

与西装搭配的衬衫应该是正装衬衫，以单一颜色无任何图案为佳，衣袖必须为长袖。穿着衬衫时注意大小合身，衬衫领子大小以扣上最上面扣子后还能容下一个手指为宜，袖子的长度以伸出手臂、衬衫的袖口正好露出西装袖口 1 厘米左右为佳；衬衫在穿着时，无论是否有外衣，都必须把下摆掖入裤腰之内；衬衫的衣扣、领扣、袖扣都要一一扣好。

2）领带的搭配

穿西装时，在公务场合必须打领带；如果是休闲场合，则不是必需。领带的选择要注意材质、颜色、图案。以真丝材质领带最好；颜色和图案可让领带成为西装搭配的亮点，可以选择与衬衫或西服呼应的颜色，也可以选择形成对比的颜色与图案，但是不能太过绚丽和夸张；领带结一定要打得挺括、端正，并且呈倒三角形，领带紧贴衬衫，领带的长度以下边缘到腰带扣的中间位置为佳；领带夹的位置应该是在衬衫从上往下数的第四和第五粒扣子之间，而且不能裸露在外。

3）腰带的搭配

腰带的宽度应该在 2.5 ～ 3 厘米，颜色要与鞋和裤子的颜色相协调。配西装的腰带扣不选扎孔款，选择显得比较商务正式的滑动款腰带扣。另外，穿西装时腰带上不能悬挂任何东西或者饰物，如手机、车钥匙等。

4）鞋袜的搭配

穿西装只能搭配皮鞋，正式场合应选择黑色或深棕色的系带皮鞋，不穿一脚蹬款皮鞋。袜子应该选择黑色、深灰色，与皮鞋颜色和谐搭配，不能出现白色、红色袜子或者短款的运动袜。

5）忌穿毛衫

在正式场合穿西装，如果想把西装穿得规范、有“型”、有“味”，则不能内搭羊毛衫、羊绒衫或者羊绒背心。为了保暖，可以内搭配套的西装背心，外搭羊绒大衣。

二、便装

便装作为区别于正装，应用于非正式场合的服装，有自由、舒适、自然的特点，款式和色彩都比较丰富。幼儿园男教师常见的便装有牛仔裤、休闲裤、短裤、休闲衬衫、T恤、卫衣、休闲西服、夹克、羽绒服、休闲皮鞋、平底鞋、凉鞋等。便装主要适合幼儿园男教师在日常教学、日常办公中穿着。男士便装如图4-7所示。

图4-7　男士便装

幼儿园男教师便装的穿着也要符合区分场合、适合自身、风格协调、色彩和谐的原则，符合幼儿园男教师的年龄、体型、角色特点。整体而言，幼儿园男教师便装的穿着需要遵循以下原则。

（一）适合原则

从款式和颜色上，幼儿园男教师应选择适合自己教师身份、符合自己年龄和身材特点的便装。日常教学和办公时，幼儿园男教师应该穿长裤，不能穿短裤，可以是牛仔裤配T恤、POLO衫、休闲衬衫、卫衣、休闲西服、毛衫、羽绒服等，也可以用休闲裤搭配以上衣服，也可以用西裤搭配正装衬衫但不用打领带；牛仔裤搭配运动鞋或者平底鞋、休闲皮鞋，休闲裤搭配休闲皮鞋，西裤搭配正装皮鞋；颜色以显得稳重、阳光为原则，上衣颜色比较丰富，下装颜色以藏蓝色、牛仔蓝、黑色、棕色、灰色、卡其色为佳；不能穿颜色艳丽、图案夸张的衣服。

（二）规范原则

幼儿园男教师着便装时应该注意规范原则，不能袒胸露乳，不能卷裤脚，不能挽袖子，不能穿无袖上衣，扣子和拉链应及时扣好和拉好。

（三）和谐原则

幼儿园男教师着便装时需要注意款式风格、色彩图案的和谐美，不能西裤配运动鞋，牛仔裤配正装衬衫；也不能出现色彩艳丽的下装或图案夸张的上衣，显得不够稳重，不符合教师职业形象。

（四）整洁原则

穿着便装要做到干净整洁，衣服熨烫平整没有褶皱，没有污渍、破损、头屑或皮脂屑等。

拓展知识

休闲西装和正装西装的区别

休闲西装严格意义上来说不算西服，其差别主要在版型上，正装西装一般比较长，下摆一般会包住臀部，而且用料比较考究，讲究的是笔挺；而休闲西装只是借鉴了西服的造型，一般用料比较软，下摆短，一般刚过腰。具体而言，正装西装和休闲西装的区别体现在色彩、面料及款式三个方面。

1. 色彩

从色彩的角度来说，正装西装的基本特点是单色的、深色的，一般以蓝色、黑色居多，有时也有咖啡色和灰色，其中黑色作为晚礼服的最多，稳重为主；而休闲西装的色彩没有那么单调，颜色不拘一格，比较随意。

2. 款式

从款式的角度来说，正装西装版式款型比较固定，有宽松和修身款式之分，且套装为主，一般为两件套或三件套，只能搭配衬衫、皮鞋；而休闲西装一般而言比较收腰修身，且单件，上衣的款式与裤子的款式完全不同，搭配随意，一般以休闲裤或牛仔裤为主。

3. 面料

从面料的角度来说，正装西装一般是纯毛面料或者含毛比例较高的混纺面料。这种面料悬垂、挺括、透气，显得外观高档、典雅，当然其价位也是比较贵的；而休闲西装的面料种类较多，有麻的、皮的、棉的，还有真丝的等。

（资料来源：服饰穿搭日记网 . [2023-9-20]. http://www.pinpaifushi.com/wenda/question-376304.html）

三、运动休闲装

幼儿园男教师的运动休闲装是指能够满足特定运动、特定教学活动需求的服装。和幼儿园女教师运动休闲装的着装一样，幼儿园男教师穿着运动休闲装时同样需要讲究场合原则、协调原则、方便原则，在此不再赘述。体育老师一定要穿运动装，参加园所的特定运动项目时要穿专业的运动装，显示专业性。由于男教师运动活动量大，容易出汗，尤其是穿运动休闲装时，一定要及时清洗衣服鞋袜，及时洗澡，保持干净整洁的形象，避免汗味、体味的散发，让幼儿无法接受，影响男教师在幼儿面前的亲和力。

第四节 服装配饰的佩戴与选择

一、配饰

（一）配饰概述

我们把装饰人体的各种物品统称为服饰，包含装饰人体主体部分的服装(包括上衣、下装和鞋）与为烘托出更好人体装饰效果而增加的服装配饰（包括除上衣、下装和鞋以外可以自由佩戴摘脱的所有物品)。

在服饰礼仪里，配饰包含所有的服装配饰，按照人体结构从上到下的装饰区分，可以分为头饰，如帽子、头花、发卡、眼镜、耳饰；肩饰，如丝巾、围巾、披肩；胸饰，如胸针、徽章、胸花、项链；腰饰，如皮带、其他腰带；手饰，如手链、手镯、手表、戒指；脚饰，如脚链、袜子、鞋子。另外，还有佩戴饰，如手包、腰包、挎包、提包。

（二）服装配饰的选择与佩戴原则

1. 讲究场合

服装配饰的选择与佩戴是为了起到更好的美化修饰、提升气质、展现品位、塑造形象的作用，所以一定要根据场合正确选择款式、材质和色彩，同时还要根据场合决定各种服装饰品哪些需要、哪些不需要，这样才能起到服装饰品画龙点睛的装饰效果。

2. 考虑性别

一般情况下，女性的服装配饰要比男性的服装配饰种类丰富、款式多样，而男性的服装配饰不强调丰富多样，反而更注重庄重感、权威感、品质感。

3. 宁缺毋滥

服装配饰和服装相比，虽然处于从属和次要地位，但是巧妙地使用服装配饰可以让整个服饰造型的品位提升、美感出众。所以，服装配饰的选择与佩戴要围绕服装的特点来搭配，从款式、色调、装饰上形成一个完整的服饰系列，与着装者形成完美的统一；不能脱离服装的基础，过分强调自己对某些或某款服装配饰的喜爱之情，出现服装配饰喧宾夺主或者数量堆砌的尴尬。

4. 防止犯忌

服装配饰的使用也有一定的规则，幼儿园教师需要有这方面的基本常识，以免出现由于常识不够导致的佩戴错误，有损自己的形象。例如，多个手指同时佩戴戒指、在公务场合搭配一个帆布包、职业套装配了一款造型夸张的运动手表等。

二、首饰的佩戴与选择

首指头部，饰指装饰、装饰品，首饰原指男女戴在头部的装饰品，或特指男士戴在头上的帽子。经过演化发展，现在“首饰”一词的含义是指女性佩戴的用贵重金属、宝石等加工而成的雀钗、耳环、项链、戒指、手镯等。首饰可以起到装饰人体、显示社会地位与身份、表达审美品位的作用。广义的首饰也包含用各种其他材料做成的耳环、项链、戒指、手镯等。

爱美之心人皆有之，幼儿教师佩戴首饰同样可以起到美化形象、调节心情、显示审美的作用。但是，由于幼儿教师工作时主要面对的社交对象是 2 ～ 6 岁的幼儿，因此幼儿教师在日常教学和陪护工作中佩戴首饰容易有以下影响。

（一）造成安全隐患

许多首饰是金属制品，在与幼儿的接触中难免会划伤、擦伤幼儿。

（二）分散幼儿注意力

幼儿往往容易对发光、鲜艳、新奇的东西特别偏爱，因此色彩亮丽、夸张的首饰会分散幼儿上课的注意力。

（三）影响幼儿的观念

幼儿模仿能力强，教师佩戴首饰容易影响幼儿的观念，特别是教师佩戴的首饰比较个性和夸张，容易影响幼儿的审美观念。

（四）给教师造成不便和损失

幼儿园教师在工作的时候，除了正常的教学外，还需要照顾幼儿的饮食、午休、如厕、洗手、刷牙等具体事务；当幼儿出现情绪不稳定时，需要通过搂、抱、抚拍等行为给幼儿安慰和关心；此时的比较亲近的接触容易造成手镯、戒指等的挤压变形。如果幼儿情绪极度不稳定，出现抓扯行为，极可能将教师的项链、耳饰扯坏，很容易给幼儿造成安全隐患，也容易造成教师首饰的变形、断裂、镶嵌物脱落等问题。

所以，从以上几点考虑，很多幼儿园所规定，从事一线教学工作的幼儿园老师在工作时间不得佩戴首饰。幼儿园教师也要认识到佩戴首饰的利弊，遵守幼儿园教师服饰礼仪规范。

三、帽子和围巾

随着服饰审美观念的变化，人们对实用单品的装饰作用越来越重视，而围巾和帽子成为人们日常选择最多的饰品，对服饰整体风格和美感影响比较大。

（一）选择

关于围巾和帽子的选择，要从色彩、图案和款式等角度确定单品，同时要考虑自己的身材、肤色、发型、气质、服装风格的因素进行搭配，这样才能让自己的整体形象和谐，突出自己的气质特点和审美品位。

（二）规则

幼儿园教师可以根据季节、时间、地点、场合等因素选择围巾和帽子。注意进入室内时，需要摘下帽子和保暖性围巾，在室内，女教师可以佩戴装饰性帽子和丝巾等。如果教师是在带班工作时间段，就需要把装饰性帽子摘掉，因为帽子会带来诸多不便。

四、手表

尽管现在人人都有手机看时间，但是手表仍然是一款重要的计时工具，同时佩戴手表也是提升服饰整体搭配气质的重要装饰物。另外，戴手表还能给人以时间观念强、守时的良好印象。

幼儿园教师佩戴手表，从方便工作的角度，需要遵循安全、适用和庄重的原则。

（一）安全性

安全性指注意手表的质量、款式和结构，不要出现在工作中脱落、断裂、变形的情况，影响幼儿和自己的安全。

（二）适用性

幼儿园教师戴的手表属于职场环境的手表，优选比较正式的款式，如圆形、方形、长方形、椭圆形的表盘，表盘简洁无装饰，手表的色彩首选银色、金色，可以是金属表链，也可以是皮革表带。

（三）庄重性

幼儿园教师佩戴的手表不能选择时装表、珠宝表、特种表、劣质表、广告表等，在工作中和与他人交流的过程中不能频繁地看手表，或者拨弄手表，以免显得自己不耐烦、没诚意。

五、皮包和皮带

皮包和皮带是幼儿园教师使用比较频繁的两种皮具，具有实用和装饰功效。皮包和皮具的选择需要重点考虑实用、色彩和风格三个因素。

（一）切合实际和实用

根据需要购买实用的皮包和皮带。例如，皮带是幼儿园男教师的必备款，一般选择黑色或棕色皮带，可以百搭各种款式的裤子，皮带的宽度一般 3 厘米左右即可。对于幼儿园女教师，由于下装包括裤子和裙子，而且很多款式的裤子穿着时不需要腰带，因此皮带并不是幼儿园女教师的必备款。但是，幼儿园女教师会由于穿着套装、裙装时用皮带做配饰，强调装饰性，此时选择皮带应选款式简洁、质量牢固的。

（二）色彩款式合适

皮包的色彩和款式非常丰富，选择皮包要考虑与性别、身材和着装风格相一致的原则。通常为达到和谐美，皮包、腰带和皮鞋采取同色搭配最为简洁大方。该原则对于幼儿园男教师尤为适用。对于幼儿园女教师，由于皮包的搭配效果更为明显，除了上面所说的皮包颜色与鞋的颜色同色呼应外，皮包的颜色也可以根据与衣服的点缀色或者主体色呼应的法则来选择。另外，对于体型丰满偏胖的女教师，不适合面积宽大的皮包或者面积过小的小挎包，会显得自己的身材更加丰满肥胖；而身高偏矮的女教师不要背长链条的皮包，而更适合肩挎包或手提包。

（三）风格以简约为主

皮包和皮带作为服饰形象的重要配饰，在形象管理中起到画龙点睛的作用。幼儿园教师皮包和皮带的选择应以和谐、简约为原则。从皮带来看，幼儿园男教师的皮带分为卡扣的商务皮带和打孔的休闲皮带，皮带扣袢的图案应简洁大方，不选择图案夸张或是太过彰显个性的。幼儿园女教师的皮带，如果是为了搭配裤子，应以简洁为原则，选择风格与男教师的类似；如果是为了搭配裙子，多为装饰性腰带，选择范围略广，只要不选择特别夸张或者前卫的款式即可。在皮包的选择上，因为主要是上下班使用，或者外出办公时使用，风格应以商务风格和休闲风格为主，以与自己当天的着装风格相协调为原则。

【本章思考题】

1. 什么是着装的 TPOR 原则？
2. 幼儿园女教师着套装（套裙）的技巧有哪些？
3. 幼儿园女教师着便装有什么技巧？
4. 幼儿园男教师着西装有哪些注意事项？
5. 幼儿园教师当班时能佩戴首饰吗？为什么？

【案例分析】

雯雯老师是天天幼儿园大 3 班的带班老师，大学一毕业就来到天天幼儿园工作。雯雯老师身材苗条、性格开朗、对待工作也负责，领导和同事都比较喜欢她。春暖花开了，青春靓丽的雯雯老师精心打扮好来到了幼儿园，她穿了自己上学时特别喜欢的一条雾霾蓝色的皮短裤，脚踩一双到小腿肚的米白色马丁靴，上身穿了一款白色宽松版长款帽衫，斜挎着背了一款亮黄色休闲贝壳款的小包，还戴了一副浅咖色的太阳镜来到幼儿园。同事们见了，都说她今天穿得真漂亮，雯雯老师更开心了。在上午工作的时候，雯雯老师好几次需要蹲下来给小朋友辅导手工，但由于皮短裤太短，下蹲时总是担心走光，更让她烦恼的是，今天穿的这双马丁靴，靴帮太高了，每次下蹲时都卡得小腿难受，这让她一上午工作起来都很不方便。

【思考】

1. 根据着装的 TPOR 原则，分析雯雯老师今天的着装，有哪些优缺点？

2. 根据幼儿园女教师着装技巧，为雯雯老师提出着装调整建议。

【课后实训】

我的服饰搭配方案

幼儿园老师的着装要遵循着装的 TPOR 原则，还要注意配色和款式。本章分男女教师介绍了幼儿园教师着装礼仪的具体知识和方法。现在，假如你已经成为一名幼儿园教师，工作日正常带班，请为自己设计服饰搭配方案。

背景如下：

时间：初夏，周二白天，天气晴朗。

地点：幼儿园，室内教学或户外活动。

场合：迎接幼儿及送幼儿的家长、白天带班、下午放学欢送幼儿及与家长沟通一日情况；参加园所组织的大型培训。

角色：幼儿园中 1 班的带班班主任，代表本年级参加培训并发言。

请结合幼儿园着装的 TPOR 原则和自己的性别、年龄、体型、肤色、喜好，搭配出适合今天工作情境的服饰方案（表 4-1）。

表 4-1　我的服饰搭配方案

自我分析	性别：	体型	肤色
	年龄：		
服装类型	女生：套装（套裙） 男生：西装	便装	运动休闲装
适合场合			
上衣（单品名称、色彩、款式、质地、特点）			
下装（单品名称、色彩、款式、质地、特点）			
鞋（款式、跟高）			
袜子（颜色、袜高）			
首饰			
丝巾			
手表			
皮带（颜色、宽度）			
皮包（颜色、款式）			

第五章 幼儿教师的仪态礼仪

学习目标

1. 熟悉幼儿教师仪态礼仪的主要内容；
2. 掌握幼儿教师仪态礼仪的运用技巧；
3. 理解幼儿教师仪态礼仪教育的目的和意义。

引导案例

某天，幼儿园午餐时间就要到了，李老师开始组织孩子们排队洗手，准备吃午饭。倩倩正在搭积木，李老师一连叫了几次，她都不理不睬的，依旧沉浸在自己的天地里。李老师突然发火了，她猛地用手一拍桌子，“啪”的一声，把倩倩吓了一跳。李老师以为倩倩这下该听话地过来排队洗手了，没想到倩倩却照着李老师的样子，猛地用手中的玩具一拍桌子……

从孩子拍桌子这件事里得到了教训之后，李老师总是时刻提醒自己一定要注意自己的言行，因为“孩子的眼睛是录像机，孩子的耳朵是录音机，孩子的大脑是计算机”。

（资料来源：新浪少儿频道 . [2023-9-20]. http://kid.baby.sina.com.cn/2007-05-31/195319662.html）

【思考】针对倩倩这种情况，你作为幼儿园老师会采取什么教育方法？

幼儿期是终生教育的开端。这一时期的孩子懵懂天真、心灵纯净，“染于苍则苍，染于黄则黄”。这就要求幼儿教师树立良好的礼仪形象，对鞠躬、站、坐、行等方面的身姿规范有所了解，时刻注意自己的行为举止，从细节训练自己，努力做到“站有站相，坐有坐相”，用文明优雅的举止动作感染幼儿，做学礼、明礼、修礼、行礼的典范。

第一节　身　姿　语

幼儿园教师应对鞠躬、站、坐、行等方面的身姿规范有所了解，认真学习文明优雅的举止动作，从细节处训练自己，努力做到“站有站相，坐有坐相”。

一、鞠躬

鞠躬是表示对他人敬重的一种郑重礼节，这种礼节一般是下级对上级或同级之间、学生向老师、晚辈向长辈表达由衷的敬意。幼儿教师在进行教学活动时，通过行鞠躬礼，可以体现对幼儿的尊重和关爱，营造平等友好的学习氛围，引导幼儿学习文明礼仪，理解行鞠躬礼的意义。

（一）鞠躬礼的分类

鞠躬礼主要分为两类：一鞠躬礼和三鞠躬礼。

（1）一鞠躬礼：适用于社交场合、演讲、谢幕等，行礼时身体上部向前倾斜 15 度到 20 度，只做一次，如图 5-1 所示。

（2）三鞠躬礼：又称最敬礼，行礼时身体上部向前下弯约 90 度，然后恢复原样，如此连续三次。

图 5-1　一鞠躬礼

（二）鞠躬礼礼仪

行鞠躬礼应注意以下几点。

（1）行礼时，脱帽，立正站好，保持身体端正。

（2）面向受礼者，距离为两三步远。

（3）以腰部为轴，整个肩部向前倾 15 度以上，脖子后背和腰在一条直线上；面带微笑，目光下垂，同时问候“您好”“早上好”等。

（4）男士的双手自然下垂，贴放于身体两侧裤线处；女士的双手下垂，搭放在腹前。

（5）鞠躬礼毕起身时，双目还应该有礼貌地注视对方。

二、站姿

精神面貌是幼儿教师形象的灵魂。作为教师，即使睡眠不足，疲惫不堪，但当走进教室时，也应该是神采奕奕，自然大方，精神抖擞，步伐轻快的，这样才能吸引幼儿的注意力，让幼儿感受到老师身上蓬勃向上的力量。

（一）站姿分类

根据脚位不同，站姿可以分为三类，如图 5-2 所示。

（1）正部站姿：双脚并拢。

（2）小八字步站姿：脚后跟并拢，双脚微微打开 45 度。

（3）丁字步站姿：一只脚钉在另一只脚的脚窝处。左脚钉在右脚上，称为左丁字步站姿；右脚钉在左脚上，称为右丁字步站姿。根据个人习惯不同，左右丁字步站姿可以灵活使用。

礼仪站姿中，丁字步站姿最为优雅大方。丁字步站姿的具体要求如下。

(a) 正步站姿　(b) 小八字步站姿　(c) 丁字步站姿

图 5-2　站姿

（资料来源：360 图片 . [2023-6-20]. https://image.so.com）

（1）双脚丁字步站立，膝盖并拢，双腿稍用力扎紧，收腹提臀。

（2）抬头挺胸，腰背挺直，肩膀放平打开，脖子挺直。

（3）面带微笑，眼睛平视前方。

（4）双手交握，右手放在左手上，虎口紧扣，不留缝隙，大拇指内扣，露出左手手骨。

（5）手握好之后放在肚脐下方三指的位置。

（6）胳膊微微打开，手背、手腕、手臂在同一条直线上。

（二）幼儿教师站姿礼仪

古语说：站如松。站就要站得直，犹如松立泰山，给人以稳健挺拔的美感，传递正直向上的信息。幼儿教师站姿要求：端正、稳重、亲切、自然。

具体而言，教师站立时应符合以下几点。

（1）抬头、挺胸、收腹、立腰，身躯正直，下颌微收，双眼平视，双肩自然放松，身体重心落在两脚正中。

（2）男教师双腿可适当分开，以双脚距离不超过肩宽为宜。

（3）女教师应双膝自然并拢，一脚略微向前置于另一脚的中后部，两脚呈“丁”字形，或两脚跟并拢，脚尖张开呈 V 形。

三、坐姿

中国人讲究“坐如钟”，即要坐得稳，不能身体歪斜或如坐针毡。幼儿教师的坐姿往往是其精神气质、文化、修养的表现。

（一）坐姿分类

礼仪坐姿可分为以下七类，如图 5-3 所示。

（1）正襟危坐式：这是最基本的坐姿，适用于最正规的场合，要求双膝双脚完全并拢，上身与大腿、大腿与小腿、小腿与地面都应当呈直角。

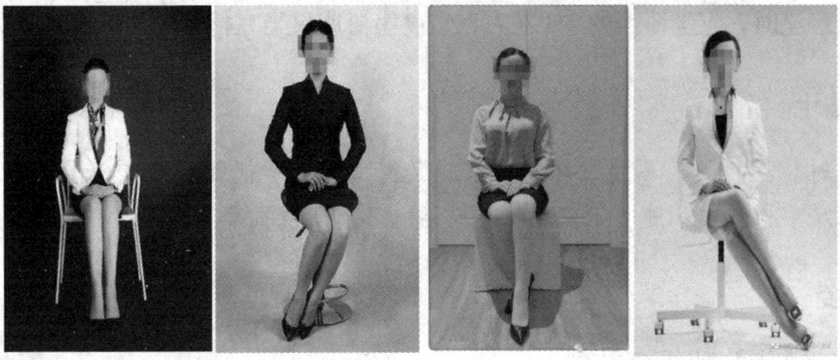

(a) 正襟危坐式　(b) 双腿斜放式　(c) 前伸后屈式　(d) 双腿叠放式

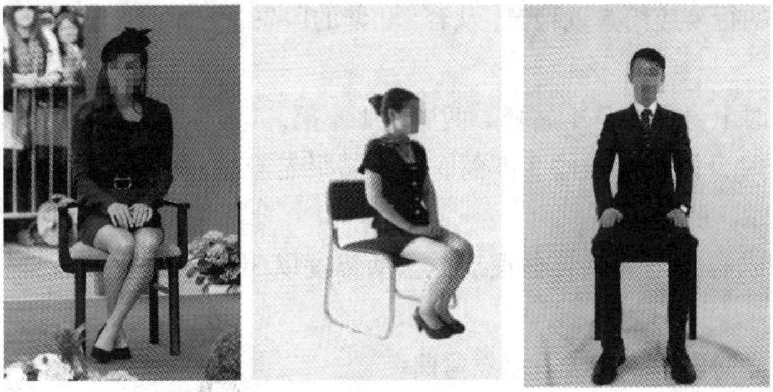

(e) 双脚交叉式　(f) 双脚内收式　(g) 垂腿开膝式

图 5-3　坐姿

（资料来源：360 图片 . [2023-6-20]. https://image.so.com）

（2）双腿斜放式：要求上身挺直，双膝双脚并拢，双脚向左或右斜放，腿部与地面呈 45 度。

（3）前伸后屈式：要求向前伸出一条腿，另一条腿屈后，大腿膝盖并拢，两脚脚掌着地，双脚前后保持在一条直线上。

（4）双腿叠放式：要求双腿交叠成一条直线，双膝并拢，斜放后的腿部与地面呈 45 度，叠放的上脚尖垂向地面。

（5）双脚交叉式：要求双膝并拢，双脚在踝部交叉之后，略向一侧斜放，双脚脚掌着地。

（6）双脚内收式：要求双脚和大腿并拢，两条小腿向后侧屈回，双脚脚掌着地。

（7）垂腿开膝式：多为男性所使，要求上身与大腿、大腿与小腿、小腿与地面皆呈直角，双膝分开，但不得超过肩宽。

（二）幼儿教师坐姿礼仪

幼儿教师坐姿要求端正、文雅、自如，具体要求如下。

（1）入座时，动作从容不迫，轻盈和缓。

（2）女教师着裙装入座时，通常应先用双手拢平裙摆，再平稳坐下。

（3）落座时，应坐椅面的 2/3 左右，坐满座椅或仅坐在椅子的边缘都是有失风度的。

小贴士

坐立时，不抖腿，不跷二郎腿，不腿叉得太开，不把腿放在桌椅上，不双腿直伸出去，不双手抱膝或小腿，不双手撑在脑后，不脚尖指向学生。

四、行姿

（一）幼儿教师行姿礼仪

幼儿教师的行姿应给人以稳健、从容、和谐的印象（图 5-4），具体要求如下。

（1）行走时上身保持基本站姿，两肩相平不摇。

（2）起步时身体稍向前倾 3 度到 5 度，脚跟先着地，身体重心落在前脚掌，膝盖挺直。

（3）双臂以肩关节为轴自然摆动，摆动幅度以 30 ～ 40 厘米为宜。

（4）手掌心向内，手指关节自然弯曲。

（5）步幅适中，男子每步约 40 厘米，女子每步约 36 厘米。

（6）速度均匀，正常速度为每分钟 60 ～ 100 步。

图 5-4　走姿

教师的不同姿势会向学生发出不同的信号，无论是站着还是走动，教师的姿势都应表现得精神饱满。

（二）行姿禁忌

幼儿教师在行走时要注意以下几点。

（1）不能来回不停地走动，这样会让人感到眼花缭乱，分散幼儿的注意力。

（2）不宜久站某处一动不动，这样会给人以静止压抑之感。

（3）不能弯腰曲背、缩脖摆胯、左顾右盼、连蹦带跳、摇摆拖沓、边吃边走。

（4）不要速度过快或过慢。

五、蹲姿

蹲姿是由站姿转变为两腿弯曲和身体高度下降的姿势，是相对静止的体态。当需要整理自己的工作环境，需要下蹲给予别人帮助，或是物品掉落地上需要捡起时，都需要用到蹲姿。

（一）蹲姿的分类

幼儿教师工作中，蹲姿主要分为两种，如图 5-5 所示。

(a) 高低式蹲姿

(b) 交叉式蹲姿

图 5-5　蹲姿

（资料来源：360 图片 . [2023-6-20]. https://image.so.com）

1. 高低式蹲姿

下蹲时，双脚一前一后。前脚完全着地，小腿基本上垂直于地面；后脚脚掌着地，脚后跟提起。膝盖内收，呈前膝高后膝低的姿态。臀部向下，基本上以后腿支撑身体。

2. 交叉式蹲姿

下蹲时右脚在前，左脚在后，右小腿垂直于地面，全脚着地；左膝由后面伸向右侧，左脚跟抬起，脚掌着地；两腿靠紧，合力支撑身体；臀部向下，上身稍前倾。

（二）幼儿教师蹲姿礼仪

幼儿教师行蹲姿时，应自然、得体、大方，具体要求如下。

（1）上身挺直，肩自然下垂，脖子伸长。

（2）手肘不要过分靠近身体，手放在大腿附近位置，膝盖靠拢。

（3）踮脚，臀部坐在升起的脚跟上。

（4）下蹲时，应使头、胸、膝关节在一定角度上，使蹲姿漂亮。

（5）无论接受哪种蹲姿，都要将腿靠紧，臀部向下。

（6）走到要捡或拿的东西旁边，再使用正确的蹲姿将东西拿起。

（三）蹲姿需要注意的事项

（1）不要在行进中突然下蹲。

（2）在下蹲时，应和身边的人保持确定距离，不要离人太近。

（3）下蹲时，最好和他人侧身相向。正面他人，或是背对他人下蹲都是不礼貌的。

（4）不要蹲在凳子或椅子上。

（5）不要有弯腰、臀部向后撅起的动作。

（6）下蹲时，不要露出内衣裤。

小贴士

教师的不当身势语言

有关身势语言有下列“八忌”需要克服，即一忌手插口袋，二忌双足交叉，三忌身体过分前倾，四忌肘倚讲台，五忌频繁走动，六忌足尖着地，七忌身体摇晃，八忌两眼望天花板。

第二节 手 势 语

手势语是利用手势动作进行意思表达的一种体态语言，是幼儿教师在教学活动中经常用到的一种动作语言。手势语是促进幼儿教育的重要辅助工具。在幼儿教育活动中，正确合理地运用手势语，可以加强幼儿教育活动的美感，增强教育活动的说服力，更好地吸引幼儿的注意力，提高教育教学效果。

一、手势语的分类

（一）指示性手势语

指示性手势语是用来组织指导幼儿开展学习活动的手势语，如用来维持教学秩序、吸引幼儿注意力等。幼儿的思维形式是表象思维，教师用手势语传递信息，可以帮助幼儿在回忆时借助生动形象的手势语来联想有声语言，从而更好地掌握教师想要传递的信息。常用的指示性手势语如下。

1. 请的手势

教师在邀请幼儿做某事时，经常用到请的手势。做请的手势时，要在标准站姿的基础上，将手从体侧提至小腹前，优雅地划向指示方向。这时应五指并拢，掌心向上，大臂与上体的夹角为 30 度，手肘的夹角为 90 度到 120 度，如图 5-6 所示。

2. 指引手势

在工作过程中，很多时候需要用到指引手势。在指引的过程中要用手掌，并且要求掌心向上，因为掌心向上的手势有诚恳、尊重他人的含义。

做指引手势时，右手手臂自然伸出，五指并拢，掌心向上，手掌和水平面呈 45 度，指尖朝向要指引的方向，小臂、手掌和物品呈直线，如图 5-7 所示。注意，无论是指人还是指物，都不能用食指指点。

图 5-6 请的手势

图 5-7 指引手势

3. 举手手势

举手表示招呼或者赞同的意思。举手时应将手臂轻缓地由下而上，向侧上方伸出，手臂可全部伸直，也可稍有弯曲。注意，示意时要伸开手掌，掌心向外对着对方，指尖指向上方，手臂不要往左右来回摆动，如图 5-8 所示。

4. 告别手势

幼儿离园时，教师要做挥手道别的手势。做告别手势时，要求身体站直，不要摇晃和走动；手臂向上前伸，不要伸得太低或过分弯曲，掌心向外，指尖朝上，手臂向左右挥动，目光正视对方，不要东张西望或者目光游移，如图 5-9 所示。

图 5-8　举手手势

（资料来源：360 图片 . [2023-6-20]. http://image.so.com）

图 5-9　告别手势

（资料来源：360 图片 . [2023-6-20]. https://image.so.com）

（二）情感性手势语

情感性手势语是教师在教学过程中，根据教学情境和氛围的需要，用以表达情感的手势语，如赞美幼儿、鼓励幼儿等。情感手势语能够强化教师要表达的思想情感，可以营造课堂学习氛围，促进幼儿思维的活跃和情感上的兴奋，有利于幼儿积极地接受和记忆新知识，进行创造性学习。常用的情感性手势语如下。

1. 跷大拇指

跷大拇指表达的是非常满意、欣喜的情感。教师通过跷起大拇指来肯定、赞扬幼儿在学习活动中的突出表现，此时幼儿在心理上会有一种非常强烈的满足感，激发幼儿参与学习活动的热情。跷大拇指的动作需要与面部表情密切配合，赞扬时，教师面部表情应是真诚、惊喜、满意的，而不是不屑、冷漠或无动于衷的。

2. 鼓掌

鼓掌是一种积极的态势语言信号。鼓掌的含义是赞许、肯定。教师运用鼓掌表示对幼儿的赞许时，往往是想鼓励全体幼儿一同鼓掌，以对某一幼儿给予鼓励与赞扬。在教师的号召示范下，学生自然而然鼓起掌来，从而形成浓郁的集体氛围，产生巨大的激励效应。鼓掌能够激发幼儿的自信心，唤起他们主动参与集体活动的意识。

教师要注意掌声不仅仅要献给表现好的幼儿，对于表现欠佳的幼儿，教师也要寻找他们身上的闪光点，带领全班学生给予掌声鼓励。鼓掌伴有声音，掌声越响，节奏感越强，所表示的鼓励和赞扬的情绪越强烈。

（三）形象性手势语

形象性手势语是教师根据教学目的，结合教学内容的需求而使用的一种直观形象的肢体语言，如模仿某种动物、手臂大幅度划弧表示大、手臂交叉表示冷等。形象性手势通常用在重难点知识的讲解中。形象性手势语可以帮助幼儿更好地理解事物，激发幼儿的情绪，促进教学活动的顺利进行。

二、手势语的应用技巧

精练、明确、活泼、自然的手势语可以使有声语言更具有说服力与感染力。幼儿教师在教学中应讲究一定的方法和技巧，最大限度地发挥手势语的作用。

（一）与教学目标保持一致

手势语是幼儿教师重要的教学辅助工具，是教师个人情感和教学目标的体现。教学过程中，教师要根据教学目标自然地使用手势语，防止无意义手势语的频繁出现。教师使用的手势语应相对固定，表达意图明确，以便幼儿领悟其含义。例如，将食指放在嘴唇上代表安静、休息，手掌缓缓向上抬起代表起立，手掌缓缓向下代表坐下，一只手的一个手指撑住另一只手的手掌心表示停止等。

（二）具有艺术性

幼儿教学中使用的手势语应具有艺术性，体现出美感。教师在运用某一手势语时，要进行优化，使其符合幼儿的审美需求。此外，使用手势语时要有起势，即要有一个缓冲的动作，以便使幼儿更好地理解教师的意图。使用手势语时也要选择时机，控制好使用的程度。频繁地切换手势会过多地吸引幼儿的注意力，从而影响教学活动的效果。

（三）符合幼儿天性

幼儿眼中的世界是纯真、自然、活泼的，所以幼儿教师在使用手势语时也要做到自然、活泼，需要用手势语的时候自然地使用，而不是刻意事先设计好。例如，讲故事时，随着故事情节的发展自然地做出某些手势，让幼儿更深入地体会故事中表达的情感。自然活泼的手势语可以吸引幼儿的注意力，引起幼儿的共鸣，对幼儿的行为态度产生影响。

拓展知识

手势语运用原则

（1）双臂离开才显得大方。

(2) 双手合拢才显得精神。

(3) 依自己的身体决定手势的大小，不要过于夸张，也不要显得小气。

(4) 手势要多变化，有时劈掌，有时握拳，有时交握击掌等，但也不要过于频繁，让人眼花缭乱。

(资料来源：马小萍 . 态势语：课堂教学中的第二语言 [J]. 西北成人教育学报，2008，6：77-78.)

第三节　表　情　语

法国著名作家罗曼·罗兰说："面部的表情是多少世纪培养成功的'语言'，比嘴里讲的语言更复杂到千百倍的'语言'。"心理学家阿尔伯特·梅拉比安通过研究得出一个公式：信息的总效果 = 7% 的文字 + 38% 的声音 + 55% 的面部表情。表情语是态势语言中最基本的一种，幼儿教师在与幼儿交流过程中，面部表情会起到非常重要的作用。

一、表情语的交际作用

（一）明确言语所指

表情可以微妙地反映出一个人的内心世界，传递其内在的感情色彩。在面对面的交际中，有时说话者言语表达的内容或所指的对象通过有声语言并不能明确判断出来，这时人的面部表情、动作、姿态等伴随因素便能将话语所指的具体内容和对象联系起来，让听者理解说话者表达的确切意思，这就是面部表情的指示功能。

（二）替代言语直接表义

有时遇到说话不便、不想说话或言语不通时，运用表情语可以传情达义，使交际活动得以继续。这时的表情语就替代了言语，独立承担着交际的任务。交谈方通过彼此的面部表情，可以感受到对方的情感和想要表达的意图，真正实现了"此地无声胜有声"。

（三）补充强化语义信息

表情是人的主观情绪体验的一种外部表现形式。在言语不足以抒发澎湃的情感，表达内心的体验时，表情语可以对言语起到很好的注解作用，补充或强化言语信息的不足，完善语义，使言语表达明确化。

二、表情语的基本礼仪

表情语是由面部的眉、目、鼻、嘴等器官的活动及脸色的变化而形成的体态语。面部表情是一个人内在情感的外化，反映着人的真实内心世界。表情同有声语言配合能产生极佳的交际效果，在人的社会生活中担当着非常重要的角色。

（一）目光语

1. 目光语在教学中的作用

目光语是指通过眼的动作和神态来传递信息、表达感情，实现交际的语言。“眼睛是心灵的窗户。”在人的脸部最为生动传神的要算眼睛，眼睛能够最明显、最自然、最准确地展示一个人的内心世界。教学中，目光语的作用主要表现为以下两个方面。

1）塑造形象

目光能给人以鲜明的“第一印象”。在交际心理学中，“第一印象”能影响认知者的态度和兴趣，影响认知者选择与处理信息的心理，进而影响认知效果。目光语在形成第一印象中有非常重要的作用。当教师用严厉的目光默默地注视着幼儿时，幼儿能感受到教师的威严；当教师用明亮的目光投向幼儿时，幼儿能感受到教师的朝气蓬勃。师幼之间通过目光进行情感交流，建立心灵沟通，能产生良好的心理效应。

2）表情达意

在不便或无法使用有声语言的情况下，教师通过目光暗示或提示可以向幼儿传达信息，表现教师内心细微、复杂的思想感情。幼儿不专心听讲时，教师略带严厉的目光示意，会让幼儿心领神会，有所收敛；幼儿有困难时，教师期待的目光示意，会让幼儿感受到鼓励，激发幼儿的进取心。教学中，目光语巧妙地传递着教师丰富的内心感情，调动着学生的思维，随时对学生施加影响，有助于实现教与学的同步进行，顺利完成教学任务。

2. 目光语在教学中的运用

目光语主要通过眼神、眼色、眼光、眼及目光注视的时间长短等来表现情感态度，传递信息。幼儿教师在教学活动中要充分发挥目光语的功能，科学艺术地对目光语加以运用。

1）合理分配目光

美国昂塔里欧学院的教育博士约翰·克勒的实验证明：由于上课时教师主要进行逻辑思维，形象思维居于次要地位，因此“光顾”左边学生的时间明显多于“光顾”右边学生的时间，从而引起学生相关的心理效应，产生亲疏远近的情绪体验，进而形成不同的师生关系。幼儿教师在教学中要注意正确选择目光投放点，使自己的目光始终与全班学生的目光保持“交流”，既不要长时间直视某一个学生，也不要忽视、冷落任何一个学生，随时调控，使目光真正成为课堂气氛和学生情绪的“控制中心”。

2）加强目光交流

教师在教学中要善于运用目光语吸引幼儿的注意力。幼儿自控能力差，教学活动中常出现做小动作、注意力不集中的情况，教师通过与幼儿的眼神交流，能够让幼儿感受到老师的批评和期待，进而改正行为。不同的目光语传递着不同的情感与信息。幼儿回答问题时，教师要投以信任、亲切的目光；幼儿有困难时，教师要投以期待、专注的目光；幼儿表现良好时，教师要投以赞许、激励的目光；幼儿间出现分歧时，教师要投以民主、开放的目光。

教育是人与人心灵上最微妙的接触。幼儿教师要运用好目光语，用目光关爱幼儿，让幼儿感受到教师的尊重、信任、鼓励和关爱，用目光语促进幼儿内在潜质的开发，发展幼儿的创造性思维。

拓展知识

注视的部位

(1) 双眼：关注型注视，表示聚精会神、重视对方，注意时间不要太久。

(2) 额头：公务型注视，表示严肃、认真、公事公办。

(3) 眼部和唇部之间：社交型注视，表示礼貌、尊重对方。

(二) 眉语

人的面部中，不仅眼睛能传情达意，眉毛也具有表情功能，所谓“眉目传情”便是此意。人们常用眉毛的舒展或收敛来代替语言。眉毛参与所有表情的构成，具有非常重要的定性作用。眉语在表情达意时，运动状态主要分为三种。

1. 下压状态

下压状态是指眉头、眉体和眉整体向下移动，眉毛整体与上眼缘之间的距离缩短。眉毛整体下压时，意味着人感受到了压力，对事物不满或厌恶等。眉毛下压和眼睑紧绷的程度越大，意味着压力、不满和厌恶也越大，内心潜台词表达的是“怎么会这样”。

2. 愤怒状态

愤怒状态是指头向面孔中线皱起、下压，眉梢向面孔两侧的斜上方挑起，即“剑眉竖、虎目圆”的状态。愤怒状态的眉毛表达了事态非常严重，人准备奋起进攻的状态。此时，人的肢体动作幅度和力度都非常大，有攻击的冲动。

3. 悲伤状态

悲伤状态是指眉头抬高，眉梢降低。这个动作状态是人悲伤时自然的表现。通常，人眉头的抬高和眉梢的降低并不会太明显。但当一个人真正有悲伤情绪时，通常会出现眉角线与水平线夹角的增大。

眉毛通常和面部其他器官一起活动来传情达意，如挤眉弄眼、愁眉苦脸、眉来眼去、眉目传情、眉飞色舞、扬眉吐气等，眉毛传达的信息非常丰富。幼儿教师在教学中应注意用眉语向幼儿传递积极、乐观、愉悦的正向情感，带动和影响幼儿情绪，营造良好的教学氛围。

小贴士

眉语主要通过眉毛的横、竖、挑、皱、挤、扬等表现出来。其中，横眉形容人愤怒的样子，挑眉有找茬、挑刺、不满意之意，竖眉表示生气，皱眉表示忧虑、烦恼、不舒心，挤眉形容调皮、滑稽的样子，扬眉表示心情愉快、高兴的神态。

(三) 微笑语

微笑是面部表情的重要组成部分。微笑语是通过不出声音的笑容来传情达意的一种面部表情语，是最基本的表情语言。微笑是一种跨文化的通用的无声的“交际世界语”，在不同民族文化中具有大致相同的含义。在人际交往中，微笑可以缩短心理距离，消除隔阂，化解矛盾，增添信任，获得友爱，是人们相互沟通的“润滑剂”。

1. 微笑语的意义

首先，微笑是人际交往的重要桥梁，微笑能够缩短人与人之间的距离，让彼此获得好感和信任，促进人际关系的发展；其次，微笑有助于美化个人形象，增加他人的认可度，获得更多积极的评价；最后，微笑有助于形成良好的社交氛围，营造轻松友善的交往环境，促进人际关系的和谐发展。

2. 微笑的基本要求

微笑时，要做到自然、大方，如图 5-10 所示，其具体要求如下。

（1）双唇微微展开，嘴角略向上挑，微露牙齿（一般为 6 ～ 8 颗）。

（2）目光柔和明亮，双眼略微睁大。

（3）眉头自然舒展，眉毛微微扬起。

3. 微笑的规范

微笑时，要做到以下几点。

（1）笑与眼相结合。微笑时，要口到、眼到，笑眼传神，才能扣人心弦。

（2）笑与精神、感情相结合。“神”即笑得入神，笑出自己的神态，笑得神采奕奕；“情”即笑出感情，笑得甜美。

图 5-10　微笑

（资料来源：360 图片 . [2023-6-20]. https://image.so.com）

（3）笑与语言相结合。微笑与语言相得益彰，微笑才能发挥出它应有的功能。

（4）笑与仪表、举止相结合。微笑有助于人的整体形象更加统一和谐。

小贴士

微笑的运用必须注意场合、对象和程度。对不同的交际对象，也应使用含义不同的微笑。微笑要做到适度，笑得太放肆、没有节制，就会有失身份，引起别人的反感；而如果一笑即敛，一笑而过，也收不到好的效果。微笑同样要自然、得体，发自内心，不能为笑而笑，假装发笑。

第四节　有声语言

幼儿教师的身姿、手势、表情等无声语言都是配合有声语言传递信息的一种方式。教学中，将无声语言与有声语言完美结合，才能达到丰富内容、加强表达的效果。3 ～

6 岁正是幼儿语言发育的敏感期，也是幼儿语言习得的关键模仿期。幼儿教师的一音一字都深深地影响着幼儿的语言发育发展。幼儿教师要时刻保持“言传身教”的意识，高度重视自己的吐字发音、语气语调带给孩子的潜移默化的影响。

一、有声语言的要求

有声语言的表达，最基本的要求是语音清晰、语言规范，进一步的要求是抑扬顿挫、流畅自如，最高要求是丰富多彩、声情并茂。幼儿教师在有声语言的表达上，要结合幼儿教育特点，做到以下几点。

（一）准确简明，有示范性

在教学活动中，幼儿教师表达要准确简明，以保证知识传授的科学性和严谨性。3 ～ 6 岁正是幼儿语言习得的关键模仿期，教师在教学中兼有对幼儿进行规范语言训导和陶冶的任务。因此，教师要注意自身语言的规范化和示范性，表达时要用适合幼儿仿效的准确的语言，促进幼儿的语言发展。

（二）生动活泼，富有幽默

幼儿教学中，教师要结合幼儿身心发展特点，运用符合幼儿接受水平的、生动活泼、富有幽默的语言。幼儿脑神经系统发育还不成熟，要发展其逻辑思维，离不开形象思维的支持。幽默能增加表达的形象性和鲜明性，引起幼儿大脑皮层的兴奋，有助于幼儿的记忆和理解，是发展幼儿思维的重要手段。

（三）富有启发性、激励性

启发性的语言可以对幼儿产生心理的催动和激励作用，促进幼儿思维发展。教学中，教师的一句启示性语言会使幼儿茅塞顿开；一句激励性的话会鞭策幼儿积极向上，开发幼儿创造性思维。教师的启发要中肯、含蓄，注意留给幼儿思考和自由发挥的空间。

（四）抑扬顿挫，富有节奏感

幼儿教师的语言要有艺术性，抑扬顿挫，富有节奏，让幼儿从中感受到美，有表现美的情绪和能力。教师的声调要有高有低、有起有伏，做到高低起伏不大；音速要快慢适宜；节奏要平稳、适度，使语言节奏、语气语调与教师的思想感情的变化相一致，做到和谐统一，产生美感。

案例

王老师正在组织中班幼儿开展关于“水”的活动。王老师问：“哪里有水？是什么水？”孩子们纷纷说：“河里有河水。”“海里的水叫海水。”“超市里有矿泉水。”王老师接着问：“除了矿泉水，还有什么水？”孩子们说：“还有可乐、啤酒。”王老师用肯定的语言予以小结：“对，还有可乐、啤酒。”于是“啤酒、可乐是水”的概念就这样在不经意中传递给了孩子。

【思考】王老师在传授知识过程中的语言表达有什么问题？应如何改进？

二、有声语言的运用技巧

法国艺术家丹纳在《艺术哲学》中说：人的喜怒哀乐，一切骚扰不宁、起伏不定的情绪，连最微妙的波动、最隐蔽的心情都能由声音直接表达出来，而且表达得有力、细致、正确、无与伦比。有声语言既是幼儿教师与幼儿沟通的工具，也是一门艺术。教师应掌握有声语言的运用技巧，有效促进幼儿教育的发展。

（一）尊重幼儿，保护孩子的自尊

幼儿虽小，但他们的自尊心也很强。教师说话时稍不注意就有可能伤害孩子的自尊心，给孩子的心灵或多或少地带来一些消极的影响。所以，幼儿教师平时与幼儿说话时，应尽量注意保护孩子的“面子”。小班的幼儿偶尔尿裤子是很正常的，但有些孩子尿了裤子不愿意告诉老师，怕老师说：“你怎么尿裤子了？”这样一说，班上的其他小朋友就会笑话自己尿了裤子，被大家笑话多没“面子”呀，只有自己忍着。

如果幼儿教师能多为孩子考虑一些，照顾孩子的感受，不用带有责备的质问，而是蹲下来亲切地、轻声地说一句：“没关系，我们悄悄地去卫生间换上干净的裤子。放心吧，我会替你保密的，小朋友们不会发现的。”这样孩子们就不会有顾虑了，而且他们还会对老师产生亲切感和信任感。

小贴士

教师用语“十二忌”

一忌居高临下，二忌自我炫耀，三忌口若悬河，四忌心不在焉，五忌随意插嘴，六忌节外生枝，七忌搔首弄姿，八忌挖苦嘲弄，九忌言不由衷，十忌故弄玄虚，十一忌冷暖不均，十二忌短话长谈。

（二）真诚平等，和善交谈

教育部颁布的《幼儿园教育指导纲要（试行）》中对教师角色进行了重新定位，倡导“教师应成为幼儿学习活动的支持者、合作者、引导者”，即要求视幼儿为平等的合作伙伴。教师应常以商量的口吻和讨论的方式指导幼儿的活动，支持幼儿的探索。

例如，当幼儿不愿意帮老师收玩具时，可以说：“你可以帮我一下吗？”以此得到幼儿的帮助，锻炼幼儿，而不能以命令的口气说：“快点，帮老师收玩具！”。当幼儿在美工角活动时，为了防止幼儿乱扔纸屑，可以委婉地提醒幼儿：“你们需要一个垃圾筐吗？”这样幼儿就会清楚地意识到要把纸屑扔到垃圾筐里，而不能扔在地上，但如果直接说：“不许把纸扔在地上。”则很难达到预想的效果。

所以，教师应真诚平等地对待幼儿，常说：“你好”“请”“没关系”“能不能”“我们一起来好吗？”“你说应该怎样呢？”“你先试试看，如果需要帮忙就叫我。”“你可以帮我一下吗？”等，促进幼儿主动性的发展和创造性的发挥。

拓展知识

幼儿教师禁用语

(1) 就知道哭，没出息！
(2) 就你事儿多！
(3) 你怎么那么讨厌呢！
(4) 看见你，我就烦！
(5) 再说话就别吃饭了。
(6) 快吃，不吃就倒掉吧。
(7) 说了一百遍了还不改正这臭毛病。
(8) 不睡觉下午不让你玩游戏了。
(9) 再打人就让小朋友都不跟你玩。
(10) 坐下，连这么简单的问题都不会？
(11) 你怎么从来不举手发言？
(12) 讲了多少遍了还不会，你也太笨了吧？
(13) 打电话叫你爸爸妈妈不要来接了。
(14) 你的耳朵哪里去了？老是不听清楚问题。
(15) 说了多少遍了，你怎么老是不听呢？
(16) 你看别的小朋友什么都能干，你呢？
(17) 怎么不说话，哑巴了？
(18) 你的话怎么那么多？
(19) 不知道为什么举手，总是耽误大家的时间！
(20) 从现在开始，谁坐不住，就别出去玩。

（三）因人用语，因时用语

教师语言的选择和运用必须考虑幼儿现有的语言接受能力，力求“因人用语”。例如，对性格不同的幼儿，语言的使用就应不同：对比较内向、敏感，心理承受能力较差的幼儿，应采用亲切、关怀的语气，以消除幼儿紧张的心理；对反应较慢的幼儿，要有耐心，在语速上适当地放慢一些；对脾气较急的幼儿，要显得沉稳，语速适中，使幼儿的急躁情绪得以缓和。再如，对刚入园的小班幼儿，要用儿童化、拟人化的语言；而对于中大班的幼儿，则要注意语言的坚定和亲切，使幼儿感到老师的话是经过认真思考的，是值得听的。

总之，对待不同的幼儿，教师应采用不同的语言表达方式，因人用语，因材施教，使每个幼儿在其原有水平的基础上都能得到发展。

（四）多鼓励，少批评

幼儿纯真无邪，他们虽然年龄幼小，但是有一颗争强好胜的心，有一个“我想做好，我是老师和妈妈心目中的好宝宝”的夙愿。所以，作为幼儿教师，要充分利用幼儿积极向上的心理，多鼓励幼儿，促进幼儿积极向上。哪怕幼儿取得微小的进步，也要及时表扬。例如，刚上幼儿园的宝宝早晨不知道排队洗手，中午吃午饭时就知道要排队，有了秩序感，老师一定要及时表扬，激励幼儿继续朝着良性方向发展。

拓展知识

教师行为语言规范

（1）在任何时候见到孩子都要真诚地向孩子问好，“早晨好”“中午好”“下午好”。

（2）教师蹲下来，看着孩子，与孩子进行有眼神交流的对话。

（3）凡事要以商量的口吻和孩子对话。

（4）教师凡事都使用“请离开”“请让一下”“请帮忙”“请等待”。

（5）在更多的时候，教师应使用身体语言和行为语言，尽量少使用语言本身，尤其是对 4 岁以下的孩子。

（6）每一位教师遵守规则，孩子也会遵守规则 .

（7）教师用爱的形式鼓励和帮助孩子遵守规则和建立秩序。

（8）当儿童不能遵守规则时，老师用语言和神态提示孩子“你忘了什么？”

（9）如果孩子明知故犯，教师应用平静而坚定的态度告诉孩子：“老师爱你，但这件事情不可以这样做。”

（10）教师要让孩子有勇气给别人道歉、有勇气要求别人道歉，并学会有勇气拒绝别人。

（11）教师在坚持规定时，应使用这样的语言：“你忘了什么，来吧，我们一起做。”

（12）当任何人在不适当的时候寻找帮助时，教师应使用这样的语言：“对不起，我们换个时间好吗？孩子们正需要我。”

（13）当家长提出一些不合适的要求时，教师应使用这样的语言：“我很想帮助您，但这样会影响大多数的孩子，我很抱歉。”

（资料来源：搜狐网 . [2023-9-20]. https://www.sohu.com/a/142982616_769014）

【本章思考题】

1. 丁字步站姿的要点是什么？
2. 幼儿教师坐姿应注意哪些礼仪？
3. 幼儿教师走姿应注意哪些礼仪？
4. 幼儿教学中应如何运用目光语？
5. 幼儿教师应如何运用有声语言？

【案例分析】

“老师，浩浩把记号笔写在柜子上了！”我回头一看，原来是乐乐来告状了。他边说边把我拉到柜子前，让我看浩浩的杰作。还真的！柜子上出现了许多歪歪扭扭的数字和图案，这下柜子可就面目全非了。我厉声叫浩浩过来，他很不情愿地过来了。看着他那害怕的样子，我突然意识到这样的态度对一个胆小的孩子来说是不当的。于是我赶紧调整策略，没有马上批评他，而是让他说说为什么这么做？这样做有什么不好？在浩浩意识到错误的同时，要求孩子们自己想办法将这些数字和图案抹擦干净。

一开始，孩子们拿来了布巾、纸张，在污渍上使劲地来回搓，可是一点效果都没有。这时，小朋友议论起来，有的说擦不掉，有的说用力才能擦得掉，有的说需要用肥皂。听到了不同意见，我说：“那你们就都试试吧！”于是，孩子们忙了起来，有的用布巾蘸水擦，有的用洗衣粉擦洗，有的用橡皮擦去擦，有的甚至用指甲去刮，方法多多，可记号笔的污迹依旧无法消除。这时只听媛媛说：“我们用清洁球试一试。”大伙一听，马上拿来清洁球擦啊擦，果真把污迹给清除干净了。孩子们欣喜若狂，“老师，我们擦干净了！”

（资料来源：聚优网 . [2023-9-20]. http://www.jy135.com/html/changyongziliao/anli/201310/30-52938.html）

【思考】

1. 案例中，老师的哪些做法值得我们借鉴？
2. 遇到幼儿犯错误时，我们应如何对幼儿进行教育？在言语上要注意哪些问题？

【课后实训】

你准备为中班幼儿讲《卖火柴的小女孩》这个故事，请撰写一份教案，并进行试讲。组织同学们为你的教态进行讨论，针对教态中出现的问题进行改进。

第六章

幼儿教师的沟通礼仪

学习目标

1. 了解有效沟通的内容与策略；
2. 掌握幼儿教师人际沟通的原则与策略；
3. 理解幼儿教师沟通礼仪教育的目的和意义。

引导案例

一大早，小洋的奶奶怒气冲冲地领着小洋走进来，大声吵嚷着："我要找李老师，找撞我孙子的小孩算账。老师是什么意思？包庇别人吗？"原来前一天下午体育活动中，小洋和小宝在奔跑时不小心相撞，小洋鼻子出血了。李老师及时帮小洋止了血，见没什么大碍，也就忘了此事。

可小洋回家后，奶奶从和孩子的聊天中听说他"鼻子被撞出了血"，就误会了，认为教师是刻意隐瞒事实或包庇其他孩子，于是到幼儿园"评理"来了。李老师则一肚子委屈，不就是鼻子出血吗？第一，这只是个意外，不是我管理不当造成的；第二，我已当场帮孩子止住血了，没什么大碍了。就这么点小事，值得闹腾吗？

（资料来源：行知部落 . [2023-9-20]. https://www.xzbu.com/9/view-9401956.htm）

【思考】李老师的想法是正确的吗？作为幼儿教师，你认为应该怎么处理？

第一节　如何有效沟通

沟通是人与人之间、人与群体之间思想与感情的传递和反馈的过程，以求思想达成一致和感情通畅。沟通还是人们分享信息、思想和情感的任何过程。无论是日常生活还是工作中，与人沟通都是不可避免的。有效的沟通是做好幼儿教育的前提。作为幼儿教师，必须掌握有效沟通的技巧，才能在幼儿礼仪教育中实现育人的目的，达到育人的效果。

一、什么是有效沟通

《说文解字》云："沟，水渎，广四尺，深四尺。""通，达也。"沟通的基本含义是"挖沟以使两水相通"，延伸的意思是为了一个设定的目标，把信息、思想和情感在个人或群体间传递，并且达成共同协议的过程。

有效的沟通即通过听、说、读、写等载体，通过演讲、会见、对话、讨论、信件等方式将思维准确、恰当地表达出来，以促使对方更好地接受。

达成有效沟通必须具备两个必要条件：首先，信息发送者清晰地表达信息的内涵，以便信息接收者能确切理解；其次，信息发送者重视信息接收者的反应，并根据其反应及时修正信息的传递，免除不必要的误解。

小贴士

保证有效沟通的方法

（1）信息表达的完整性，即传递方清楚自己想要达到的目的，并将信息完整地表达出来。

（2）信息表述的可接受性，即传递方应使用对方能理解的语言，并确定自己的意思被正确接收。

（3）信息接收的正确性，即接收方要确定自己理解对方真正要传达的信息。

（4）信息表述的客观性，即沟通者交流中要使用客观描述性语言。

（5）沟通的持续性，即沟通者对信息的交流要有始有终，并对信息进行了正确有效处理。

（6）沟通的时效性，即沟通者对信息的传递必须迅速及时。

二、影响有效沟通的因素

（一）环境因素

影响有效沟通的环境因素主要包括噪声、距离和隐秘性。

噪声是指与沟通行为无关的，干扰人们正常沟通的不需要的声音，如汽车喇叭声、电话铃声、谈笑声等。噪声会造成信息在传输过程中的失真，让沟通者心情烦躁，直接影响沟通效果。

距离是影响沟通的重要因素。心理学家研究发现，在合理恰当的距离内沟通，既会让对方感到亲近，又不对其造成心理压力。

沟通的信息如果涉及隐私，那么隐秘性就是保证有效沟通的必要条件。沟通时可选择无人打扰的房间，或是压低声音说话等，以保证沟通有效进行。

拓展知识

人际交往的空间距离

美国人类学家爱德华·霍尔博士划分了四种区域或距离，各种距离都与对方的关系相称。

(1) 亲密距离

这是人际交往中的最小间隔，其范围在6英寸（约15厘米）之内。就交往情境而言，亲密距离属于私下情境，只限于在情感上联系高度密切的人之间使用。

(2) 个人距离

这是人际间隔上稍有分寸感的距离，其范围为1.5～2.5英尺（46～76厘米），正好能相互亲切握手，友好交谈。这是与熟人交往的空间。人际交往中，亲密距离与个人距离通常是在非正式社交情境中使用，在正式社交场合则使用社交距离。

(3) 社交距离

这已超出了亲密或熟人的人际关系，而是体现出一种社交性或礼节上的较正式关系。其范围为4～7英尺（1.2～2.1米），人们一般在工作环境和社交聚会上保持这种程度的距离。

(4) 公众距离

这是公开演说时演说者与听众所保持的距离，其近范围为12～25英尺（3.7～7.6米），远范围在25英尺之外。当演讲者试图与一个特定的听众谈话时，他必须走下讲台，使两个人的距离缩短为个人距离或社交距离，才能够实现有效沟通。

（资料来源：360百科 . [2023-9-20]. https://baike.so.com/doc/6370033-6583676.html）

（二）个人因素

影响有效沟通的个人因素主要是心理因素。从广义上讲，人的心理因素包括所有心理活动的运动、变化过程，具体可分为情绪、个性和态度三个方面。

情绪可以分为积极的情绪与消极的情绪。兴奋、期待等积极的情绪可以增强沟通的兴趣和能力；而怀疑、鄙视等消极的情绪会干扰一个人传递或接受信息，使人对信息的理解“失真”，影响沟通的效果。

个性包括人的气质、能力与性格等。一个人在生活实践中形成的兴趣、信念、理想与世界观可以反映出个性的倾向性。从一个人的个性中可以看出这个人对社会的态度及行为方式。生性豪爽、与人为善的人容易沟通，而性格孤僻、执拗的人则很难沟通。

态度是人们在自身道德观和价值观基础上对事物的评价和行为倾向，积极、热情、诚恳的态度有利于沟通的顺利进行，而消极、傲慢、敷衍的态度则导致沟通无法进行。

（三）社会文化因素

影响有效沟通的社会文化因素主要包括价值观念、文化习俗和社会角色。

价值观念是指基于人一定的思维感官之上而做出的认知、理解、判断或抉择，是人认定事物、判定是非的一种思维或价值取向。价值观念不同，对待事物的态度和反应不同，就会造成沟通的障碍。

文化习俗是由于历史、地理、风土人情、生活方式、行为规范、思维方式、价值观念等长期发展创造形成的习惯风俗。文化习俗相近的人在一起会感到亲切自然，沟通会更顺畅；而文化习俗有差异时，会对沟通形成一定的阻碍。

社会角色是与人们的某种社会地位、身份相一致的一整套权利、义务的规范与行为模式，它是人们对具有特定身份的人的行为期望。社会角色关系影响着人们的沟通模式。只有符合社会认可的沟通模式，沟通才能顺畅有效。

（四）语言因素

一个人的语言表达能力直接决定了沟通的有效性。同样的意思，用不同的方式表达，产生的效果也会有所不同。沟通者需要掌握一定的语言技巧，才能准确恰当地使用语言传递信息，实现有效沟通。

三、促进有效沟通的策略

（一）真诚尊重

与人沟通，首先要学会真诚，尊重对方。只有真诚地尊重对方，敞开心扉，表达出沟通的诚意与信任，才能得到对方的真诚回应，获得全面准确的信息。沟通时，要真心实意、态度诚恳、不虚伪、不说假话。即使有不同意见，也能及时交换意见，真心实意地为对方打算，胸怀坦荡、不存芥蒂。越是坦诚地进行交流，沟通才越有效。沟通时做到思想与感情的交流，才能做出明智的判断与准确的决策。

（二）知己知彼

每个人的个性、教育背景、学识素养等不同，对事物的看法、态度、观点也不尽相同。幼儿教师在与人沟通中，要细心了解对方的动机、需要、兴趣、性格、态度、理想、价值观等，做到知己知彼。只有通过细心观察，了解对方，才能发现与对方之间的共同点，这些共同点决定了彼此沟通的程度。缺乏目标、价值、态度、动机、兴趣等方面的共识，无法实现有效的沟通。

（三）态度明确

沟通的态度对沟通的有效性有着关键的影响。沟通中，沟通者对对方的态度是非常敏感的。沟通者在考虑是否接受对方意见时，首先要判断对方的态度是友好的还是不友好的，是积极的还是消极的，是模糊的还是明确的。态度决定了沟通的效果。明确的态度与言行是冲破沟通阻碍的利器。沟通参与者在沟通时要做到直接、诚恳、适时、恰当、清楚地表达自己的需要、看法与感受。

（四）善于倾听

沟通中，言谈是最直接、最重要和最常见的一种途径，有效的言谈沟通很大程度上取决于倾听。倾听是有效沟通的关键。沟通中要学会倾听，善于倾听。用心倾听是了解别人的重要途径，是对对方最好的尊重，从而获得对方的真情和信任。善于倾听的能力并不是与生俱来的，而是人们在学习、生活与工作中逐步锻炼与培养起来的。

只要每个人付出耐心与努力，多加练习，就能拥有正确倾听的能力。

（五）善用非言语信息

美国口语传播学者雷蒙德·罗斯认为，在人际传播活动中，人们所得到的信息总量中只有35%是语言符号传播的，而其余65%的信息是非语言符号传达的。非语言符号是体态符号，如动作、手势、表情、视线、姿态等。在沟通中，非语言信息的沟通所传递的信息要比语言信息丰富。因此，信息传递者要确保自己的非语言信息具有强化语言的作用，信息接收者要密切关注对方的非语言符号，准确理解对方传递的思想和情感。

第二节　与家长的有效沟通

《幼儿园教师专业标准（试行）》中指出，幼儿教师要具备沟通与和合作的能力，能够与家长进行有效沟通合作，共同促进幼儿发展。幼儿教师与家长的沟通是为了双方共同关爱着的孩子。由于幼儿家长职业、个性、教育背景等因素不同，家长的教育观念和教育方法也不尽相同。在沟通中，幼儿教师要深入地了解每位家长，以便有针对性地与家长进行有效沟通。

一、与家长有效沟通的必要性

（一）有利于家园共育，促进幼儿身心全面发展

通过与家长的有效沟通，幼儿教师可以深入地了解每位幼儿，在幼儿教育中根据幼儿的个体差异采取更有针对性的教学方法，更好地促进幼儿全面发展。家长通过与幼儿教师的沟通，可以了解孩子在幼儿园的生活学习情况，与幼儿教师一起探讨幼儿存在的问题，通过家园共育，共同促进孩子的身心健康发展。

（二）化解矛盾，保障幼儿教育工作顺利开展

在幼儿园日常工作中，经常会发生一定的家园矛盾。家园矛盾的产生大多是因为幼儿园教师与家长之间的观念、行为差异及沟通信任不足所导致的。幼儿教师如果能掌握良好的沟通技巧，与家长进行有效的沟通，就可以及时化解家园矛盾，及时解决幼儿的问题，取得家长的信任，保障幼儿教育教学的顺利进行。

（三）相互学习，促进家长与幼儿教师的共同进步

教育是一种通过共同探索而进行的社群活动和文化分享。幼儿教师与家长的沟通交流为彼此提供了经验共享、相互学习的机会。家长可以学习幼儿教师先进的教育观念、科学正确的教育方法和教育经验，改正自己教育中的错误行为；幼儿教师可以从家长

处获悉更多孩子的信息，了解家长对幼儿教育的期望，反思改进自己的工作，从家长拥有的专业知识和工作经验中获得帮助，发现线索，启发新的教学思路。

二、与家长有效沟通的策略

（一）与家长建立平等合作关系

在很多家长看来，幼儿教师由于年轻，缺乏丰富的幼儿教育经验，专业知识和专业能力较弱，在沟通交流中对幼儿教师的信任不足，因此与幼儿教师更多的是交流孩子的生活问题，而非孩子的教育问题。而有些幼儿教师在与家长沟通时对个人能力信心不足，不清楚如何与家长交流，所以尽量避开与家长沟通。要促进幼儿教师与家长的有效沟通，首先幼儿教师与家长应该是平等的。只有幼儿教师与家长建立平等合作的关系，才能实现有效沟通。

为了与家长建立平等合作的关系，幼儿教师应通过阅读专业书籍、参加专业培训、观摩名师、提升学历等多种方式不断加强自身的幼儿教育理论和实践知识，积累丰富幼儿教育经验。幼儿园应通过家园互动平台，让家长更多地了解幼儿教师的专业水平和专业能力，改变家长的偏见，使家长对幼儿教师产生信任，促进家园共育，实现幼儿教师与家长的有效沟通。

（二）主动与家长沟通

主动沟通是促进与家长有效沟通的有效手段。部分幼儿教师由于自信心不足、工作繁忙、性格内向等原因，往往缺乏与家长主动沟通的动力。为促进与家长的有效沟通，幼儿教师要积极主动、热情地向家长介绍幼儿的在园学习、生活情况，与家长沟通孩子出现的问题，让家长感受到教师对孩子的关爱和尊重，肯定教师的专业能力，增强对教师的信任。

家长主动沟通时，教师要尽量抽出时间，即使没有时间，也要与家长礼貌地说明情况，另约时间。幼儿教师要充分利用信息科学技术促进沟通的有效进行，如通过邮件、QQ、微信等方式与家长进行沟通，让家长感受到教师的尊重和重视。

（三）保持良好的沟通态度

幼儿教师与家长沟通时，要尊重家长，谦虚有礼，虚心听取家长的意见和建议，保持良好的沟通态度。在幼儿园工作中难免会有家园矛盾，有些家长在与教师沟通时情绪激动，言辞尖锐刻薄，此时，教师应耐心地听家长把话说完，保持良好的沟通态度，待家长情绪好转时，再做安慰和解释工作。

在沟通时，要言语诚恳，客观地阐明自己的观点，与家长商量解决的对策，听取家长的合理有益的建议，努力营造和谐、轻松、愉快的交流环境，促进沟通的有效进行。

（四）专业的沟通行为

幼儿教师的沟通是否专业会直接影响与家长沟通的效果。在与家长沟通前，教师应认真梳理，了解沟通的目的，找到沟通的切入口，有针对性地做好准备，如对幼儿问题制订切实可行的方案、列出家庭教育指导的要点等。幼儿园可加强教师专业能力培训与指导，切实提高幼儿教师的专业水平。幼儿教师专业的沟通能力可以增强家长对教师的信任，有效促进沟通效果。

（五）讲究沟通的艺术

沟通是一门艺术，幼儿教师与家长沟通时要讲究沟通的艺术，方法多样，策略得当。例如，沟通中随时关注家长的情绪变化，及时调节沟通的方式；遇到情绪激动的家长，要心情淡定、态度谦和；遇到家长不切实际的要求，要以情感人，以理服人；沟通孩子的问题时，要先赞扬到位，再指出缺点，且循序渐进，多次沟通，让家长逐渐接受。评价时语气委婉中肯，表达客观准确。在沟通中，教师要换位思考，也要引导家长站在教师的角度考虑问题，使双方沟通效果达到最佳。

拓展知识

“三明治”沟通法则

“三明治”沟通法是心理学上典型的沟通法，即把说的话分成三部分：开头放一个正面评价，中间放一个可改善建议，结尾放一个鼓励性话语。“三明治”沟通法能帮助别人听得进你说的话 / 建议 / 评语 / 看法。

“三明治”沟通法基于人们趋利避害的习惯，每个人都渴望得到别人的赞扬，而不希望得到别人的批评。面对赞扬，人们可以做到接纳；而面对批评，人们将采取防备、封闭甚至攻击的行为。沟通的前提是对方能够听，最好愿意听，可采用赞扬的方式先让对方接纳我们的建议，然后采用一个鼓励性或者建设性的语言鼓励对方。

（资料来源：简书 . [2023-9-20]. https://www.jianshu.com/p/9fc39ecf448b）

（六）健全家园沟通制度

幼儿园应高度重视幼儿教师与家长的沟通工作，设立专门的家园沟通制度，从制度上鼓励和支持教师与家长展开积极沟通。在制度中，明确家园沟通工作的指导思想、工作目标、沟通原则、沟通方法、沟通任务、沟通技巧等，为幼儿教师与家长沟通工作提供可遵循的依据，提高沟通的有效性。幼儿园还应建立家园沟通的评价机制，采取教师自评和互评、家长评价等多种评价方式，组织教师及时反思工作效果，切实提升家园沟通工作效果。

拓展知识

善用现代家园信息沟通技术

1. 善用立体化沟通技术，畅通家园沟通联系渠道

家园沟通渠道应是立体的、全方位的。首先是正式的沟通渠道，如通过“家长联

系本”及时与家长交换意见，通过定期召开“家长恳谈会”或举办“家长沙龙”向家长宣传科学的育儿理念和方法，与家长一起制订孩子的培养计划。其次是非正式的沟通渠道，如教师利用家长接送孩子的机会主动告知孩子每天的表现。最后是创新的沟通渠道，如通过电话、电子邮件、家庭教育专刊等加强双方沟通。当然，任何一种方式都不是万能的，这就更需要采取立体化的双向沟通技术，综合运用多种沟通方式，增强幼儿园与家庭之间的信任与合作。

2. 运用共情技术，扫除家园之间的沟通障碍

无论是在教育观念上的分歧，还是在教育出发点上的分歧，只要形成冲突，就必然会出现不可避免的激烈情感碰撞，而共情是解决家园冲突的一种有效手段。所谓共情，是指幼儿园管理者站在家长的角度，深入家长的内心世界，去理解家长的感受。

幼儿园管理者运用共情技术，有两种途径。一是直接的共情。幼儿园管理者通过与家长互说心里话，使“知情”统一，达成认知上的一致、情感上的相融。二是间接的共情。在家园冲突激烈时，幼儿园管理者可以采取间接沟通的方式，如通过真诚关心与爱护孩子来缓解家园冲突，以求达成双方的互敬互谅。

3. 善用互联网沟通技术，更真实地了解家长的内心想法

当家长对幼儿园教育和管理工作提否定性意见时往往会有各种顾虑，如担心园方会因此而迁怒于孩子等，因而家长即使要提意见，也往往会小心谨慎、避重就轻。传统的见面交流、电话沟通等方式私密性较差，而日渐普及的互联网沟通技术完全可以有效地弥补这一不足，为家园沟通提供更多便捷的渠道，如邮件、QQ、微信等。互联网沟通技术的广泛应用可以促使家长大胆说真话、说实话，幼儿园也可由此获得更多的合理化建议。

（资料来源：豆丁网 . [2023-9-20]. https://www.docin.com/p-1535517834.html）

第三节　与幼儿的有效沟通

幼儿教师与幼儿的沟通对幼儿成长起着十分重要的作用。幼儿教师与幼儿的沟通是双向的、平等的。在沟通中，幼儿教师应尊重幼儿，为幼儿提供安全、温馨、信赖、无拘无束的交流环境，尽可能地从幼儿的角度平等交流、共同分享。

一、与幼儿有效沟通的必要性

（一）建立和谐师幼关系的渠道

幼儿教师与幼儿的有效沟通是指教师与幼儿通过互相交流，在情感、认识上达成一致的过程。教师与幼儿有效沟通是建立和谐师幼关系的渠道。在教师与幼儿的沟通中，幼儿感受到了老师的宽容、理解、支持和尊重，增强了对教师的喜爱和信任，乐于接受教师的引导和帮助，缩短了与教师之间的距离，有助于建立和谐的师

幼关系。

（二）促进幼儿心理的健康发展

幼儿在与教师的沟通中能感受到来自教师的关爱与尊重，使幼儿有一种被重视感和充分的接纳感，从而得到一种安全愉快的情绪体验。这种积极的情绪体验有利于幼儿保持活泼、开朗的情绪，促进幼儿心理的健康发展。幼儿在与教师的沟通互动中向教师传递自己的情绪、情感，从而使教师更了解幼儿的心理需求，能与幼儿建立起积极的相互信任、尊重的关系，达到师生双向沟通的目的。

二、与幼儿有效沟通的原则

在与幼儿沟通时，由于幼儿年龄小、语言表达能力不强、主动与人沟通能力差、师幼角色地位不同等原因，往往造成与幼儿沟通无法顺畅进行的情况。教师在与幼儿沟通时，要掌握一定的原则，促进与幼儿的有效沟通。

（一）平等原则

建立人格的平等关系是教师与幼儿有效沟通的基础。幼儿教育中，由于师幼角色地位的不同，教师会不自觉地用说教、希望的方式与幼儿沟通，忽视了幼儿作为完整个体的独立性和自主性。平等是沟通的基础。教师在教学中要创设与幼儿沟通的时机，平等地对待幼儿，只有与幼儿建立平等的沟通关系，幼儿才会愿意和喜欢与教师沟通，为师幼有效沟通打下良好的情感基础。

案例

晨间活动时，小朋友们都在玩游戏。鹏鹏小朋友能对照着小卡片搭直升机，立体感很强。孙老师看到了，主动走过去要求他教给老师。鹏鹏很惊奇，眼睛睁得很大，仿佛在说："你是老师，怎么不会呢？"明白了他的心理，孙老师说："老师也有不会的东西，不会就要向别人学。"听了老师的话，他点了点头，很快他教会了孙老师搭直升机。不仅这样，他还乐意教别的小朋友。

事后，他充满自信地对别的小朋友说："老师搭的这个直升机还是我教给她的呢！"第二天一大早，他妈妈就向老师反映鹏鹏在回家路上跟她说了许多在幼儿园里的事情，了解了鹏鹏在幼儿园的情况后，妈妈才恍然大悟。接着晨间活动时，鹏鹏又玩起了昨天的玩具，还迫不及待地拉着孙老师的手，告诉老师他的秘密：他最喜欢搭飞机和小汽车，长大了要开汽车……

（资料来源：应届毕业生网 . [2023-9-20]. https://www.yjbys.com/biyelunwen/fanwen/jiaoyu/673203.html）

【思考】孙老师与幼儿沟通中，哪些方面值得我们借鉴？

（二）尊重原则

尊重幼儿是与幼儿有效沟通的基本原则。在沟通过程中，幼儿是否感受到尊重，对于沟通效果有着直接的影响。三岁后的幼儿自主性和独立性逐渐发展，幼儿内心渴望被尊重，被平等对待。沟通中，教师要关注幼儿的心理需求，用积极的态度对待幼儿，认真倾听他们的诉说，对诉说内容做出积极的回应，如点头、微笑、询问，拥抱等。尊重是幼儿乐于沟通的基础。沟通中，被关注、被重视的尊重感可使幼儿产生极大的心理满足，带给幼儿积极愉快的情绪体验。

（三）接纳原则

接纳原则是指对待幼儿的情绪或行为上的问题时，教师不要急着做出评判，而是采取一种宽容的态度，站在幼儿的角度，充分理解幼儿，接纳幼儿。接纳可以有效缓解幼儿的心理紧张和不安，使幼儿在情感上易于接受教师的启发和劝导，有效地保护幼儿的自尊，有利于问题的解决。

案例

娜娜小朋友性格活泼开朗，走路一跳三蹦，喜欢唱歌跳舞。可她刚到幼儿园的时候并不是这样，小朋友说她抢玩具，不给大家玩，她马上就钻到桌子底下去，谁也不理。一天上午的桌面游戏才开始，莹莹就喊起来了："老师，娜娜又抢我的玩具了！"李老师快步走过来，用眼睛寻找娜娜，"她在桌子底下。"一名幼儿说。

见此情景，李老师连忙蹲下去，拉着娜娜手，让她出来，并告诉她老师没有怪她，还和她一起玩游戏。过了一会儿，娜娜对李老师说："老师，我想玩莹莹那边的玩具！"李老师点点头，告诉她，好玩的玩具大家都想玩，怎么办呢？别人的玩具能抢吗？想一个办法来解决。

在这样宽松的气氛里，李老师和娜娜讨论了如何与小伙伴进行交往和游戏，如何协调自己和同伴的关系。在以后的活动中，李老师尽量创造机会多让娜娜和小伙伴一起游戏，渐渐地，同伴告娜娜状的声音减少了，娜娜脸上的笑容也越来越多，再也不会钻桌底了，变得越来越活泼、开朗。

（资料来源：莲山课件 . [2023-9-20]. https://rj.5ykj.com/Article/HTML/61403.htm）

【思考】李老师与幼儿沟通中，哪些方面值得我们借鉴？

（四）适时原则

适时原则是指教师要把握与幼儿沟通的时机。沟通必须是双向的，教师不但要主动与幼儿沟通，也要鼓励幼儿主动把自己的想法告诉教师，尊重他们的意见，允许他们申辩，这才是真正意义上的有效沟通。与幼儿沟通时，教师要考虑沟通的时间、地点、环境，以及幼儿的情绪与生理状况等，积极寻找与幼儿主动沟通的契机。只有沟通时考虑充分，把握合适的时机，才能更真实地接近幼儿内心世界，与幼儿建立相互信任、彼此尊重的关系，达到有效的沟通。

第四节　与同事的有效沟通

同事是指行事相同、相与共事的人。同事之间往往地位平等，相互依存，有共同的工作目标。同事关系是幼儿教师重要的人际关系之一。建立良好的同事关系，与同事之间进行有效沟通，有助于同级之间横向关系的巩固和发展，也有利于进一步协调上下级之间的纵向关系，为幼儿园工作创造良好的人际环境，发挥集体的智慧和力量提供了前提条件。

一、与同事有效沟通的基本原则

（一）大局观原则

与同事沟通必须树立全局观念。沟通中双方都应该权衡利弊，以大局为重，把维护幼儿园的整体利益作为最终目标，遇到问题协商解决，综合协调，达成共识。

（二）换位思考原则

与同事沟通时，要站在同事的角度看待问题。与同事之间产生矛盾，同事工作中出现失误，要思考自己是否也有责任。换位思考，设身处地为他人着想，是与同事有效沟通的关键法则。

（三）相互尊重原则

同事之间是平等的。与同事有效沟通应该建立在互相尊重的基础上，相互体谅，相互信任，主动配合协助，通过协商解决问题，用真诚获得对方的理解与支持。

（四）团结协作原则

同事之间需要彼此配合，才能完成各自的工作任务。为了共同目标和共同的利益，同事之间应该彼此协助、相互友爱，只有彼此团结协作，齐心协力，才能达成共识。

（五）就事论事原则

就事论事是与同事沟通时的重要原则。沟通时，要沉着冷静，控制好自己的情绪表现，就事论事，不要人身攻击。只有将情绪表现与所发生的事情相匹配，才能被大多数的人理解和接受，让沟通顺利进行下去。

二、与同事有效沟通的策略

（一）沟通要做到及时

幼儿园的工作是紧张而有压力的，在与同事沟通时，高效完成工作，解决好问题，才是沟通的首要目的。幼儿教师工作中，要对班级孩子的情况、生活、卫生、教学活动、设施设备等情况及时进行交流，发现问题后，争取在最短的时间内快速、有效地解决，把问题的影响降到最低。

（二）沟通要有民主性

民主沟通是幼儿教师与同事有效沟通的基础，是幼儿教师工作积极性、主动性、创造性得以提高的必经之路。民主沟通可以创造和谐友好的交流环境，促进有效沟通。幼儿教师与同事沟通时，要认真倾听，虚心听取同事的意见和建议，形成公平、民主的沟通氛围，使沟通参与者都乐于主动提出有建设性的意见和建议，促进幼儿教育和谐发展。

（三）沟通要清晰准确

有效沟通的关键不是去说服、去争论，而在于让对方理解你，你也能理解对方真正的想法和意图。信息沟通准确与否，关系到能否正确判断事物。幼儿教师之间的沟通是为了幼儿发展，工作中讲究高效。在与同事沟通时，要思路清晰，表达准确，开诚布公地陈述事实，表明自己的观点，不造成误会，快速有效地解决问题。

（四）沟通要真诚信任

真诚是有效沟通的前提。在与同事的沟通中，要待人以诚，坦诚地表达自己的意见或建议。真诚有助于让同事了解你的感受，使问题更快地得到解决。真诚也会拉近同事之间的距离，增加同事对你的信任感，有效促进沟通。信任是一种巨大的精神力量，是处理同事关系的重要原则。信任可以激发每个人的积极性和主动性，促进同事之间团结协作，更高效地解决问题。

拓展知识

良好沟通从改变心态开始

1. 健康的心态

我们在整个团队中倡导坦率、真诚、相互信任、相互帮助的沟通氛围，倡导全员树立端正的沟通心态。要使沟通基于工作本身，让沟通帮助整个团队提高工作准确度及效率。在工作中要保持积极畅通的沟通交流，发现问题时通过正确的渠道反映，而不是背后议论与传播；在谈工作中的问题时，要就问题谈问题，不要包含太多个人情感倾向；在他人向自己反映工作中存在的问题时，要乐于接受，积极改善。

2. 需求的心态

每一个人都要把沟通变成一种需求：对上级来说，下级工作的优秀表现或是不足、下级思想与生活的动态，都要变成自己的沟通需求，积极与下级进行沟通；对下级来说，本部门工作中的各种问题、上级管理工作中出现的问题，也都要变成自己的沟通需求，积极与上级进行沟通；对于同事及各部门之间，积极的沟通也要成为一种需求，以促进工作效率与效果。

每一位工作人员对幼儿园的沟通也成为一种需求，对幼儿园具有代表性问题的提出与建议，对幼儿园改革、发展的建议和意见，都可以通过各种方式进行沟通。

3. 实事求是的心态

沟通基于事实。幼儿园各级管理干部要养成倾听来自一线声音的习惯，无论是逐级的工作上报，还是员工通过正确的沟通方式进行的越级上报，凡是基于事实的、有益于推进幼儿园工作的沟通内容，一律要引起重视，与员工进行坦诚的沟通，并积极改进。

（资料来源：360 文库 . [2023-9-20]. https://wenku.so.com/d/8048780c1ac5d3cacf343c25766a7e83）

【本章思考题】

1. 有效沟通的必备条件是什么？
2. 促进有效沟通的策略有哪些？
3. 如何促进与家长的有效沟通？
4. 与幼儿沟通的基本原则是什么？
5. 与同事沟通要注意哪些问题？

【案例分析】

一次，大二班接到任务，要排一台绘本剧。考虑到淳淳接受能力强，李老师就安排他扮演《绿野仙踪》里稻草人的角色。李老师组织学生紧锣密鼓地排了一整天。第二天早上，李老师接到淳淳爸爸的电话：“老师，淳淳今天情绪不好，不肯上幼儿园，追问他原因却什么都不说。”李老师飞奔到园门口，只见淳淳低着头一言不发地绞着手指，淳淳爸爸脸色阴沉，不停地问：“你倒是说话呀，到底怎么了？”他越说嗓门越大，淳淳的头更低了。

李老师赶紧走过去，轻轻拉起了淳淳的手：“来吧，和爸爸说再见。”李老师拉着淳淳慢慢往活动室走，一边走一边和淳淳聊天：“今天淳淳很不高兴呢！来，说给我听听，看我能不能帮助你。”淳淳张了张嘴，却没发出声音。“那我来猜猜，是因为今天迟到了，所以不高兴？”淳淳摇头。“是小朋友欺负你了？”淳淳依旧摇头。沉默了许久，李老师突然想到昨天排练的节目：“是不是昨天排练节目太累了？”淳淳终于对着李老师点了点头，一副欲言又止的样子。看来淳淳暂时还不想说，于是李老师说：“这样吧，你先去搭积木，等你愿意和老师说的时候再来找我，好吗？”淳淳如释重负地跑开了。

下午吃完点心，淳淳走过来跟李老师说：“老师，我不想排练节目了，我也不想演那个角色了。”李老师很惊讶，但没有显露出拒绝的表情，依旧笑着问：“为什么呢？能告诉我吗？”淳淳说：“我想得很清楚了，我不喜欢演稻草人，稻草人跳的舞蹈动作很难，我怎么也跳不好，我回去也练了，还是觉得不好看。”

李老师点点头说：“淳淳，因为老师觉得你学东西很快，才选你做稻草人的，不过我忘记征求你的意见了，所以我在这里和你说声对不起。你实在不想演的话，没关系的，大胆说出来就可以了，别因为这个怕上幼儿园，好吗？”淳淳开心地点了点头：“老师，我会表演‘百变魔尺’，可厉害了！这个我倒是可以去表演的。”李老师哈哈一笑：“好啊，没问题，毕业典礼的时候你上台给大家演一个。”

（资料来源：浙江学前网．[2023-9-20]. http://data.06abc.com/20121027/90819.html）

【思考】

1. 李老师在和淳淳沟通中，有哪些值得我们借鉴的地方？

2. 结合案例，分析和幼儿沟通时，幼儿教师要注意哪些问题？

【课后实训】

回想你在生活和工作中与人沟通时遇到的困难。结合所学，撰写一份如何与他人有效沟通的文案。

第七章

幼儿教师日常交往礼仪

学习目标

1. 了解称谓、握手、介绍、交谈、座次、接待礼仪的内容；
2. 掌握以上各种交往礼仪的应用方法；
3. 理解幼儿教师日常交往礼仪教育的目的和意义。

引导案例

李丹丹是幼儿园新来的老师，工作认真负责，性格活泼，带班深受小朋友的喜欢，也有很多家长写信表扬李老师是一个好老师。正好这个学期教委要来园复检，赵园长想让李老师一起参加复检的准备和接待工作。

这天，教委的领导和工作人员按时到了，赵园长带领各位老师一起表示欢迎。教委的范主任和大家一一握手，轮到李老师时，她突然变得很紧张，不知道该怎么握手，匆忙之间伸出右手，可是手比较潮湿，是出的汗，此时她变得更加不好意思了，匆忙轻轻地用手指和范主任碰握了一下手。此时李老师注意到范主任脸上一个惊讶的表情，然后就和下一位老师握手了。

李老师觉得自己这下可真丢人，后面再进行汇报的时候表情和声音都不自然。事后赵园长关切地问："李老师你是不是太紧张了？今天和平时的你有点不一样哦。"其实，李老师是因为不知道怎么接待领导、怎么跟领导握手打招呼合适。

【思考】幼儿园教师日常接待中应该注意哪些礼仪？

第一节　称谓礼仪

一、称谓礼仪概述

（一）什么是称谓礼仪

称谓礼仪又称称呼礼仪，是对他人称呼时所使用的一种规范性礼貌语，准确的称谓能恰当地体现出称呼双方的身份、角色、关系。称谓包括姓名称谓、亲属称谓、职务称谓、年龄称谓、性别称谓等。

（二）幼儿园教师称谓礼仪

幼儿园教师的称谓礼仪是指幼儿园教师在工作中对交往对象恰当的称呼，包括幼儿、幼儿家长、同事、领导、访客等。幼儿园教师在交往中恰当地使用称呼，是社交活动中的一种基本礼貌，可以促进双方心灵的沟通和感情的融洽，缩短彼此的心理距离，增加信任和亲近。

幼儿园教师在工作时间用到的称谓主要是姓名称谓、职务称谓、职业称谓、年龄称谓和性别称谓。

二、幼儿园教师经常使用的各种称谓

（一）职务称谓

职务称谓就是用所担任的职务作为称呼，目的是表示对对方的尊敬和礼貌。职务称谓主要有两种形式：用职务称呼，如“王园长”“张主任”“李局长”“赵科长”“郝书记”等；用专业技术职务称呼，如“张厨师长”“刘医师”等。

（二）职业称谓

当不清楚对方职务时，可以用职业称呼，即用其从事的职业当作称谓，如“李老师”“赵大夫”“刘会计”等，不少行业可以用“师傅”相称。也可以直接以被称呼者的职业作为称呼，如老师、教练、医生、会计、警官等。

（三）年龄称谓

幼儿园教师在工作中会接触不同年龄段的同事或者幼儿的家长，需要选择恰当的称呼。当称呼年长者时，务必要恭敬，不能直接称呼姓名，也不能称呼“老张”“老王”等；对年长的同事，按照职业或职务称呼比较合适，如称呼“张老师”“陈主任”等；面对年龄相差较大的隔代人，可称呼“张老”“王老”表达尊敬长者之意；对于年龄相仿的同事，可以称呼其姓名，或者按照职业称呼，需要注意的是态度诚恳、表情自然；当称呼年轻人时，可以称呼姓名或者在姓氏前加小，如“小张”“小李”，注意态度谦和、慈爱，以表达出对年轻人的喜爱和关心。

幼儿园老师在称呼幼儿年长的家属，如幼儿的爷爷奶奶、姥姥姥爷等，可以用姓氏加阿姨、叔叔，如“赵阿姨”“钱叔叔（伯伯）”等。

（四）姓名称谓

姓名，即一个人的姓氏和名字。姓名称谓是幼儿园老师常用的称谓，可以用于年龄相近的同事之间，也可以称呼幼儿。全姓名称谓，即直呼其姓和名，如“李大伟”“刘梓萌”等。全姓名称呼通常有一种庄严感、严肃感，一般用于比较郑重的场合。在日常交往中，直呼姓名有时会显得有距离感，所以日常中通常用名字称谓，即省去姓氏，只呼其名字来称呼对方。这种方式运用得比较广泛，如“大伟”“梓萌”等。

（五）性别称谓

一般约定俗成地按性别的不同分别称呼为“小姐”“女士”“先生”。其中，“小姐”“女士”二者的区别在于：未婚者称“小姐”，不明确婚否者则可称“女士”。大爷和大妈是对年长的男性和女性的称呼。

小贴士

称谓礼仪的顺序和禁忌

按照国际称谓礼仪，一般情况下，同时与多人打招呼时，应遵循先长后幼、先上后下、先近后远、先女后男、先疏后亲的原则。进行人际交往，在使用称呼时，一定要避免失敬于人。称呼时应注意以下细节。

（1）不因粗心大意、用心不专而使用错误的称呼，如念错被称呼者的姓名；对被称呼者的年纪、辈分、婚否及与其他人的关系做出错误判断，产生误会。

（2）不使用过时的称呼，如“老爷”“大人”等。

（3）不使用不通行的称呼，如“伙计”“小鬼”等。

（4）不使用不当的行业称呼。

（5）不使用庸俗低级的称呼，如“瓷器”“死党”“铁哥们儿”等。

（6）不使用绰号作为称呼，不随便拿别人的姓名开玩笑。

（资料来源：石塘网 . [2023-9-20]. https://www.530311.com/baike/show-385947.html）

案例

小雅是幼儿园小班的老师，性格开朗，大大咧咧，跟班级小朋友的关系特别好，孩子们也很喜欢小雅老师。平时跟孩子们在一起时，称呼孩子们的名字或者小名，对于表现特别好的孩子，会情不自禁地称呼孩子“宝贝”和“宝宝”，有时还会叫小朋友“儿子”“闺女”。在她心里，这些孩子和自家孩子差不多大，都特别可爱，招人喜欢。

【思考】

1. 小雅老师称呼小朋友的方式需要纠正吗？为什么？
2. 你认为幼儿园老师在称呼班级幼儿时，最合适的称呼是什么？为什么？

第二节　握手礼仪

一、握手礼仪概述

（一）什么是握手礼仪

握手是国际通用的一种礼节，是在相见、离别、恭贺或致谢时相互表示情谊、致意、尊重的一种礼节，通常先打招呼，后握手致意。

（二）幼儿园教师的握手礼

握手是幼儿园教师在工作和生活中使用最多的人际交往礼节，恰到好处的握手能够传达出对对方的尊重、敬仰、祝贺和鼓励。但是，如果忽视了握手中的礼仪细节，也可能表现出淡漠、敷衍、逢迎、傲慢的态度。因此，对幼儿园教师来说，认真学习握手礼仪知识十分有必要。

二、握手的原则

（一）顺序原则

握手时，谁先伸手的原则是“以尊为先”，尊长一方伸手发出邀请，另一方迎上前握手。也就是说，上下级之间领导先伸手，长辈和晚辈之间长辈先伸手，主人和客人之间主人先伸手，男士和女士之间女士先伸手，老师和学生之间老师先伸手，社交场合先到者与后到者握手时应由先到者先伸手。

（二）伸手原则

握手时，伸哪只手的原则是“以右手握”，无论是什么情况，都应该只用右手来行握手礼。如果对方右手确实不方便，可以不行握手礼，改用其他的礼节表达礼貌和心情。

三、握手的正确方法

（一）握手体态

握手时，双方应该起立，两人相距约一步的距离，上身稍向前倾，伸出右手，四指并拢，拇指张开，双方的手掌与地面垂直，虎口相触；同时，双目应注视对方，微笑致意或问好。

（二）握手时长

握手时间的长短可根据握手双方亲密程度灵活掌握。初次见面者，握手时长一般应控制在3秒以内，切忌握住异性的手久久不松开。即使握同性的手，时间也不宜过长。但握手时间过短也会留下傲慢冷淡、敷衍了事的印象。

（三）握手力度

握手时为了表示热情友好，应当用力适度，不能用力过猛握痛对方，或者把对方的手握出白印，显得强势和鲁莽；也不能用力过小，显得敷衍没有热情。

拓展知识

行握手礼的注意事项及正确示范

（1）忌用左手与他人握手。

（2）忌用“三明治”式握手（双手握单手），尤其忌用双手与异性握手。

（3）忌交叉握手。握手应当按照顺序依次而行，尤其注意不要两人握手时与另外两人相握的手形成交叉状。

（4）忌戴手套握手。但在社交场合，女士戴与礼服相配套的薄纱手套与人握手是被允许的。

（5）忌与人握手时另一只手插在口袋里。

（6）忌面无表情，一言不发，眼神飘忽不定，无视对方的存在。

（7）忌戴着墨镜，患有眼疾或眼部有缺陷者除外。

（8）忌将对方的手拉过来、推过去，或者上下左右抖个不停。

（9）忌紧握对方的指尖。

（10）忌用不洁或者患有传染性疾病的手与他人相握。

（11）忌握手完毕立即擦拭双手。

（12）忌拒绝与别人握手。

（资料来源：搜狐网 . [2023-9-20]. https://www.sohu.com/a/436825258_100271732）

女士和女士、女士和男士握手的正确示范如图 7-1 和图 7-2 所示。

图 7-1　女士和女士握手

（图片来源：搜狐网 . [2023-9-20]. https://www.sohu.com）

图 7-2　女士和男士握手

（图片来源：搜狐网 . [2023-9-20]. https://www.sohu.com）

第三节　介绍礼仪

介绍是人际交往中互相认识、了解的基本方式，是通过自己主动沟通或者第三方从中沟通，使交往双方相互了解、建立联系的一种社交方式。介绍一般分为自我介绍和介绍他人。

一、自我介绍礼仪

自我介绍，即介绍自己，把自己介绍给其他人，以便对方了解和认识自己。自我介绍是使用非常频繁的社交礼仪，无论是面试、开会、宴请、演讲等各种场合，都有可能用到自我介绍。对于幼儿园教师，自我介绍使用得也很频繁，如新来一个小朋友、首次见到某位家长、参加培训、开会，都可能用到自我介绍。此时，一个简短、精彩的自我介绍可以加深大家对自己的印象，起到自我展示、自我宣传、广交朋友的作用。

（一）自我介绍的类型

（1）主动型自我介绍：在社交活动中，想结识某个人或者某些人，又没有第三方引见，自己主动进行的介绍。

（2）被动型自我介绍：在社交活动中，应他人的要求，将自己的某些具体情况进行一番介绍，让他人了解和认识自己的介绍。

具体采用哪种介绍，要根据环境和条件而定。

（二）自我介绍的时机

自我介绍应该选择有必要之时进行，才会引起他人的重视，否则会显得莽撞失礼。一般选择干扰较少的时机、对方有兴趣的时机、初次见面的时机进行自我介绍。通常在以下情况下需要自我介绍。

（1）应试求学时。

（2）应聘求职时。

（3）社交场合与不相识者相处一室时。

（4）社交场合，不相识者对自己有兴趣想认识时。

（5）受他人邀请做自我介绍时。

（6）聚会时，与身边的陌生人共处时。

（7）初次拜访不相识的人时。

（8）前往陌生单位或部门进行业务联系时。

（9）开会、演讲、比赛时做自我介绍。

（10）有求于人，而对方对自己不甚了解时。

（三）自我介绍的形式

自我介绍有五种形式，具体如下。

（1）应酬式：适用于某些公共场合和一般性社交场合，这种介绍比较简洁，一般只包括姓名一项。

（2）工作式：适用于与工作或业务有关的场合，介绍包括姓名、供职单位及部门、职务或从事的具体的工作、拥有的资质、获得的成绩、奖励等。

（3）交流式：一般适用于非正式场合的社交活动，在交流中自然介绍自己的个人信息，包括姓名、籍贯、兴趣爱好等。

（4）礼仪式：出席或者参加讲座、报告、庆典、会议等一些正式隆重的场合，通常进行礼仪性自我介绍，包括姓名、单位、职务，同时要加一定的谦辞、敬辞、贺词。

（5）问答式：在应聘、应试和公务交往中，根据提问进行答话，介绍自己的情况，问什么答什么。

小贴士

自我介绍的注意事项

（1）简明扼要

介绍自己切记不要信口开河、长篇大论，不但毫无必要，而且容易华而不实，占用太长的时间导致他人的反感。因此，进行自我介绍时以简短为佳。

（2）内容有别

自我介绍应该准备一个基础版本，但是也要根据不同的场合和目的在内容上有所区别。例如，宴会上的自我介绍要比报告时的自我介绍在内容上突出个性化。

（3）态度真诚

自我介绍是为了宣传自己、结交朋友，所以态度一定要真诚友善，不卑不亢，既没有必要傲慢无礼，也没有必要自卑自贱。

（4）诚实无欺

如实进行自我介绍，既不必过度谦虚，再三贬低、否定自己，也不应该自吹自擂、夸大其词，甚至弄虚作假。因为自我介绍是为了让他人了解自己，内容应力求真实可信。

（资料来源：金正昆．教师礼仪规范 [M]. 3 版．北京：中国人民大学出版社，2019.）

二、介绍他人礼仪

人际交往中，除了自我介绍外，介绍他人也是使用频繁的交际行为。恰当使用介绍他人的礼仪，不仅可以将自己熟悉的人介绍给对方，帮助他们互相认识，而且可以深化自己在他们心中的地位和形象，一举两得。

（一）介绍他人的时机

在以下情况下需要介绍他人。

（1）在家中接待家人不认识的客人。

（2）与家人、亲属外出，路遇他们不相识的你的同学、朋友、同事。

（3）在学校或其他场合，接待的客人彼此之间不相识。

（4）打算推荐某人加入某一方面的交际圈。

（5）收到为他人做介绍的邀请。

（6）陪同领导、长者、来宾时，遇见了不相识者，而对方又跟自己打了招呼。

（7）陪同亲友、同事前去拜访他不相识的人士。

除了以上几种情况外，介绍他人还要考虑其他具体情况，如对方的时间是否方便、情绪是否良好等。例如，有可能对方正在忙于公事，或者正要准备开车赶路，或者正在和同伴讨论问题，如果你热情地给对方介绍某个朋友，有可能会让对方感觉受到打扰而不快，或者不胜其烦；如果对方正处在忧伤之中，你还兴冲冲地要给他介绍新朋友，对方会觉得你不会察言观色，不懂得体谅别人。所以，为他人做介绍时，需要选择恰当的时机。

（二）介绍他人的顺序

介绍他人彼此认识时，先后顺序是非常重要的礼节问题。根据通用礼仪规范，为他人做介绍时，应遵循“尊者优先、女士优先、主人优先”的原则进行。所以，在做介绍之前，要根据被介绍者双方在年龄、职位、主宾、性别等方面的具体情况，决定先向谁介绍另一位。

根据以上原则，介绍他人时有以下一些具体顺序。

（1）介绍年长者和年幼者互相认识时，应先向年长者介绍年幼者，再给年幼者介绍年长者。

（2）介绍老师和学生认识时，应该先向老师介绍学生，再给学生介绍老师。

（3）介绍女士和男士认识时，应该先向女士介绍男士，再给男士介绍女士。

（4）介绍已婚者和未婚者时，应该先向已婚者介绍未婚者，再给未婚者介绍已婚者。

（5）介绍来宾给主人认识时，应该先向主人介绍客人，再给客人介绍主人。

（6）在社交场合，根据谁先到确定介绍顺序，应该先向先到者介绍后到者，再给后到者介绍先到者。

（7）在职场中，根据职位高低确定介绍顺序，应该先向职位高者介绍职位低者，再给职位低者介绍职位高者。

（8）在家庭中，根据辈分大小确定介绍顺序，应该先向长辈介绍晚辈，再给晚辈介绍长辈。

（三）介绍他人的形式

为他人做介绍时，介绍的内容要经过慎重选择，不能词不达意或者敷衍了事。如果这样，不仅达不到让对方彼此互相了解、增加兴趣的效果，反而会让自己给他们留下不良印象。根据实际需要的不同，介绍他人时有六种形式可以选择。

(1) 标准式：适用于正式场合，主要包括姓名、单位、职务等。

(2) 简介式：适合一般场合，主要介绍姓名一项。

(3) 强调式：适合交际场合，介绍时除姓名外，还可以强调彼此之间的关系，引起双方重视。

(4) 引见式：适合多种场合，介绍时除姓名外，根据当时的场合和目的，还需要介绍或者说能把被介绍者双方彼此引导融洽在一起的内容。

(5) 推荐式：适合比较正式的场合，多是介绍者有备而来，有意将某人推荐给另一人，内容上要突出前者的优点。

(6) 礼仪式：适合正式场合，内容上与标准式相似，但在称呼上更加注重礼节、礼貌。

介绍他人时，介绍人和被介绍人都应该起立，以示尊敬；介绍人介绍完毕后，双方应微笑点头致意，或者握手行礼，问候语有“您好，很高兴认识您！”“您好，久仰大名！”等。如果是在宴会桌、会议桌、谈判桌旁，不方便站立，被介绍双方可以微笑点头致意。如果必要，在他人介绍之后，也可以根据情况补充进行自我介绍。

拓展知识

介绍者需要知道的注意事项

谁能当介绍者？

人际交往中，在介绍他人的情境中，到底谁能当介绍者，或者谁应该主动当介绍者呢？这是有一定礼仪规则的。只有了解这些规则，才能促进人际交往，同时也能避免人际交往中的尴尬。通常，介绍者应当由下列身份者担任。

(1) 社交活动中的东道主。

(2) 家庭聚会中的主人。

(3) 公务交往中的专职接待人员。

(4) 与被介绍双方相识者。

(5) 在场中地位、身份或年纪最高者。

(6) 应被介绍一方或者双方要求者。

介绍人介绍前的准备工作如下。

(1) 需要了解被介绍双方是否认识，以免让自己的好意变成多此一举。

(2) 需要了解被介绍双方是否希望相互认识，当他们一方或者双方无此意愿时，可以不必强人所难。

(3) 需要了解介绍他人的时机是否合适，否则介绍效果不好。

(资料来源：金正昆．教师礼仪规范 [M]. 3 版．北京：中国人民大学出版社，2019；程维薇．教师礼仪实训教程 [M]. 成都：西南交通大学出版社，2017.)

第四节 交谈礼仪

交谈作为表达思想、交流信息和抒发感情的主要方式，在人际交往中发挥着重要作用。学习交谈礼仪，有助于在交谈中正确表达自己，建立良好的人际关系。

一、交谈的分类

一般而言，交谈分为正式交谈和非正式交谈。正式交谈是指处于正式场合，有特定的谈话对象、谈话主题的交谈，谈话态度比较严谨认真，谈话形式比较严肃；非正式交谈是指是指除了正式场合之外进行的交谈，谈话氛围轻松，没有限定的主题，谈话对象也不大固定，谈话形式比较多样。

二、交谈六问

无论是正式交谈还是非正式交谈，要想达到交谈的效果，促进交谈对象之间的理解与沟通，通常需要思考以下六个方面的问题。

（1）和谁交谈（who），即交谈对象是同事、领导、家长、幼儿、朋友还是家人，这里有职位高低、关系亲疏之别。不同身份的交谈对象，需要不同的交谈态度和交谈形式。

（2）为什么要交谈（why），即明确交谈目的。对这个问题应该深思熟虑，否则容易枉费口舌。

（3）采取什么方式交谈（which），即明确交谈方式。不同的场合面对不同的对象，需要根据交谈目的选择不同的交谈方式。

（4）谈什么内容（what），即明确交谈主题。交谈不能是海阔天空什么都说，需要聚焦于主题，围绕主题展开，否则会出现东拉西扯、不得要领的情况。

（5）在哪里谈（where），即明确交谈场合。不同的场合交谈双方的角色定位、交谈态度、交谈形式都会发生变化，如一个人在谈判桌上的交谈和休闲场合的交谈完全是两种风格。

（6）怎么交谈效果好（how），即明确交谈技巧。交谈中正确使用一些技巧能起到事半功倍的效果，如果不讲技巧，可能会事与愿违。

交谈之前对这六个问题的思考简称 5W1H 原则，可以让你对交谈更有把握，达到良好的人际效果。

三、交谈的原则

（一）融洽和谐

交谈是为了促进交际，交到朋友或者办成业务，而不是得罪人。所以，交谈时一定要注意让谈话气氛融洽和谐。其具体方法如下。

1. 礼节礼貌

交谈前要礼貌打招呼，进行必要的寒暄、简单的微笑问好，这都是能传达诚恳友善的态度。在交谈的过程中，也可以用点头、微笑或表示肯定赞同的语言“对”“是”“我有同感”“没错”等对对方的交谈内容给予必要的回应，表示你对他说话内容的关注和自己的态度。别人讲话时，不要中途打断或和人争辩。

2. 语言文明

交谈中避免使用气话、脏话、粗话、黑话、怪话、废话，这些都有失身份，容易引起交谈对象的反感，在有些场合甚至会破坏谈话氛围。

3. 注意语气、语调

语气是指说话人的口气。在交谈中，语气被认为有言外之意，因为语气会真实流露交谈者的感情色彩，交谈中应该语气谦恭、不卑不亢，忌讳急躁、生硬、轻慢的语气。

语调指人们说话时的具体腔调，通常表现在一个人说话时语音的高低、轻重和语速的快慢上。交谈时音量要适中，以对方听得清楚、感觉舒适悦耳为宜。音量过高、过强，显得生硬、粗暴；音量过低、过弱，显得有气无力，没精神，或者胆小怯懦。在语速方面，正常交谈以每分钟 60 ～ 80 个字为宜，在交谈中还需要注意适时的停顿，有一定的节奏感。

（二）把握分寸

1. 交谈时要认清自己的身份和角色

任何人在任何场合讲话都有自己特定的身份或角色，所以交谈时的交谈内容、交谈形式要与自己的身份和角色相符合。例如，幼儿园教师在班级是幼儿的老师，在办公室就是别人的同事，在领导面前就是下属，交谈的内容和形式必然要随着身份角色的变化而有所有调整。

2. 交谈时说话要客观

讲究实事求是，客观陈述，不可以夸大其词或者夸夸其谈。不能如实反映实际情况，最终会失信于人。

3. 交谈时注意方式

在交谈中，大多数问题可以用比较委婉的语言表达，可以免除怨怒，促进尊重，使关系和谐。

4. 不轻易否定

人人都有被肯定的愿望，渴望自己被别人认可和承认，如果不照顾到这种自尊心，开门见山直截了当地说“你错了”“不对”，等于完全否定了对方的交谈内容，伤害了对方的自尊心，使他觉得难堪，甚至会激起对方辩驳，产生不必要的争辩。如果意识到对方确实错了，需要纠正对方，可采取委婉的方式或暗示的方式。

5. 不把交谈变独白

交谈是双向或者多向的交流，在交谈中要目中有人，礼让对方，多给对方发言交流的机会。不要一人独白，成为个人口才专场秀。普通场合小规模交谈以 30 分钟为宜，最长不超1小时，如果人多，每个人的发言不超过5分钟。

6. 不能冷场

在交谈中，不能从头到尾保持沉默，不置一词，显得高傲不合群，这是变相冷场。通常，不论交谈的主题是否与自己有关，自己是否感兴趣，都要热情投入。如果交谈因为他人原因导致冷场，应该努力救场，转移旧话题，引出新话题。

（三）主题明确

正式场合的交谈主题明确，非正式场合的交谈主题则需要选择才能促进交往。通常初次见面推荐四个主题：一是约定的主题，二是轻松的主题，三是对方擅长的主题，四是高雅的主题。

无论是正式场合还是非正式场合都忌讳的主题，一是个人隐私，如年龄、收入、婚恋、健康等，这些如果不是对方主动提出来，一般不谈论；二是非议他人，无论是长者、领导、名人或是双方都熟悉的人都不要去议论，特别是隐私和缺点，会给人留下庸俗无聊、搬弄是非的印象；三是倾向错误的主题，如违背伦理道德、非议国家方针政策、生活堕落的话题；四是令人反感的主题，如容易引起伤感、不快的话题。

拓展知识

交谈的态度

交谈时的态度很重要，心态决定一切。学习礼仪和实践礼仪的目的是让自己成为一个受欢迎的人，每个人都有这样的愿望。而成为受欢迎的人，从方法上什么最重要呢？那就是接受别人。这不仅是一个技巧问题，还是一个态度问题，接受别人就是和别人交谈时，必须摆正位置、端正态度。

尺有所短，寸有所长，和别人相处或者交谈，想找对方的不足非常容易，如前言不搭后语、反复重复、发音有误、强调怪异，这样的不足随处可见。看人要看他人的长处，与他人交谈一定要有一个健康的、平等的、宽容的心态，不要抱着找不足的心态去交谈。有的人在人际交往中人缘不佳，关系不好，人际一塌糊涂的原因是什么？最大的原因就是不容人，在哪里都是拿自己的长处找别人的短处。

在日常交往和工作中，大体上有以下五个点需要注意，这都是态度问题，称为五不谈。

（1）不要训斥别人

和任何人打交道时都不能轻易训斥别人。长辈训晚辈、领导训下属，有时候是有原因和道理的。但是，如果和别人平等打交道，甚至地位还要低，年龄还要小，就不能训对方。

（2）不能挖苦别人

不能挑别人的不足，尤其是不能拿对方的身体缺陷或者不足之处作为谈资。例如，对方比较胖，本身他自己也知道，比较在意，如果你经过一个假期见面了就问“又长了几斤啊？”，这就是“哪壶不开提哪壶”，有挖苦的嫌疑。每个人都会有一些不足之处，谁喜欢被别人老提自己的不足？不足之处对方其实是知道的，为什么还要再提起，影响他的情绪，得罪他？

(3) 不要纠正对方

大是大非、党纪国法必须旗帜鲜明，我们必须坚持真理，修正错误。人际交往中的很多问题难说对错，对的就是对的，错的就是错的，这是法律的标准，是道德的标准，是政治的标准。对和错的标准往往是相对的，对的有时是错的，错的有时是对的，这是哲学的标准，同一件事不同时代、不同文化、不同地域都很难说清对或错。

(4) 不随便质疑别人

不要随便对别人说的话表示怀疑，尤其是不要当众表示怀疑。

(5) 不要随便补充别人

因为每个人的兴奋点不同，关心问题的角度不同，所以不要随便补充对方的谈话。有的人觉得自己是个好人，畅所欲言，可是站的位置不同，关心的角度是不一样的，如老人关心健康，而年轻人身强力壮，对健康的保养问题觉得不太重视。

总之，交谈的态度，最重要的一点就是接受别人，要容人，这是根本点。

第五节 座次礼仪

座次礼仪是指在会谈、宴请、乘车等环境下，座次安排时需要遵循的礼仪规范。幼儿园教师在工作和生活中免不了会参加或组织筹办会谈、宴会，而乘车更是主要的交通形式，所以学习座次礼仪非常有应用性，有助于幼儿教师提升自己的职业形象。

一、会谈座次礼仪

（一）基本原则

1. 商务场合会谈座次原则

根据国际惯例，在商务场合，座次以正中为尊，其他座次遵循中间高于两侧、右高左低、前高后低的原则。

2. 政务场合会谈座次原则

根据我国的传统礼仪，在政务场合以居正中间为尊，其他座次遵循中间高于两侧、左高右低、前高后低原则；如果以门为参照点，则遵循面门为上、远门为上的原则。

（二）基本形式

1. 主席台式

主席台式适用于会议、报告等场合，国内通常采用政务座次原则。主席台人数为单数时，1 号领导居中，2 号领导在 1 号领导的左侧，3 号领导在 1 号领导的右侧，4 号邻 2 号就座，5 号邻 3 号就座，依此类推；主席台人数为偶数时，1 号和 2 号领导同时居中，2 号领导在 1 号领导的左侧，3 号领导在 1 号领导的右侧，4 号领导在 2 号领导的左侧。主席台人数为单双数时的座次顺序如图 7-3 和图 7-4 所示。

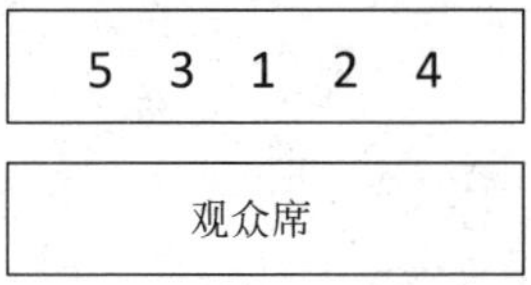

图 7-3　主席台人数为单数时的座次顺序

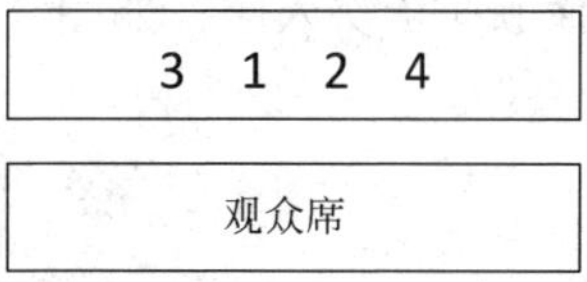

图 7-4　主席台人数为偶数时的座次顺序

2. 相对式

相对式是指主宾双方相对而坐，主宾可以是一人或多人。以门为参照物，遵循面门为尊、进门右侧为尊的原则，尊位让给客方，显示对客方的欢迎和尊重。所以，相对式的会议座次中，客方在面门一侧，或者进门右边一侧，对面为主人方，如图 7-5 和图 7-6 所示。

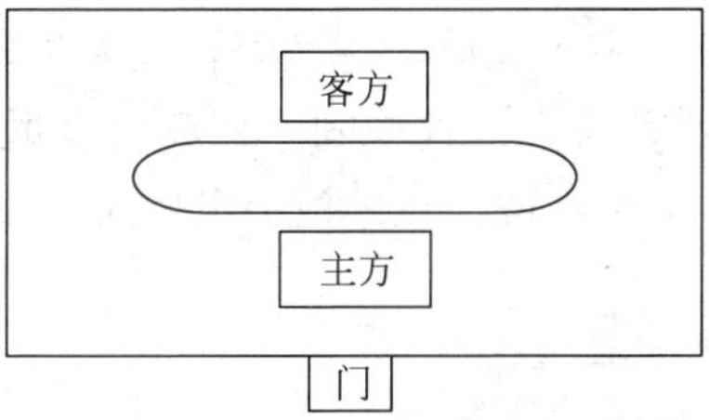

图 7-5　面门横向会议座次安排

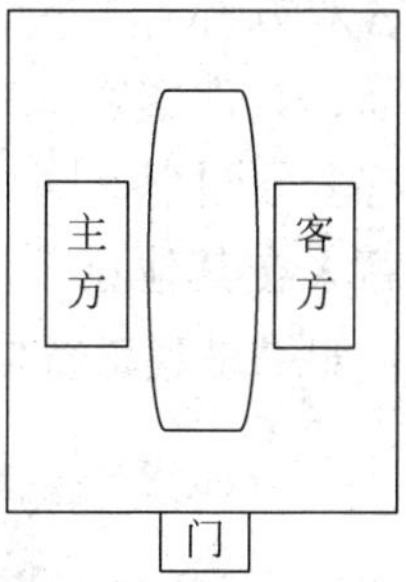

图 7-6　面门纵向会议座次安排

3. 礼仪式

礼仪式适用于签字等场合，双方都面对门，以右为上的原则，双方都面对门，客人坐在主人的右手边，其他随员各坐两旁，如图 7-7 所示。

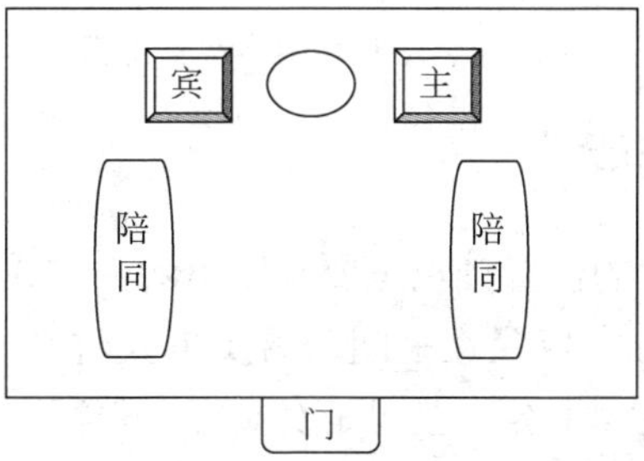

图 7-7　礼仪式面门主宾座位

二、宴请座次礼仪

（一）中式宴请座次礼仪

中式宴请座次原则：面门为上，远门为上，以右为上，以中为上；观景为上，靠墙为上。其具体是指如果房间里是单个圆桌的宴请，则面门的位置为尊位，主人就座，第一主宾按照以右为上原则坐在主人的右手边，第二主宾坐在主人的左手边，其他宾客按照该顺序依次入座，如图 7-8 所示。

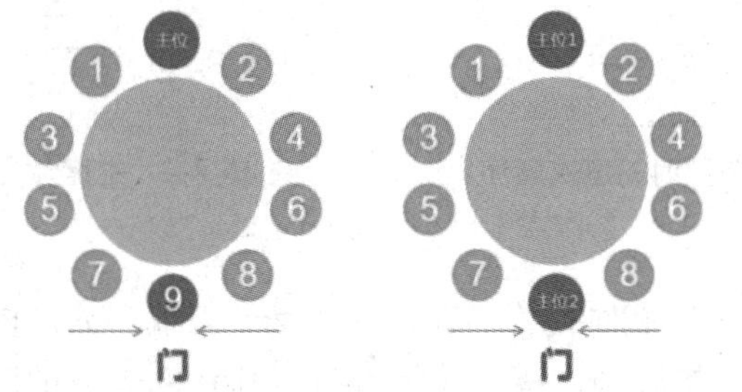

(a) 一个主位时的座次排列　(b) 两个主位时的座次排列

图 7-8　中式宴请座次安排一

如果主客双方都有多人，应该第一主人坐面门的主位，主人方的第二主陪坐在第一主人的对面，其他宾客如前面一样，按照右为上的原则，依次落座，如图 7-9 所示；如果房间里有多张圆桌，则离门最远的为主桌，第一主人和第一主宾等相关人员落座，其他主人和客人在其他桌落座；如果房间里有多列宴请桌，则中间一列离门最远的那一桌为主桌；如果是观景餐位、靠墙餐位，则观景位为主位，靠墙位为主位。

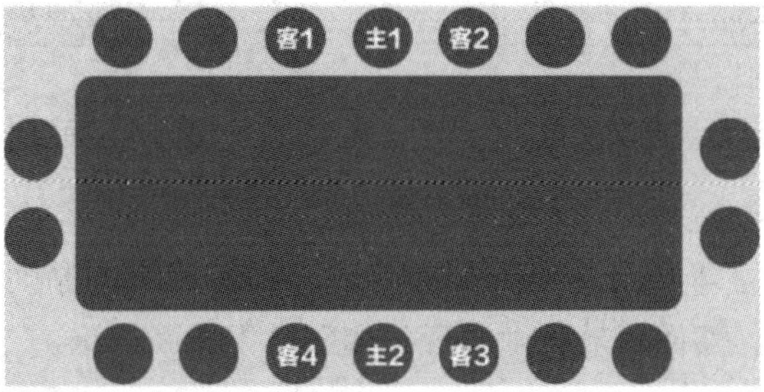

图 7-9　中式宴请座次安排二

（二）西式宴请座次礼仪

西餐以长桌为主。长桌的位置排法主要有以下两种方式。

（1）法式就座方式：主人位置在中间，男女主人对坐，女主人右边是男主宾，左边是男次宾；男主人右边是女主客，左边是女次客；陪客则尽量往旁边坐。

（2）英美式就座方式：桌子两端为男女主人，若夫妇一起受邀，则男士坐在女主人的右手边，女士坐在男主人的右手边，左边是次客的位置，陪同客则尽量往中间坐。

按照西餐礼仪习惯，如果餐桌安排在一个单独的房间里，在女主人请客人入席之前，客人不应当擅自进入设有餐桌的房间。客人要服从主人的安排入座，入座顺序是在女主人和其他女士坐下之后方可坐下。一般来说，宴会由女主人主持。如果女主人说“祝你们胃口好”，这就意味着可以吃了；如果女主人还没有发话就开始用餐，则非常不礼貌。

小贴士

西式宴请座次排列原则

（1）女士优先

在西餐礼仪里往往体现女士优先的原则。排定用餐席位时，一般女主人为第一主人，在主位就位；而男主人为第二主人，坐在第二主人的位置上。

（2）距离定位

西餐桌上席位的尊卑是根据其距离主位的远近决定的，距主位近的位置要高于距主位远的位置。

（3）以右为尊

排定席位时，以右为尊是基本原则。就某一具体位置而言，按礼仪规范其右侧要高于左侧之位。在西餐排位时，男主宾要排在女主人的右侧，女主宾排在男主人的右侧，按此原则，依次排列。

（4）面门为上

按礼仪的要求，面对餐厅正门的位子要高于背对餐厅正门的位子。

（5）交叉排列

西餐排列席位时，讲究交叉排列原则，即男女应当交叉排列，熟人和生人也应当交叉排列。在西方人看来，宴会场合是要拓展人际关系，这样交叉排列，用意就是让人们能多和周围客人聊天认识，达到社交目的。

（资料来源：瑞文网 . [2023-9-20]. http://www.ruiwen.com/liyichangshi/1385669.html）

三、乘车座次礼仪

（一）基本原则

1. 主人亲自驾车

当主人或者领导亲自开车时，车内座位以前排座为上，以右侧座为上。

2. 专职司机驾车

当有专职司机开车时，车内座次是司机后一排为上，右侧座为上，司机右侧座位为最下。

（二）具体的座次礼仪

1. 双排五座轿车

双排五座轿车是最常见的轿车。当主人或领导亲自驾车时（方向盘居左），座次从高到低依次是前面右座、后排右座、后排左座、后排中座，如图 7-10 所示；当专职司机开车时，座次从高到低依次是后排右座、后排左座、后排中座、前排右座，如图 7-11 所示。

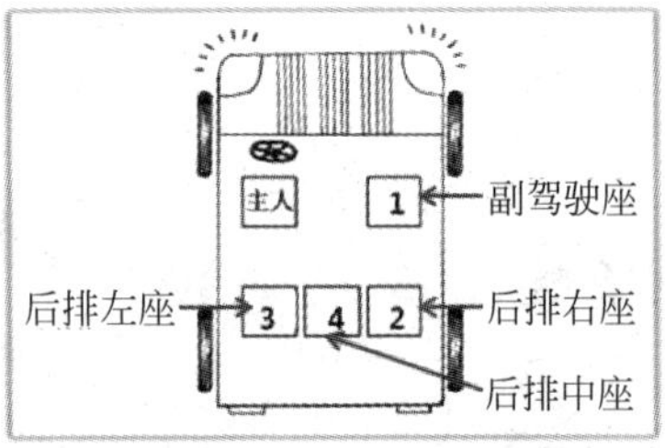

图 7-10　主人或领导驾车车内座次

（图片来源：百度图库 . [2023-9-20]. https://image.baidu.com）

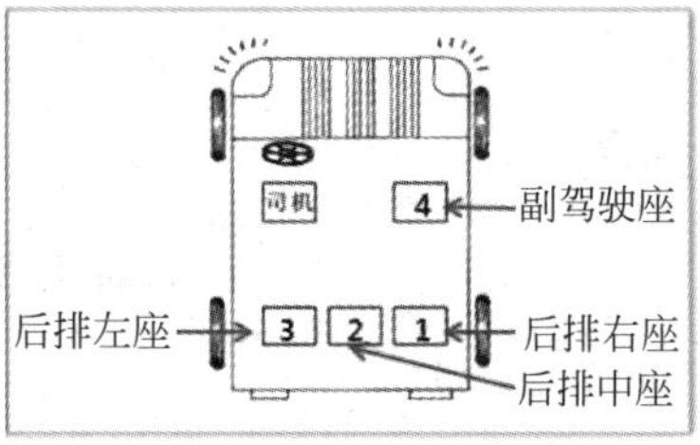

图 7-11　专职司机驾车座次

（图片来源：百度图库 . [2023-9-20]. https://image.baidu.com）

2. 旅游车辆

旅游车辆通常有专职司机，以司机座后第一排，即前排为尊，后排依次为小。其座位的尊卑，依每排右侧往左侧递减，如图 7-12 所示。

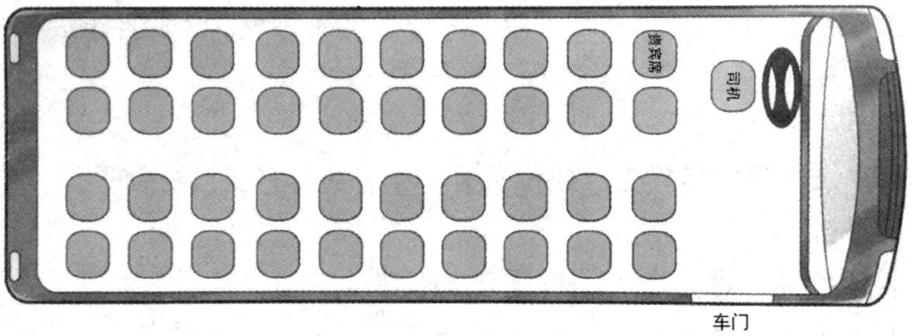

图 7-12　旅游车座次顺序

案例

金秋十月，大风车幼儿园组织幼儿和家长开展农场采摘活动，约好周三上午出发，每个小朋友由一位家长陪同。班主任王老师参加工作不到一年，今年第一次带幼儿进行外出实践活动，考虑到她对户外实践不熟悉，园长特意安排张主任和王老师一起带中 2 班。班级统一乘坐旅游大巴，大巴车左右各两列座位，每个小朋友由一个家长陪同，这样正好是一个家长带自己的孩子座一排座位。

王老师、生活老师李老师、张主任是带队老师。为了给每位小朋友都安排好座位，王老师提前上车查看座位。为了便于照顾大家，她在靠近师傅的座位与靠近中间车门的座位各占了两个座位，放了一些东西表示有人，等小朋友和家长陆续上车以后，都按照一位孩子一位家长坐一排座位的方法坐好了。这时张主任也完成组织上车的工作，走上车来。

王老师让张主任坐在了司机师傅后面第一排座位靠近窗的那个，自己坐在靠近过道的那个，生活老师李老师坐在中间车门的那排位置。在整个行车途中，王老师要站起来跟大家讲解今天的活动内容、乘车注意事项、记得喝水、如果有晕车的小朋友要找老师寻求帮助等，整个行程跟生活老师李老师都配合默契。

【思考】

1. 王老师安排张主任、李老师和自己的座位是否符合礼仪规范？为什么？

2. 王老师在安排座位时综合考虑了哪些因素？

第六节　接待礼仪

幼儿园的全体教师，包括园长、班级教师、保育教师和保健教师都会参与幼儿园的接待工作。幼儿园的接待对象主要是在园的幼儿及其家长。幼儿园的接待工作是幼儿教师在幼儿园工作中的常规教育工作，主要包括新生接待、晨间接待、离园接待和问题式接待。幼儿园教师要遵守接待制度，规范自己的礼仪行为，为幼儿做好表率，促进家园的良好沟通，帮助幼儿更加健康、全面地发展。

一、新生接待礼仪

幼儿园新生接待是指对刚入园的新生及新生家长进行的接待工作，其目的在于帮助刚入园的幼儿及家长尽快地熟悉幼儿园的新环境，消除幼儿对教师的陌生感和对幼儿园集体生活惧怕的情绪，帮助幼儿顺利度过入园适应期，尽快适应幼儿园的集体生活。

幼儿教师新生接待工作礼仪主要如下。

（1）仪表得体整洁，符合幼儿教师形象，主动问好，热情欢迎幼儿和家长来园。

（2）向幼儿和家长亲切地做自我介绍，与家长沟通了解幼儿的基本情况，包括幼儿生活习惯、兴趣爱好、个性特点、家庭情况等，并做好记录。

（3）向家长提出合理性建议，鼓励家长配合幼儿园的教育，如在家培养幼儿最基本的生活自理能力、按照幼儿园的作息制度安排幼儿生活等。

（4）允许家长入园陪伴，循序渐进入园。

案例

丹麦幼儿园的“五天适应计划”

在丹麦，大部分家庭很少会因为孩子难以适应幼儿园的生活而发愁，究其原因，则是丹麦幼儿园采取了一种循序渐进的适应模式让孩子学会接受独立生活，并自然而然地融入其中，这就是“五天适应计划”。第一天，幼儿园安排孩子单独在园内只待一个小时，然后家长领走；第二天的时间变成了两个小时，第三天增加到两个半小时，孩子们除了可以玩玩具，还可以唱歌、玩游戏；第四天，除了时间增加到了三个半小时以外，孩子们还可以在老师的指导下享受一顿美味丰盛的午餐；最后一天，即第五天，孩子们便被要求按照正常的上课时间待在幼儿园。这五步顺利完成后，孩子们也神奇地适应了幼儿园的规律生活。

（资料来源：我要搜学网 . [2023-9-20]. http://news.51sxue.com/detail/id_12786.html）

(5) 营造整洁、温馨、优雅的室内环境，让幼儿在入园的第一天就看到一个新鲜而美丽的环境，从而萌发上幼儿园的愿望。

(6) 细心照料幼儿，适度满足幼儿的一切合理需求，消除幼儿在陌生环境中的焦虑感。

二、晨间接待礼仪

幼儿园晨间接待是在幼儿园晨间活动时间内，教师对幼儿和家长进行的接待工作，其目的在于开启幼儿在园一天的美好生活，与家长沟通幼儿在家、在园情况，接受家长关于幼儿事宜的委托，帮助幼儿顺利进行后续教育活动，建立良好的家园共育关系。

幼儿教师晨间接待工作礼仪主要如下。

(1) 仪表得体整洁，符合幼儿教师形象，在幼儿入园前在门口等待迎接幼儿和家长。

(2) 看见幼儿和家长来园，立即微笑相迎，向幼儿和家长问好。亲切适当地抚摸接触幼儿，表示关爱，引导幼儿向老师和小朋友们礼貌问好，保持愉悦的情绪。

(3) 简短地与家长进行交流，询问幼儿情况，特别关注体弱儿、患病儿的吃药、用餐等情况。

(4) 耐心倾听家长的嘱托，认真记录家长委托的事项，做到细致不出错。对于家长的不合理要求，教师应理智、冷静地对待，换位思考，耐心做好解释工作。

(5) 引导幼儿配合老师做好晨检工作，晨检时要严格遵循幼儿园晨检制度。

(6) 提醒和帮助幼儿整理好仪表，细心检查幼儿随身物品，及时排除安全隐患，并对幼儿进行安全教育。

(7) 指导幼儿将随身物品放入个人小抽屉，放置整齐，学会整理。

(8) 热情地邀请幼儿参加力所能及的劳动，如给自然角的植物浇水、整理图书角的图书等，对幼儿给予鼓励和赞扬。

小贴士

晨间接待时，教师要注意观察幼儿各方面的情况，组织好所有幼儿。教师要专心做好晨检接待工作，不宜分心做其他无关的事情。禁止两位教师同时都离开活动室，以免幼儿与家长来园时感到冷落或找不到老师。

三、离园接待礼仪

幼儿园离园接待是指在幼儿下午活动之后到家长接幼儿离园这段时间里，教师对幼儿及家长进行的接待工作，其目的在于向家长反馈幼儿在园一天的情况及家长委托事宜的完成情况，为幼儿在园的一天画上完美的句号，为新的一天的良好开端打下基础。

幼儿教师离园接待工作礼仪主要如下。

(1) 引导幼儿做好离园准备，稳定幼儿的情绪，做好接待家长的准备。

(2) 站立迎接家长，见到家长后主动问好，引导幼儿向家长礼貌问好。

(3) 简洁明了地向家长反馈幼儿在园一天的情况及家长委托事宜的完成情况。

(4) 拥抱幼儿，和幼儿道别，对幼儿表示期待，鼓励幼儿回家后做力所能及的事。

(5) 提醒幼儿和老师、小朋友们道别，约定好明天再见。

(6) 对个别有突出行为表现的幼儿，教师可以与家长约定沟通的时间，家园共育，找到解决问题的方法。

四、问题式接待礼仪

问题式接待是指对家长个体或群体因特殊原因进行的接待工作，其目的在于向家长解答幼儿园相关教育理念、介绍相关活动事项、协调解决幼儿之间的纠纷等，让家长理解教师的教育行为，消除家长之间、家园之间的矛盾和误会。

幼儿教师问题式接待工作礼仪主要如下。

(1) 热情接待家长，语言文明，举止得体，和家长建立平等、友善的关系。

(2) 认真询问，耐心倾听，了解家长来访的原因。

(3) 理智冷静地对待家长提出的问题，虚心接受家长的意见或建议，反思自己的工作，努力改进，不断完善。

(4) 真诚地与家长沟通交流，尽全力帮助家长解决实际问题，和家长密切配合，实现家园共育。

(5) 认真做好家长来访记录，做到有总结，有落实。

(6) 如遇到特殊情况，应及时向有关领导汇报请示。

【本章思考题】

1. 与多人打招呼时，称谓顺序是什么？
2. 与他人握手时应注意哪些事项？
3. 商务场合会谈的座次安排有哪些原则？
4. 与他人沟通交谈时有哪些原则？
5. 发生家园矛盾时，幼儿教师应怎样与家长沟通？

【案例分析】

幼儿园教师的自我介绍

亲爱的宝宝和各位家长朋友：

您好！

很高兴也很激动能来到红豆豆班！因为我一直希望能从托班带到毕业，现在终于有这样的机会！我会尽我最大的努力将每一位宝宝带好，全心投入这份爱的事业，与您一起构筑孩子金色的童年！

我叫王萌，2017年毕业于平阳幼儿师范学校，曾就职于×××幼儿园，有四年的幼儿园工作经验，持有幼儿园教师资格证和普通话等级证。

我希望在以后的日子里，能利用自己专业上的优势，实施良好的交友，希望把每一位宝宝培养成全面发展的孩子。当然，也希望能得到各位家长的全力配合和支持！

祝各位宝宝身体健康，茁壮成长，天天开心。

（资料来源：第一范文网 . [2023-9-20]. https://www.diyifanwen.com/fanwen/ziwojieshaofanwen/3527586.html166）

【思考】

1. 根据自我介绍的分类，王萌老师采用了哪种类型？
2. 王萌老师的自我介绍有没有需要修改的地方？如果有，请做出修改。

【课后实训】

请结合所学，和同学一起做一份幼儿园新生接待策划，并分配角色进行情境演练，学习并实践幼儿教师接待礼仪。

工 作 篇

第八章

幼儿园一日活动礼仪

学习目标

1. 了解幼儿园一日活动礼仪的主要内容；
2. 掌握幼儿园一日活动礼仪的应用；
3. 理解幼儿园一日活动礼仪教育的目的和意义。

引导案例

“我要妈妈！”“我要回家，妈妈不要我了。”这是媛媛在幼儿园说得最多的话。刚来幼儿园，媛媛就比别的小朋友爱哭，别的小朋友来幼儿园的第三天就能在大人离开后一会儿就停止哭闹，自己玩玩具了，还能和老师一起做游戏。可媛媛在早晨来园时就不停地哭闹，她像膏药一样黏着妈妈，不让妈妈离开，离开妈妈后就要老师抱，或者一直站在那里左右摇晃身体，时不时地前后摆动小手。

在老师上课的时候，她吵着要老师打电话。“老师，给我妈妈打电话好不好？老师，打电话。”她这样反反复复地强调着。

到了吃中饭的时间了，媛媛又开始哭闹，不肯吃饭，不停地走来走去，前后摆动着自己的小手，嘴里反反复复地说“我要妈妈，妈妈来接，妈妈不要宝宝了。”

到了午睡时间，媛媛不愿意入睡，说妈妈要来接的，要在窗口看着。如果老师把午睡室的窗帘放下，她马上扑过来大叫：“不要关牢，拉起来。”因为媛媛很多次能看到妈妈在窗口看着她。老师尝试着去抱抱她，和她说说话，玩一会儿玩具，转移她离开妈妈的那种焦虑情绪，也试图和她讲道理，但是效果并不好。

（资料来源：原创力文档 . [2023-9-20]. https://max.book118.com/html/2021/0124/7116161005003046.shtm）

【思考】如果你是幼儿园老师，如何让媛媛调整心态适应幼儿园生活？

第一节　接幼儿入园礼仪

一、接幼儿入园准备工作

接幼儿入园是幼儿园一日生活的重要组成部分，不仅是幼儿一日愉悦情绪开启的重要时机，也是对幼儿实施教育的有效途径，更是建立良好家园关系的宝贵契机。在接幼儿入园前，幼儿教师应做好幼儿园环境布置，做好迎接幼儿入园的准备工作。入园前准备工作主要如下。

（1）开窗，通风换气，调好室温，准备好适合孩子饮用的温水，做好室内外清洁消毒工作，将消毒物品放置在孩子触碰不到的地方。

（2）准备好晨检的必备物品，如体温枪、晨检卡、消毒巾、免洗洗手液等。

（3）按当天的晨间活动安排，准备好幼儿活动所需物品。

（4）准备好幼儿考勤表、晨检记录本、喂药委托及服药记录表和签字笔等。

小贴士

对幼儿园环境进行科学化、艺术化的创设，是幼儿身心成长的需要。在进行环境布置时，教师可以将孩子们的手工作品、园所办园特色等要素综合运用到环创设计中，增加幼儿对幼儿园、老师和小朋友的熟悉感和认同感，缓解幼儿的紧张情绪，让孩子从内心向往幼儿园。

二、晨间接待

幼儿教师的精神风貌和行为形象对幼儿有着潜移默化的教育作用。晨间接待环节中，幼儿教师应按照幼儿园晨间接待工作的常规要求，加强自身的礼仪培养与形象塑造，为幼儿提供良好的行为模范。幼儿教师晨间接待礼仪规范主要如下。

（1）接待教师应衣着干净整洁，尽量穿统一园服，妆容得体，面向幼儿和家长来的方向，积极热情地迎接幼儿，让幼儿感受到老师朝气蓬勃、健康向上的精神风貌，期待美好的幼儿园生活。

小贴士

有研究表明，儿童对明快、温暖的色彩特别感兴趣。幼儿教师的园服颜色可以选择白色、橘黄色、天蓝色、浅绿色等暖色系，款式青春活泼，以增加对幼儿的亲和力。晨间接待时，教师的妆容要淡雅，不佩戴夸张或有碍工作的饰物，发型得体，不使用香水。

（2）教师看到幼儿和家长，应主动上前，面带微笑，将身体自然前倾 15 度左右，亲切热情地用“早上好”“您好”等礼貌用语向幼儿和家长表示欢迎。教师弯腰或下蹲拥抱幼儿，并引导幼儿与老师和同学们问好。

小贴士

晨间接待幼儿入园时，教师应多运用肢体语言（如抚摸、拥抱、牵手等）传达爱意，以消除幼儿的紧张心理，尽快摆脱对父母的依恋，早日适应集体生活。教师应从迎接幼儿的适宜站位、见到家长幼儿时的面部表情、问候语言、体态动作及安慰情绪不良幼儿的具体策略等不同角度全方位、多层次思考，把握激发、维持幼儿良好情绪和帮助幼儿扭转克服不良情绪的行为和语言，为每一名幼儿在园一天的生活、学习奠定良好愉快的开端。

(3) 教师细心观察幼儿的仪表和情绪，提醒和引导幼儿整理仪表，保持仪表整洁；引导幼儿与老师分享情绪；对于情绪不好的孩子，向家长问明原因后给予安慰。

(4) 教师与家长简短交谈，询问幼儿在家情况，特别关注体弱儿和患病儿的吃药、用餐等情况。

(5) 教师细心查看幼儿有无携带危险物品。对于幼儿携带的危险玩具、零食等物品，应请家长带回，并交代家长日后不能让幼儿带危险物品入园。

拓展知识

幼儿园晨检原则

《幼儿园教育指导纲要（试行）》明确规定幼儿园要把保护幼儿的生命和促进幼儿的健康放在工作首位，从身心两方面重视幼儿的健康。晨检作为日常生活中常见的健康教育内容之一，不仅是防止幼儿感患疾病的一把保护伞，更是一项重要的卫生保健措施。

幼儿园晨检应遵循一摸、二看、三问、四查的原则。

一摸：用手触摸幼儿额头，查看体温是否正常。

二看：查看幼儿的面色和精神是否正常，有无流涕、结膜充血的症状，皮肤有无皮疹、咽部是否红肿、体表有无伤痕。

三问：向家长询问幼儿在家饮食、睡眠、大小便情况，判断幼儿有无不舒服、患病等异常状况。

四查：对怀疑发热儿童进行体温测量；体温计每使用一次消毒一次，晨检老师每晨检一人，消毒手部一次。

晨检时如果发现幼儿发热、出疹、腹泻、黄疸、结膜充血等，应及时对幼儿进行隔离留验，做好记录，必要时上报教育行政管理部门及辖区疾病预防控制机构。

(6) 教师引导幼儿配合老师，做好晨检工作。

(7) 教师带领晨检合格的幼儿开展晨间活动，并对幼儿进行安全教育。

(8) 晨间活动结束后，教师组织幼儿依次进班，放置好衣服物品，及时填写幼儿考勤表（小班刚入园孩子有哭闹的现象，可视情况将哭闹厉害的孩子提前交给保育老师带入班中照顾）。

案例

清晨，新星幼儿园门口传来一阵孩子的哭闹：“我不去，我不去幼儿园。”原来是新插班入学的三岁小朋友茜茜，她拽着外婆的衣服，哭得声嘶力竭。不论外婆怎么劝，她都不愿意进幼儿园。

【思考】如果你是迎接小朋友入园的幼儿老师，你该怎么做呢？

三、物品交接

幼儿晨间来园时，会从家中带来一些物品，如药品、玩具、书包等，教师要细心地与家长做好物品交接，引导幼儿规范地摆放自带的物品，保持幼儿园环境优美、整齐，同时促进幼儿自理能力的发展，养成良好的生活习惯。物品交接时，教师应注意以下几点。

（1）教师双手接过家长手中的物品，叠放整齐，放进幼儿的储物格。

（2）教师耐心询问家长是否有其他交代的事项，将家长交代的事项细致写在《家长交代事项记事本》上，并对家长的要求做出明确回应，如“我会注意的，请您放心”。

（3）对于需喂药的幼儿，教师要细致验证名字、服法和时间（需饭前服用的药品，要做特别标签置于显眼处），要求家长填好喂药委托及服药记录表并在表上签字。教师将幼儿药品写上姓名，放入药盒中，由保育老师统一妥善保管。

（4）保育老师对照喂药委托及服药记录表定点定时喂药，喂完后在记录表上做好对应记录，并在签名后向主班教师汇报。

小贴士

教师与幼儿和家长进行简短交谈时，要神情专注，言语稳重。如有物品交接时，教师要双手接过，按照规范流程放置物品。

四、晨间活动

晨间活动是幼儿来园后的第一项活动。晨间活动能使幼儿的思维处于活跃状态，提高幼儿机体的运作能力，使幼儿愉快且精神饱满地迎接一天的生活学习和游戏。教师在晨间活动中不仅要根据幼儿年龄特征合理安排晨间活动的内容和形式，促进幼儿综合能力发展，而且要关注和保证幼儿晨间活动的安全。

（一）活动场地的安全检查

（1）检查场地是否有石块、积水，如有则应及时清理。

（2）检查活动器具是否完好，如有破损玩具应及时清除；如大型器具破损，则告知设施管理部门。

（3）观察活动场地中的人群密度，看是否适合本班幼儿开展活动。如不适合，则与其他活动班教师进行协调。

（二）幼儿活动前的安全检查

（1）检查幼儿服饰、鞋带是否适合开展活动。

（2）对于体弱、易出汗的幼儿，可在幼儿背后的内衣里垫上毛巾，稍露毛巾于衣领处。

（3）对身体不适的幼儿，教师可引导幼儿做一些与活动有关的准备工作。

（4）教师用语言或动作引导幼儿参与晨间活动，并明示幼儿活动内容和要求。

（5）晨间活动结束，教师清点人数后，组织幼儿进班。

案例

小班晨间活动设计方案

一、活动目标

《幼儿园教育指导纲要（试行）》指出培养幼儿对体育活动的兴趣是幼儿园体育的重要目标，要根据幼儿的特点组织生动有趣、形式多样的体育活动，吸引幼儿的兴趣。而晨间活动是一项最大限度调动幼儿自主性、参与性、创造性的活动，因此在活动设置时，在充分尊重幼儿意愿的前提下，从活动内容的设置到器具的投放，都应本着以幼儿为主的原则，鼓励他们自行设计、自主布置、自己管理、归放有序。

二、活动准备

（1）自制体育小器械若干（飞盘、滚筒、纸球、哑铃、陀螺、沙包等）。

（2）划分区域：走跑区（推小车、踢足球等）、跨跳区（跨栏、跳房子等）。钻爬区（过山洞、滚筒等）。平衡区（抬砖头、螃蟹赛跑等）、投掷区（沙包、飞盘等）等。

三、活动过程

1. 热身运动

（1）检查幼儿衣服、鞋等情况，为活动做预备。

（2）热身活动：

看见小鸟点点头——头部运动　看见小熊招招手——上肢运动

看见小猴问个好——弯腰运动　看见山羊蹲下来——下蹲运动

看见小兔跳一跳——跳跃运动

2. 分散运动

（1）幼儿选择自己喜欢的区域活动，并且选择自己中意的器械，提醒幼儿可以按自己的想法进行器材的使用，不限制玩法。

（2）教师在各个区域进行指导，对一些活动能力较弱的幼儿，可以安排一些难度较小的活动。

（3）鼓励幼儿想出器械的新玩法，并向其他幼儿介绍并演示自己是怎么利用小器械来活动的。

（4）教师适时引导幼儿学习新器械、新技能。

3. 交换区域

活动进行一段时间后，教师可以适当安排部分幼儿互换区域继续活动。

4. 评价

表彰在活动中积极参与并能积极实践新玩法的幼儿，最后大家一起收拾整理活动器械。

5. 早操

(1) 找到自己的早操队伍，按要求站到圈上准备做操。

(2) 随着音乐做动作，动作整齐、有力、到位。

(资料来源：豆丁网 . [2023-9-20]. https://www.docin.com/p-2185451495.html)

第二节　送幼儿离园礼仪

一、送幼儿离园的准备工作

幼儿即将结束在园的一天生活，在送幼儿离园前，教师应做好以下准备工作。

(1) 引导幼儿回顾在幼儿园一天的快乐时光，鼓励他们的进步，让幼儿有成就感。

(2) 引导幼儿整理好玩具、学习用品、座椅等，把各类物品归放整齐。

(3) 提醒幼儿喝水、如厕，检查幼儿穿戴，引导和帮助幼儿整理衣物（冬春季节要注意幼儿是否穿好裤子，避免幼儿小肚脐着凉）。

小贴士

为了帮助幼儿有序地做好离园准备工作，教师可以把离园前的各项活动做成图示，贴在教室的醒目位置，随时提醒孩子。

(4) 提醒幼儿回家途中的注意事项，进行交通安全、饮食、文明礼貌教育。

(5) 提醒幼儿带好自己的物品，不是自己的物品不能带回家。

(6) 与幼儿进行亲切互动，组织幼儿进行重复性游戏、角色游戏、区域建构等离园活动，使幼儿情绪稳定，耐心等待家长来接。

(7) 做好班内安全检查和环境卫生清洁消毒工作，做好离园准备。

案例

离园前一分钟安全教育

“小朋友，下雨了，雨天路滑……”“小朋友，放学了，在回家的路上要注意交通安全，过马路不嬉戏打闹，不任意横穿公路，注意来往车辆。”这是每天下午幼儿离园的那一分钟，三桥中心幼儿园各个班级内都会传出的安全温馨提示语。

三桥中心幼儿园每天放学前一分钟老师们都会通过讲安全小故事、安全警语和开展安全小游戏等活动形式，对幼儿进行交通、用电用火、饮食卫生等安全知识方面的教育，嘱咐、提醒幼儿要注意的一些安全事项。

幼儿园还将交通安全知识编成儿歌，朗朗上口，让孩子们在潜移默化中增强交通安全意识。例如，“上下楼，靠右走，不跑跳，不推挤；过马路，左右看，没车辆，方通行；放学后，先回家，要出门，经同意；做事情，玩游戏，'安全'两字要牢记。""行走应走人行道，没有行道往右靠，横穿马路离不了，一慢二看三通过，莫与车辆去抢道。"相信通过这种方式不断提醒，积少成多，幼儿能慢慢地掌握许多安全知识。

（资料来源：淘豆网．https://www.taodocs.com/p-188480014.html）

案例

幼儿离园前20分钟，教师对孩子们说："请小朋友们去解小便、喝水，并把水杯放在水池里的托盘上，最后拿好衣服回到座位上。"教师话音刚落，几十个幼儿就匆匆挤在一起上厕所、喝水、拿外套，有一部分幼儿还三三两两围在区域角里玩，在教师的再三催促下才肯回座位。

（资料来源：严飞霞．警惕！勿让离园变"梨园"——中班幼儿离园活动的案例分析[J]．今日教育（幼教金刊），2014（10）：20-21.）

【思考】如果你是幼儿教师，怎样做才能有序地组织好幼儿离园活动呢？

二、送幼儿离园的基本礼仪

送幼儿离园是幼儿园一日生活中不可忽视的教育环节。教师在送幼儿离园工作中，要做好以下几点。

（1）做好接待家长的准备，并适时关注幼儿活动情况。

（2）热情主动地与家长打招呼，如"下午好！您来接×××了"。

（3）引导幼儿见到亲人高兴地打招呼，如"爸爸（妈妈）下午好！"。

（4）与个别需要沟通的家长有礼貌简短地交流，或与家长约定交流的时间，避免疏忽对其他幼儿的监护。

小贴士

《幼儿园教育指导纲要（试行）》指出，幼儿园必须把保护幼儿的生命和促进幼儿的生命健康放在工作的首位。安全工作是幼儿园工作中的重中之重，因此建立健全完善的离园接送制度非常必要，如幼儿离园家长接送卡制度、安装幼儿入离园安全识别系统等。接送幼儿的家长应相对固定。接幼儿离园时，家长应持有接送卡，经教师确定后才能接走幼儿。他人替接幼儿时，家长应提前与教师联系，确保接送安全，避免错接、漏接现象发生。

（5）拥抱一下幼儿，鼓励幼儿开心来园，提醒幼儿回家后做些力所能及的事情。

（6）提醒幼儿与老师和同学们道别，并感谢老师一天的陪伴，如"××老师，您辛苦了"。

（7）等幼儿全部离园后，检查活动室是否收拾完毕，如做好环境卫生清洁消毒，关好门、窗、水、电等，必要时准备好第二天需要的材料。

拓展知识

幼儿离园三部曲

从一早来园开始老师和孩子都像一些上了劲的发条，一刻不停地在运转。入园、早餐、上课、做操、户外游戏、午睡、上课、吃饭，一天下来时间被安排得满满的。离园环节是幼儿在园一日生活的最后环节，却是我们不能忽视的一个重要环节。我们为这一环节制定了小小的三部曲。

第一部序曲：离园前衣物整理

家长把孩子送到幼儿园，交给陌生的老师照顾，刚开始会不放心：孩子吃饱了吗？尿湿裤子了吗？露肚皮了吗？这些担心会伴随他们一天的工作与生活。好不容易盼到晚上可以接孩子了，孩子的仪表就是他们这些疑虑最直观的答案。因此，我们非常重视孩子离园前的整理工作。

离园前，我们帮助每个宝宝擦干净手、脸，抹上润肤霜，梳理好头发，提好裤子，系好扣子，拉平外衣。当家长一进门，抱起衣着干净、整洁，浑身香喷喷的宝宝，疑虑与担心消除了，就会放心地坚持送孩子来园过集体生活。另外，离园前的整理会让孩子感受到教师的关爱。

孩子的玩具、衣物放置在衣帽间各自的包里或者衣架上，有时要分发的书籍或者物品也都可以提前放置好，并书面温馨提示不要忘记，做好井井有条的准备工作。

第二部交响曲：离园前活动延续

在家长来之前，和孩子简单地把今天学的儿歌说一说，故事讲一讲，评比一下礼貌宝宝或者开心宝宝，每个宝宝奖励小星星或者笑脸。让孩子开心、自豪又自信，愉快的情绪也会直接影响家长，还会为明天的愉快来园作好铺垫。

另外，对中大班来说，离园前教育也是一个不可忽视的教育手段，起着承上启下的作用。离园总结是幼儿在园内一天活动的延续，说说今天的故事，唱唱今天新学的歌曲，讲讲明天需要的准备，回家和爸爸妈妈的交流等，让家长觉得孩子一日生活的充实和丰富。

第三部终曲：离园前家长沟通

托班刚入园，我们把每天孩子吃喝拉撒等家长担心的问题都以简洁明了的表格形式告知，让家长一目了然地知道孩子在幼儿园一天的情况，减少了与家长口头交流的紧促问题，效果很不错！

另外，需要特别沟通的，询问"能等一会儿吗？"对家长一定要平等对待，不可以忽视任何一个。特殊情况要特别说明，如有的幼儿咳嗽，应告知孩子一天的观察情况，或者告诉家长今天特别提醒孩子多喝水；如有的幼儿小便在身上，说声对不起，告诉家长什么情况，是玩的时候，还是睡觉的时候……

（资料来源：豆丁网 . [2023-9-20]. https://www.docin.com/p-2091621822.html）

第三节　幼儿进餐礼仪

《礼记》中记载:“夫礼之始，始于饮食。”饮食礼仪是一切礼仪制度的基础，能够反映出一个人基本的教养。在幼儿行为习惯形成的关键期，养成良好的就餐礼仪是十分必要的。

一、餐前礼仪

幼儿就餐前应做好准备工作，教师要教育引导幼儿做好以下几点。

(1) 餐前排队依次如厕，不打闹，不推挤，不大声喧哗。

(2) 上完厕所后有序洗手，洗完手用自己的毛巾擦手，擦手后把毛巾放在指定位置。

(3) 擦完手后排队依次走线回座位，整齐坐好，安静等待，准备就餐（中大班幼儿可以排队到分餐老师处领餐）。

(4) 开饭前，可以引导幼儿念感恩儿歌，感谢农民伯伯的辛勤耕种，感谢老师的关心照顾。

小贴士

幼儿餐前礼仪儿歌

小椅子双手搬，轻轻放在桌子旁；
有序小便不拥挤，先小便来再洗手；
洗好小手握紧拳，轻轻走到桌子旁；
稳稳坐进小椅子，身体不摇也不晃，准备进餐真快乐。

二、就餐礼仪

幼儿就餐时，教师要教育引导幼儿做好以下几点。

(1) 老师分发饭菜时，要双手接过餐盘并且道谢。

(2) 幼儿要有自己专用的餐具，用餐时坐姿端正（身体靠近桌子，两脚放平，左手扶碗，右手拿匙）。

(3) 细嚼慢咽，专心进餐，嘴里有东西时不说话，不随便嬉笑打闹。

(4) 要求老师夹菜或添饭时，要说“谢谢”。

(5) 不挑食，不撒饭菜，懂得勤俭节约，不浪费粮食。

(6) 不用手抓食物，不用汤泡饭，不暴饮暴食。

(7) 食物残渣和骨头放在指定的地方，不把自己的饭菜挑到别人碗里。

(8) 咳嗽、打喷嚏时要先扭身向无人方向，同时用手或餐巾纸捂住嘴咳嗽或打喷嚏。

(9) 咽下最后一口饭再站起来，轻放椅子，离开饭桌，送回餐具。

小贴士

幼儿进餐礼仪儿歌

做个文明好宝宝，进餐礼仪不能少。吃饭之前洗洗手，排队进入小餐厅。
找好位置坐坐好，耐心等待静悄悄。双手接物说谢谢，双手合十来感恩。
左手扶碗右握勺，一口饭来一口菜。不挑食来不剩饭，自己吃饭真能干。
要添饭菜举举手，不撒不漏真干净。餐后收拾少不了，比比谁是好宝宝。

（资料来源：金锄头文库 . [2023-9-20]. https://www.jinchutou.com/p-107049537.html）

案例

午餐时间到了。孩子们陆续洗完了手，坐进小椅子里准备吃饭。等老师盛好了饭菜，孩子们开始进餐，辰辰却还靠在门框上，不愿意坐下吃饭。老师拉他坐在椅子上，他把身体扭来扭去，就是不愿意靠近桌子。老师让他拿好调羹，扶着碗，希望他能自己吃，但他始终没有吃。最后老师一口一口地喂他，才算是吃完了午饭。

【思考】如果你是幼儿园老师，你该怎么培养辰辰的用餐习惯呢？

三、餐后礼仪

幼儿用完餐后，教师要教育引导幼儿做好以下几点。

（1）幼儿用完餐后，把餐具内的残羹集中倒入汤桶内，把餐具分类放到收纳餐具的盆或桶里。

（2）餐后用自己的口杯接水漱口。漱口后用餐巾擦干净嘴，将口杯放回水杯柜中。

（3）餐后依次排队洗手，养成爱清洁讲卫生的好习惯。

（4）在活动室或封闭走廊里进行轻松安静的活动，不影响其他未吃完饭的幼儿。

小贴士

幼儿餐后礼仪儿歌

吃完饭，站起身，先推椅，再拿盘。

手中有盘子，走路要小心；勺子轻轻刮，剩饭入桶里；盘子叠整齐，勺子要回家。

小杯子，放点水，杯中水，含嘴里，扬起头，咕碌咕碌，吐出来，餐后漱口牢牢记，蚜虫不会找上门。

小毛巾，手里拿，擦好嘴巴翻一面，擦擦脸来擦擦手，用完毛巾叠整齐，良好习惯人人夸。

第四节　幼儿盥洗礼仪

盥洗是幼儿一日生活的重要环节，良好的盥洗礼仪可以培养幼儿爱清洁、讲卫生的好习惯，提高抵抗力，维护身体健康。幼儿园盥洗主要包括洗手、漱口和刷牙。

一、幼儿洗手礼仪

幼儿洗手时，教师要教育引导幼儿做好以下几点。

（1）能够做到在饭前、便后及外出游戏归来时洗手，养成手脏就洗的良好习惯，随时保持手部的清洁。

（2）洗手前，要挽好袖子，防止弄湿衣袖。

（3）洗手时，打开水龙头，调至合适的水流，知道节约用水，具有保护水资源的意识。

（4）能够用正确的方法洗手，双手略向下倾斜，仔细搓洗。

（5）洗手时保持安静有序，不打闹，不玩水。

（6）秋冬季洗洗手后擦油，防止手部干裂。

案例

幼儿正确的洗手步骤

为了防止幼儿洗手时的“应付”现象，幼儿园可以在盥洗室内张贴洗手流程，逐一给幼儿演示正确的洗手步骤。

正确的洗手步骤：先将袖挽起，用流动水将手弄湿，并在手上涂抹香皂，然后按照以下七个步骤正确洗手，如图8-1所示。

图8-1 洗手步骤

（1）掌心对掌心，手指并拢，相互揉搓。

（2）手指交叉，掌心对手背搓揉，交换进行。

（3）掌心对掌心，双手交叉指缝相互揉搓。

（4）弯曲手指，使关节在另一手掌心旋转揉搓，交换进行。

（5）左手握住右手拇指，旋转揉搓，交换进行。

（6）将五个指尖并拢放在另一手掌心旋转揉搓，交换进行。

（7）清洗手腕，交换进行。

依据洗手的步骤和要求，教师可以让孩子们边洗手边念儿歌：“洗手前，先卷袖，再用清水洗洗手，擦上肥皂搓一搓，指间指缝都搓到，哗哗流水冲一冲，冲干净，甩三下，一二三，去擦手。”把枯燥的洗手变成有趣的游戏，可以使孩子们在潜移默化中掌握基本的生活技能。

二、幼儿漱口礼仪

幼儿园一日三餐后，难免口中有食物残渣。漱口是一种方便快捷的清洁口腔的方法，有助于幼儿的牙齿清洁和健康。

幼儿漱口时，教师要教育引导幼儿做好以下几点。

（1）知道漱口能清洁口腔，保护牙齿，养成饭后漱口的礼仪习惯。

（2）漱口时要用自己专用的水杯，依次排队漱口，不打闹，不玩水。

（3）漱口时要用正确的方法，把水含在嘴里鼓漱 3 ～ 5 次，注意把水吐到指定的位置。

（4）漱口后用餐巾或纸巾擦干净嘴，把餐巾或纸巾放到固定的位置，将口杯放回水杯柜中。

小贴士

当幼儿不认真漱口时，教师可以引导幼儿做一个小实验，将漱完口的水放在透明的玻璃杯中，让幼儿观察水中的食物残渣，使幼儿认识到不认真漱口对牙齿的危害。教师还可以引导幼儿做小鱼吐泡泡的游戏，让幼儿扮演小鱼，做吐泡泡的动作，每回都要吐三次，使饭后漱口成为一项有趣的活动。

三、幼儿刷牙礼仪

幼儿患龋齿的现象较为普遍，养成早晚刷牙和饭后刷牙的良好卫生习惯是预防龋齿的关键。幼儿刷牙时，教师要教育引导幼儿做好以下几点。

（1）知道刷牙的重要性，能够养成早晚刷牙和饭后刷牙的良好习惯，树立主动保护牙齿的意识。

（2）使用每人专用的刷牙杯和儿童牙刷，用正确的方法刷牙，时间控制在 3 分钟左右。

（3）使用适量的儿童专用牙膏，通常像黄豆粒大小。

（4）刷牙时将牙膏沫吐干净，不要吞食，以防吞食含氟牙膏过多引起氟中毒。

（5）刷完牙后将牙刷冲洗干净，并将刷牙杯放回原处。

（6）用口布或纸巾擦干净嘴，把口布或纸巾放到固定的位置。

正确的刷牙方法：顺着牙缝，上牙从上向下刷，下牙从下向上刷，内外都要刷干净，最少要刷 2 ～ 3 分钟。不要使用拉锯式横刷牙，以免损伤牙齿和牙龈。

案例

盥洗室里传来哗啦啦的水声，声音很响。老师连忙走进去，看到四个水龙头齐刷刷地被开到了最大，白花花的水被浪费了。五六个孩子满脸都是水花，兴奋地喊着："好大的瀑布啊！真好看！""好玩，好玩，太好玩了！"

【思考】你如果是幼儿园老师，遇到这种情况，你该怎么办呢？

第五节　教学活动礼仪

幼儿园教学活动是指教师从幼儿的兴趣和实际水平出发，根据幼儿园教育目标，有目的、有方案地指导幼儿主动学习，促进幼儿全面发展的教育活动。从广义上来讲，幼儿园一日生活中，能促进幼儿各方面发展的、具有教育作用的活动都可以称为教学活动。

教师是教学活动的组织者、引导者和合作者，教师的一言一行都对学生起着潜移默化的教育作用，对教学活动效果有着至关重要的影响。

一、做好充分准备

教学活动前，教师要做好充分准备。准备工作主要包括准备好上课的材料、熟悉教学内容、整理仪表、关闭手机或将手机设置成无声状态、确保教学活动不被电话干扰。

二、形象端庄得体

教学活动中，教师的站姿和坐姿要标准，整体形象端庄稳重。教师站立时，要面带微笑，身体挺拔，重心放在两腿中间，双眼向前平视，双手自然下垂或交于腹前，走动间步幅不宜过大过急；坐立时，面对幼儿，上身挺直，双腿并拢，双手左手搭右手放膝盖上或自然下垂。

三、神态亲切自然

微笑是教学活动中与幼儿进行无声沟通和交流的桥梁。教师在教学过程中要面带微笑，表情亲切自然，目光温柔有爱，给人以平和、易接近的感觉，让幼儿感受到来自老师的理解、支持和鼓励，从而愿意参与到教学活动中来。

案例

某天老师出示挂图开始讲故事，小朋友们都睁大了亮晶晶的眼睛认真地听着。老师讲着讲着，辰辰的好朋友茜茜拍了拍他，低声和辰辰说起了悄悄话。老师用眼神暗示了一下辰辰和茜茜，示意他们不要说话。辰辰坐直了身子，继续听故事，但茜茜还是继续和辰辰说话。

【思考】如果你是幼儿园老师，你会怎么教育幼儿呢？

四、语言文明规范

教学活动中，教师要用普通话教学，教学语言文明规范，有吸引力，表达准确，音调语速适中。教学中教师甜美的嗓音和生动、有趣、儿童化的语言对幼儿有一种天然的吸引力和感染力，能够增强与幼儿的沟通交流。

五、手势自然得体

教学过程中，教师一般会配以适度的手势来强化讲课效果。幼儿教师的手势要得体、自然，随着相关教学内容进行，手势的幅度和力度适中，变化不要太过频繁，避免给人以夸张和不稳重的感觉。

拓展知识

手势语是指教师根据教学内容需要，用手或胳膊的动作来传情达意的体态语言，是幼儿园教育教学中运用最普遍、最典型的体态语。手势语可分为指示手语、情感手语和形象手语三种。

指示手语是指教学中用于组织、指导幼儿学习的手语，一般用于维持教学纪律，引起幼儿注意。学前儿童心理学表明，幼儿时期的记忆以表象记忆为主，教师在传递信息时辅以手势语，可以帮助幼儿在回忆时借助生动形象的手势语来联想有声的语言，从而牢固地记住学习的信息。例如，如果教师在提问时总是辅以举手的手势，那么经过一段时间后，孩子们便对教师“举手”这一手势语非常了解，出现这个动作时就会很自然地做出“举手发言”的反应。

情感手语是指教学过程中根据教学情景和氛围的需要，用以表达情感的手势语言。情感手语能强化教师表达的思想情感，加强师幼的沟通交流，营造积极、愉快、和谐的课堂氛围。教学心理学表明，积极、主动、活泼的课堂心理气氛能使幼儿大脑皮层处于兴奋状态，易于受到“环境助长作用”的影响，从而更好地接受新知识，并在新知识的基础上联想、综合、分析、推理，进行创造性学习。例如，当幼儿答对问题后，教师跷起大拇指，他会感到教师对他的赞赏，因而回答问题的积极性会大大增加。情感手语是根据教学的实际需要而运用的，事前没有设计。因此，情感手语具有及时、适度的特点。

形象手语是指教师根据教学目的、内容的需要而运用的直观形象的手势语言。形象手语一般用在讲解重点或突破难点时，为实现教学目标服务。例如，在小班音乐活动中，结合所演唱的、有鲜明形象的动物歌曲，通过形象手语形象地模仿出各种动物的姿势，就能很好地激发幼儿的情绪。还可用形象手语生动地解决一些抽象问题，如用两手臂大幅度地画弧表示大、用两手交叉在双臂处摩擦表示冷等。

幼儿园教学手势语的技巧：明确、精练、自然、活泼的手势语虽然可以增加有声语言的说服力和感染力，但手势语使用并非越频繁越好，运用手势语要讲究技巧，与教学目的一致。

（资料来源：豆丁网 . [2023-9-20]. https://www.docin.com/p-69450689.html）

六、以幼儿为主体

教学活动中，幼儿是学习的主体。教学活动的设计应以幼儿为主体，关注幼儿全面发展。教师在教学中要耐心倾听幼儿发言，及时给予评价和鼓励，采用引导式教学方法，对幼儿进行礼仪教育，关注幼儿德智体美劳各方面的发展。

案例

幼儿教学活动礼仪

孩子进入幼儿园学习，上课听讲要讲究文明礼仪，不能影响幼儿教师上课与小伙伴们学习。幼儿在教学活动中的礼仪主要如下。

（1）学会倾听

在幼儿园上课时，要坐姿端正，双手平放桌上或膝上，目视前方，集中注意力，专心倾听，不交头接耳，不随便打断老师的说话和同伴的发言。

（2）积极动脑

在幼儿园上课时，要开动脑筋，积极思考，回答问题，真正明白理解老师讲授的内容，学习掌握新知识。

（3）发言举手

回答老师问题时，要先举手表达自己发言的愿望，获得老师准许后才能发言。发言时要声音响亮，不要随意抢答。

（4）遵守活动规则

无规矩不成方圆。在教学活动中要遵守规则，学会商量，尊重别人的意见。观看同伴的表演时，能保持安静，遵守秩序。

（5）学会感恩

要时刻抱有感恩的心，感谢老师的谆谆教导。在教学活动结束后，发自内心地向老师道谢："谢谢老师！您辛苦了！"

第六节　户外活动礼仪

《幼儿园教育指导纲要（试行）》指出："开展丰富多彩的户外游戏和体育活动，培养幼儿参加体育活动的兴趣和习惯，增强体质，提高对环境的适应能力。""保证幼儿每天有适当的自主选择和自由活动时间。"幼儿园户外活动是幼儿一日生活中的重要组成部分，是在教室外组织的幼儿活动和园外安排的活动，其目的是让幼儿充分接触大自然，增强幼儿体质，使幼儿健康快乐成长。

幼儿教师礼仪对幼儿户外活动效果有着重要而直接的影响。在户外活动中，教师应做到以下几点。

一、做好充足准备，把幼儿活动安全放在第一位

在户外活动前，教师要对活动场地、活动器械等进行检查，有水的地方要及时擦干，有损坏的器械要进行修理更换；活动前对幼儿进行必要的安全教育，讲解活动的规则和有关安全事项，告诉幼儿一些自我保护的方法，培养幼儿的自我保护意识；检查幼

儿仪表是否整齐，衣袋内是否有尖利的东西，清除不安全因素；对幼儿安全责任进行细化分工，做好突发意外事故处理预案，切实做好户外活动安全防范工作。

小贴士

幼儿户外活动时的安全注意要点

（1）教育幼儿活动前衣着整齐，衣服束在裤子里并系紧鞋带，以防摔跤。

（2）教育幼儿懂得安全要点，明白什么是危险并说明防范措施。

（3）教导幼儿正确运用活动器具及自制玩具。

（4）教导幼儿不在拥挤、有坑洞、潮湿等场地进行活动。

（5）教育幼儿游戏中不可随意藏到无人照顾的地方。

（6）教育幼儿在游戏中勿推挤、拉扯、互丢东西。

（7）玩绳子时，教育幼儿不可将绳子套住脖子。

（8）玩爬网活动，要求幼儿攀爬时要双手抓牢，不推别人。

二、创设生动有趣的户外活动，激发幼儿参与活动的积极性

《幼儿园教育指导纲要（试行）》指出："环境是重要的教育资源，应通过环境的创设和利用，有效地促进幼儿的发展。"良好的户外活动环境可以有效激发幼儿参与活动的积极性，提高户外活动效果。幼儿园里平坦宽阔的操场，绿树成荫的小乐园，沙池，戏水池，供幼儿跑、跳、钻、爬、攀的大型运动器械和多功能大型玩具都可以让幼儿喜欢上户外活动。

在设计活动时，可根据活动场地和活动器械的特点，将活动内容游戏化和趣味化，吸引幼儿积极参与活动。例如，玩椅子游戏活动时，可以设计成幼儿喜欢的小兵打仗的情景，提高幼儿参与活动的兴趣。活动形式注意循序渐进，由简到繁，使幼儿能逐步掌握。

三、细心观察，适当调整，保证户外活动顺利进行

在活动时，教师要四处巡回走动，细心观察幼儿活动的情况，并进行适当调节。根据幼儿的身体情况，注意调节幼儿运动负荷，活动前减衣服，活动后加衣服；幼儿出汗时及时擦干，发现问题及时进行指导和帮助，纠正幼儿危险动作，避免一些意外发生的可能；耐心聆听幼儿交谈并给予鼓励和评价。

案例

操场上，小二班的孩子们开始自由活动了，他们各自选择了喜欢的活动高高兴兴地玩起来。悦悦正在玩搭房子游戏，明明也在玩搭房子。忽然，明明看到悦悦正在搭的一块蓝色材料正是他想要的，于是他二话不说，一把抢了过来。悦悦正在搭的房子塌了，她伤心地哭了起来。

【思考】如果你是幼儿园老师，你怎么处理这件事呢？

四、教育引导幼儿遵守户外活动礼仪，做幼儿的表率

户外活动中，教师要为幼儿讲解户外活动规则，明确活动要求，教导幼儿遵守户外活动礼仪，如听从老师指挥、不争抢玩具、集体做游戏时不互相推挤、物归原处等；积极发掘班级中的好榜样，以身作则，创造良好的礼仪氛围，激发幼儿模仿的兴趣，引导幼儿主动学习好榜样的文明礼仪行为，使幼儿养成文明礼仪习惯。

案例

幼儿户外活动礼仪

幼儿户外活动中教育幼儿掌握户外活动礼仪，有助于幼儿全面发展，维护自身和他人安全。幼儿户外活动礼仪主要如下。

（1）听从老师指挥

幼儿在幼儿园里要听老师的话，听从老师指挥。参加户外活动要排队，集合解散听口令，在老师规定的范围内进行活动，不要随意乱跑。

（2）遵守活动纪律

参加户外活动，需要遵守纪律，行进时有事需先出列，上下楼梯不推挤他人，不扒护栏，不趴堆，维护自身与他人的安全。在户外活动中遵守游戏规则，游戏时要谦让，遇事相互协商，友好相处。

（3）懂得物归原处

参加户外活动时，自己随身带出来的玩具要注意保管好，玩过的玩具送回原处，以免丢失。

（资料来源：豆丁网 . [2023-9-20]. https://www.docin.com/p-712546124.html）

第七节　睡眠礼仪

教育部《3～6岁儿童学习与发展指南》中指出，保证幼儿每天睡11～12小时，其中午睡一般应达到2小时左右。午睡时间可根据幼儿的年龄、季节的变化和个体差异适当减少。幼儿园午睡活动是幼儿一日活动中的重要组成部分。对幼儿进行睡眠礼仪教育，有助于幼儿养成良好的睡眠习惯与礼仪。幼儿睡眠礼仪主要包括午安礼、睡间礼和整理衣物床铺。

一、睡前礼仪

在午睡前，教师要教育引导幼儿做好以下几点。

（1）安静有序地参加教师组织的睡前活动，不吵闹，不喧哗。

（2）睡前排队如厕，将皮筋、发卡等小物件交给老师放好，不把玩具和其他东西

带入寝室。

（3）排队进入寝室，找到自己的小床，并向老师与小伙伴说“午安！”，准备午睡。

（4）脱掉鞋袜，袜子放在鞋子里，鞋放在床一侧，摆放整齐。

（5）脱掉裤子、上衣，并叠放整齐，放在固定的位置。

二、睡中礼仪

在午睡中，教师要教育引导幼儿做好以下几点。

（1）放平枕头，盖好被子，保持正确睡姿——右侧卧，微曲双腿。

（2）不蒙头睡觉，不把玩具和其他物品带上床。

（3）安静入睡，有事举手示意老师。

（4）如起床如厕等，动作要轻缓，以免影响他人。

案例

“十一”长假后，鹏鹏在幼儿园午睡时表现很反常，原来很早入睡的他，整个午睡期间瞪着眼睛，翻来覆去地不睡觉，隔几分钟就要上厕所。他进进出出，把其他孩子也吵得睡不着觉。孩子们躺在床上窃窃私语，整个午睡秩序很混乱。老师向鹏鹏妈妈了解情况，原来是国庆长假期间，家里无暇照顾孩子午睡，几天下来孩子也习惯了不睡午觉，在幼儿园就不愿意睡午觉了。

【思考】如果你是幼儿园老师，你会怎么培养鹏鹏养成良好的午睡习惯呢？

三、睡后礼仪

在午睡后，教师要教育引导幼儿做好以下几点。

（1）起床后向老师问好：“老师，下午好！”，跟随老师做苏醒操。

（2）按照顺序自己穿戴衣物，先穿上衣，再穿裤子和鞋子，把仪表整理好。

（3）把床单拉平整，把被子折叠整齐，整理好床铺。

（4）依次排队如厕，如厕后洗手，洗手后用毛巾擦干手，把毛巾放在指定的位置。

拓展知识

幼儿睡眠礼仪三字经

睡觉前　先问安　按顺序　脱衣衫
叠整齐　放身边　起床后　依次穿
不蒙头　不趴睡　枕放正　盖好被
小手空　右卧眠　早入睡　梦香甜
起床时　要安静　去方便　步要轻
衣穿好　被叠齐　先梳洗　后游戏

【本章思考题】

1. 幼儿园晨检有哪些原则？
2. 幼儿活动前应该进行哪些安全检查？
3. 幼儿进餐时应遵守哪些礼仪？
4. 如何激发幼儿参与活动的积极性？
5. 在教学活动的设计中如何体现以幼儿为主体？

【案例分析】

新生入园的第一天，教室里到处都是哭声。鹏鹏在妈妈的陪同下也来了，他似乎充耳不闻其他幼儿的哭声，很快就把班上的玩具汽车都找了出来，整整齐齐地摆成了一条龙。这时，浩浩走过去拿走了一辆汽车，没料到鹏鹏拿起另外一辆汽车就往他身上打，嘴里还嘟囔着说："汽车，我的。"浩浩不给，他就抢，两个人就在活动室里绕着圈打闹起来。老师加以制止，鹏鹏不再打人了，但也不理睬其他人，继续玩他的汽车。吃饭前，小朋友们都收了玩具，鹏鹏拿着玩具，不肯收，满脸的不高兴。

下午的自由活动时间，嘟嘟正拿着一辆警车在玩，鹏鹏看见了就准备抢，老师制止他，拿了另一辆车给他玩，他不要，推开了。老师批评了他，告诉他可以去跟嘟嘟商量交换，可以去拿其他没人玩的玩具，不能抢小朋友的，鹏鹏扭过身子不理老师。

老师了解到，鹏鹏从小就爱玩汽车，家里每一次买玩具都是汽车，汽车就是他的宝贝。家里就他一个孩子，在家也都是他说了算。平时爸爸妈妈忙，没空管他，他就自己玩汽车，很少与邻居孩子一起玩。

（资料来源：原创力文档 . [2023-9-20]. https://max.book118.com/html/2021/0124/7116161005003046.shtm）

【思考】

1. 导致鹏鹏行为习惯的原因有哪些？
2. 你认为应该培养鹏鹏的哪些礼仪？如何进行培养？

【课后实训】

请结合所学，从幼儿园一日活动中任选一个主题，设计一份培养幼儿日常生活礼仪的游戏教案。

第九章

保育教师工作礼仪

学习目标

1. 了解保育教师工作的基本礼仪；
2. 掌握保育教师日常工作规范；
3. 理解保育教师工作礼仪教育的目的和意义。

引导案例

周五 17:00，幼儿已陆续离园，保育员小王看本班幼儿在教师的带领下去了一楼的儿童乐园等家长，于是按照幼儿园卫生消毒制度打开活动室和寝室的消毒灯，进行每周一次的室内紫外线消毒。小王则进入介于活动室和寝室之间的盥洗室，进行下班前的盥洗室清洁工作。

10 分钟后，一位幼儿忘记带衣服，家长随同幼儿一起去活动室取衣服，看到活动室没有工作人员，家长就直接进入取衣服。小王听到声音从盥洗室出来，看到刚从活动室取衣服出来的家长和幼儿，一下子意识到室内的消毒灯还开着。小王忙向家长询问在室内的时间，得知家长进去后接着就出来了，才松一口气。

小王连忙向家长道歉，连说是自己的工作失误造成了家长误入正在消毒的活动室，并告诉家长以后进活动室之前先要看看是否开着消毒灯，以免对身体造成不必要的伤害。看小王如此真诚，家长表示理解，并提醒小王以后的消毒时间可以调整一下，消毒时在门口贴一个醒目的标志，以免再发生类似的事情。小王觉得家长的意见非常合理，于是在每周一次的保育员培训会上向保健员反映了这一情况。

（资料来源：百度文库 . [2023-9-20]. https://wenku.baidu.com/view/4d1fa8e44a2fb4daa58da0116c175f0e7dd1195d）

【思考】这个案例中，幼儿园紫外线消毒管理存在哪些问题？应如何规范？

第一节　保育教师基本礼仪

幼儿园保育是为幼儿园儿童提供生存与发展的环境和物质条件，并给予精心照顾和培养，以帮助幼儿获得良好的发育，逐渐增进其独立生活能力，促进幼儿全面发展。

教育部印发的《幼儿园教职工配备标准（暂行)》中规定全日制幼儿园每班配备2名专任教师和1名保育员，或配备3名专任教师。保育教师就是专门从事幼儿生活照料、护理和教育的人员。保教结合是我国幼儿教育的一大特色，也是幼儿园一贯坚持的原则。保育教师在幼儿教育中发挥着重要的作用。

根据《幼儿园管理条例》规定，保育员应当具有初中毕业程度，并受过幼儿保育职业培训。

一、保育教师的基本职业准则

（一）爱岗敬业，忠于职守

爱岗敬业是对保育从业人员最基本的要求。保育教师要热爱保育事业，将高度的工作热情和科学的工作态度与实干精神结合起来，增强对保育工作的高度责任感、荣誉感、自豪感，认真履行工作职责，具有服务意识和奉献精神，全心全意地为幼儿提供优质的保育服务。

（二）关爱幼儿，尊重幼儿

保育教师应关爱幼儿，富有爱心、责任心、耐心和细心，以幼儿为本，站在幼儿的角度考虑问题。在保育工作中尊重幼儿的人格和自尊心，尊重幼儿的个性差异，用平等和民主的态度对待每一个幼儿，让幼儿充分享有安全感、自信心和自尊心。

（三）积极进取，终身学习

保育教师应具有进取精神，与时俱进，树立终身学习的理念，不断优化知识结构，提升保育工作专业化水平；掌握儿童生活照料、护理和教育的专业知识和操作技能，能够根据幼儿身心发育的特点和规律，用现代化知识体系和先进的教育理念培养和教育幼儿。在工作中坚持保教并重的原则，注重培养幼儿的个性、品德和行为习惯。

（四）为人师表，以身立教

身教重于言教。只有做一个表里如一的人，才能起到良好的示范作用。保育教师应为人师表，以身立教，自尊自律，严于律己，要求孩子做的，自己首先做到，时时处处做幼儿的表率，做幼儿健康成长的启蒙者和引路人。

（五）遵纪守法，诚实守信

遵纪守法是每一个保育教师必须具备的最起码的道德要求，也是衡量一个保育教师道德水平高低的尺度。保育教师应自觉遵守国家的法律法规和幼儿园的各项规章制度，诚实守信，自觉维护幼儿园声誉。不发表、不传播有害幼儿身心健康的思想和违背国家法律法规的任何言论。

小贴士

保育员职业守则

爱岗敬业，热爱幼儿；
为人师表，遵纪守法；
积极进取，开拓创新；
尊重家长，热情服务；
文明礼貌，团结协作。

（资料来源：人力资源社会保障部职业能力建设司 . 国家职业技能标准汇编 2019 年版 [M]. 北京：中国劳动社会保障出版社，2020）

二、保育教师的基本职业礼仪

（一）身心健康，乐观向上

保育教师应具备良好的身体素质、心理素质，乐观向上，没有各类传染性疾病。

（二）仪表端庄，举止得体

保育教师工作中应仪表端庄、文雅大方，装扮符合保育员形象。不穿奇装异服，不浓妆艳抹，不佩戴转移学生注意力的饰物。举止得体，姿态端正、大方、自然、规范。

（三）尊重家长，善于沟通

保育教师应一视同仁地尊重和对待每位家长，善于听取家长的意见和建议，并对家长给予必要的科学育儿方面的指导，使家长配合幼儿园，积极参与到教育孩子中来。与家长建立诚挚平等的关系，讲究方法，妥善处理学校、家长、学生之间各种问题和矛盾。

（四）态度端正，遵章守纪

保育教师应爱岗敬业，把保育工作作为一份提升幼儿和自己的神圣事业。自觉遵守法律和各项规章制度，不对工作敷衍塞责，不说任何损害学校名誉的话，不做任何有失师表形象的事。

（五）严于律己，以身作则

保育教师在幼儿心中享有崇高的威望，是儿童直接模仿学习的对象，其一言一行无时无刻不在影响着儿童的身心健康发展。因此，每一个保育教师都应严于律己，以身作则，用良好的文明礼仪影响幼儿，为幼儿树立学习的典范，促进幼儿全面发展。

（六）文明礼貌，团结协作

保育教师应讲文明礼貌，在幼儿面前讲普通话，不疾言厉色，不说粗话，不大声喧哗；待人热情有礼貌，主动向家长、幼儿问好，及时与家长沟通幼儿身心发展，自觉保护每一个幼儿的自信心；在工作中要服从调配，相互协调，团结同志，积极配合教师，自觉参与幼儿园的有关活动。

拓展知识

幼儿园保育员的主要职责

中华人民共和国教育部令第39号《幼儿园工作规程》第三十九条规定幼儿园教职工应当贯彻国家教育方针，具有良好品德，热爱教育事业，尊重和爱护幼儿，具有专业知识和技能以及相应的文化和专业素养，为人师表，忠于职责，身心健康。

第四十二条规定幼儿园保育员应当符合本规程第三十九条规定，并应当具备高中毕业以上学历，受过幼儿保育职业培训。

幼儿园保育员的主要职责如下：

(1）负责本班房舍、设备、环境的清洁卫生和消毒工作；

(2）在教师指导下，科学照料和管理幼儿生活，并配合本班教师组织教育活动；

(3）在卫生保健人员和本班教师指导下，严格执行幼儿园安全、卫生保健制度；

(4）妥善保管幼儿衣物和本班的设备、用具。

案例

新星幼儿园小班保育园孙老师是园里公认的优秀保育员。她热爱保育工作，每天提前到岗，做好清洁消毒工作，迎接幼儿的到来。她关心爱护每一个幼儿。在园里，总是能看到她耐心温柔地对待幼儿，为幼儿及时换洗弄脏了的衣裤，从不责骂幼儿。班里的孩子们都很喜欢她，亲切地称呼她为孙妈妈。

【思考】从孙老师身上，你能总结出哪些优秀的保育教师品质呢？

第二节　卫生操作礼仪

对幼儿园卫生进行细致的管理是非常重要的，它直接关系到幼儿的身体健康。幼儿园的卫生管理可以分为环境卫生、幼儿个人卫生和保育教师个人卫生三大方面。

一、环境卫生

环境卫生消毒主要包括室内空气、餐具、杯具、玩具图书、床上用品等幼儿园中各种设施设备方面的清洁消毒。环境卫生清洁消毒措施主要有开窗通风、紫外线消毒、高温消毒、84消毒液消毒、日光暴晒等。

（一）开窗通风

开窗通风是空气消毒净化的首选方法，不仅简单易做，而且安全有效。通风换气可以有效降低室内空气中微生物的数量，改善室内空气质量。

（1）春、秋季节，室温与外界温度接近时，保持全天开窗通风，幼儿午睡时间除外。幼儿午睡时，寝室可以留一条小缝，注意避免穿堂风或是风直吹幼儿，以免幼儿受凉。

（2）夏季室温应不超过 32 摄氏度，温度过高要开空调（空调过滤网每学期清洗一次），并保持空气流通。空调房间至少每半日通风一次，每次不少于 15 分钟。

（3）冬季室温保持在 18 ～ 20 摄氏度，幼儿入园前、课间操、午睡前、起床后、户外活动后开窗通风，每次通风时间 10 ～ 15 分钟。

（二）紫外线消毒

紫外线是常用的对空气和物品消毒的方法，其优点是对绝大多数微生物有杀灭作用；其缺点是消毒产生的臭氧对眼结膜及皮肤有刺激作用，会引起头晕、恶心等不适。紫外线消毒必须等幼儿全部离园后使用，消毒后一定要开窗通风。幼儿园应制定严格的紫外线消毒管理制度，避免发生事故和损伤。

（1）紫外线消毒必须进行监测，做好消毒记录，包括消毒场所、照射时间、使用人签名等。

（2）使用紫外线进行消毒时，必须关严门窗。

（3）日常消毒，每次照射时间不少于 30 分钟；传染病高发期间，根据情况增加消毒次数，每次照射时间不少于 30 ～ 60 分钟。

（4）消毒时工作人员避免用眼睛直视灯管，不得在灯管下停留。

（5）紫外线消毒的最适宜温度范围是 20 ～ 40 摄氏度，温度过高或过低均会影响消毒效果。消毒环境的相对湿度以低于 80% 为好，否则应适当延长照射时间。

（6）紫外线灯管表面应保持清洁，每周用 95% 的酒精棉球擦拭一次。

（7）紫外线灯使用过程中其辐照强度逐渐降低，日常应做好紫外线灯管的强度监测。

（8）每支灭菌用紫外线灯的使用寿命约为 1000 小时，超过 1000 小时后应及时更换新灯管。

（9）如长期不使用，应将紫外线灯管储藏在干燥、无腐蚀性气体的环境中。

案例

班级紫外线灯使用制度

（1）开紫外线消毒灯之前必须认真检查，确认如下情况。

① 门窗已关好，室内没有幼儿、教师及其他工作人员。

② 紫外线消毒灯完好。

(2) 消毒时间：周一至周五寝室每天17:00—18:00，由各班班主任负责开关消毒灯。

(3) 每天使用消毒灯后，由当天值晚班的保安负责，消毒前巡视各个班级，并仔细记录好每天紫外线灯开、关的具体时间。

(4) 使用紫外线消毒后，教师每天上班进教室时先打开门窗通风15分钟后方可进入。

(5) 每两周用75%的酒精棉擦拭灯管表面一次，除去上面的灰尘和污垢，减少其对紫外线穿透力的影响。

(6) 消毒时，房间应保持清洁、干燥，适宜的温度范围为20～40摄氏度，相对湿度为60%。超出此范围应延长消毒时间。

(7) 管理负责人每天检查紫外线消毒记录情况，并定期检查各个活动室的紫外线设备，及时更换紫外线消毒灯。紫外线灯管使用寿命一般在1000小时，注意及时更换。

(8) 任何人不经批准，不允许使用消毒灯。

(9) 如发生安全事故，经查实后，当事人员负全责。

(资料来源：360文库 . [2023-9-20]. https://wenku.so.com/d/877b63b429ce7f2c26cf5ac5a1625599)

(三) 高温消毒

高温消毒主要针对涉及幼儿饮食的器具，如餐具、菜具、熟食容器、口杯等。高温消毒需有专人负责，并做好消毒记录。

1. 餐用器具消毒

(1) 幼儿餐用器具，如餐具、菜具、熟食容器等，餐后应及时消毒，做到使用一次，清洗消毒一次。

(2) 消毒时按照一刮、二洗、三冲、四消毒、五保洁的程序进行。

小贴士

餐具的消毒标准

餐具的消毒标准：一刮、二洗、三冲、四消毒、五保洁。

一刮：将餐具上的食物残渣刮去，倒入污物桶。

二洗：将刮干净的餐具放入洗涤池或洗涤装置中，用清洁剂清洗干净。

三冲：将使用洗涤剂的餐具用流动的清水清洗，冲洗至少三次。

四消毒：用高温、药物或者红外线电子消毒柜消毒。

五保洁：将消毒完毕的餐具放在保洁柜中，要进行密封，防止细菌进入。

(3) 餐具应分班消毒。

(4) 餐具消毒必须符合规定，具体要求如下：煮沸消毒时，餐具应浸没水中，水开后煮沸20分钟；蒸汽消毒时，流动蒸汽持续蒸10～20分钟；消毒柜消毒时，要严格按各消毒柜使用说明消毒。消毒好的餐具放置在消毒柜中备用，用前放入备餐间分发到各班。

小贴士

根据国家标准规定，一星级消毒柜的消毒温度不小于100摄氏度，消毒时间不小于15分钟；二星级消毒柜的消毒温度不小于120摄氏度，消毒时间不小于15分钟。

2. 口杯清洗消毒

幼儿口杯每日至少消毒一次，消毒时按照一洗、二清、三消毒、四保洁的程序进行。

（1）洗：每天将杯具统一收集到消毒间，并将杯内残液或残渣倒尽，放入洗涤池和洗涤装置中，用清洁剂将其洗净。

（2）清：用流动的清水反复清洗杯具，确认无污迹后等待消毒。

（3）消毒：煮沸消毒时，口杯应浸没水中，水开后煮沸20分钟；蒸汽消毒时，流动蒸汽持续蒸10～20分钟；消毒柜消毒时，严格按各消毒柜使用说明进行消毒。

（4）保洁：将消毒好的口杯取出时，如不使用钳子，则消毒员必须用肥皂将手清洗三遍，捏住杯底外沿取出，严禁用手触摸杯口及杯内壁。经消毒的口杯放置在专用保洁柜内待用，存放时间不宜过长。保洁筐内应铺白色清洁垫布，保洁筐内定期清洗消毒（每周一次）。

（四）84消毒液消毒

84消毒液主要用于幼儿园床栏、桌椅、门把手、厕所、水池、玩具、床上用品等设施物品的清洁消毒。根据消毒对象不同，84消毒液的配比不同。幼儿园84消毒液常用配置的配比如表9-1所示。

表9-1　幼儿园84消毒液常用配置的配比

标准含氯浓度	标准含氯浓度			适用消毒对象
	原液量	稀释水至	形成配制倍数	
250mg/L（1：200）	（500mL） 1份	（100kg） 200份	200	日常消毒
500mg/L（1：100）	1份	100份	100	发生疫情时日常消毒
100mg/L（1：500）	1份	500份	500	被褥、衣服等

通常床栏、桌椅、门把手、厕所、水池每日用1∶200的84消毒液擦洗一次，每周五彻底擦洗和消毒；幼儿塑料玩具每周五用消毒液浸泡一次（时间是30分钟），控干放室外阴凉通风处晾晒；床单、被套、枕套每月清洗、消毒一次。使用84消毒液消毒时，通常采用“清消清”清洁消毒流程。

小贴士

“清消清”清洁消毒流程

1. 清洁前准备

(1) 清水毛巾两块，消毒水毛巾一块。

(2) 清水盆两个，消毒水盆一个，并在盆上做好标记。

(3) 配置好消毒水。

2. 消毒流程

(1) 清水。在第一个清水盆中倒入清水，水量要求充分浸泡毛巾，取第一遍清水毛巾，放入清水盆中，拧干，按顺序擦拭干净物体表面及边角，中间注意翻面和换洗毛巾，用后放入清水盆。

(2)消毒。配置消毒水，倒入消毒盆中，水量要求充分浸泡消毒毛巾，放入消毒毛巾，拧干，按顺序擦拭物体表面及边角，中间注意翻面和换洗毛巾，消毒毛巾用后放入消毒盆，消毒擦拭后等待 10 ～ 30 分钟。

(3) 清水。在第二个清水盆中倒入清水，水量要求充分浸泡毛巾，取第二遍清水毛巾，放入清水盆中，拧干，按顺序擦拭干净物体表面及边角，中间注意翻面和换洗毛巾，用后放入清水盆。

(4) 所有毛巾进行清洗消毒，晾晒后备用。

（五）日光暴晒

日光含有丰富的紫外线，是很强的天然杀菌因素，在直射日光下暴晒物品 3 ～ 6 小时，可以达到消毒的目的。日光暴晒消毒适用于图书、床垫、被褥、毛毯等。通常幼儿的被褥、枕头应每月暴晒一次，传染病季节每周暴晒一次。

案例

浩罕乡中心双语幼儿园消毒一览表如表 9-2 所示。

表 9-2　幼儿园消毒一览表——浩罕乡中心双语幼儿园

消毒对象	消毒剂（工具）	消毒时间	消 毒 方 法
餐具	消毒柜	1 次 / 餐	洗净餐具，擦干，将消毒柜电源线插入电源插座，把门关好，按下“开启”及“消毒”键，消毒 30 分钟
水杯	消毒柜	1 次 / 日	
毛巾	沸水煮 日光暴晒	1 次 / 日	清洗干净后，在 120 摄氏度的沸水里煮 15 分钟，然后在阳光下暴晒
桌、椅	84 消毒液	1 次 / 餐	先用清水将桌、椅清洁一遍，再用 1 : 200 的 84 消毒液水溶液擦洗，最后用清水再擦一遍
寝室、活动室	84 消毒液 紫外线灯	1 次 / 日	清洁地板后，用 1 : 200 的 84 消毒液水溶液擦洗，最后关闭门窗，紫外线消毒 30 分钟。每天随时注意开窗通风换气

续表

消毒对象	消毒剂（工具）	消毒时间	消 毒 方 法
床单、被罩、枕套	84 消毒液	1 次 / 月	1∶200 的 84 消毒液水溶液直接与洗衣粉配合使用，将其洗涤干净
棉被、枕芯	日光暴晒	2 次 / 月	在阳光直射下暴晒
床架、玩具架、门窗、橱柜	84 消毒液	1 次 / 日	清洗干净后，用 1∶200 的 84 消毒液水溶液擦洗，最后用清水再擦一遍
盥洗室、厕所	84 消毒液	2 次 / 日	清洗地面、便沟内污垢，保持洁净，用 1∶200 的 84 消毒液水溶液喷洒
塑料玩具	84 消毒液	1 次 / 周	清洗干净后，用 1∶200 的 84 消毒液水溶液浸泡 3～5 分钟，液体面应超过物体面
绒毛玩具	84 消毒液	1 次 / 月	清洗干净后，用 1∶200 的 84 消毒液水溶液浸泡 3～5 分钟，最后在阳光下直射 4 小时

（资料来源：360 文库 . [2023-9-20]. https://wenku.so.com/d/16d5a6de2552a952fd59ec9cf6384919）

二、幼儿个人卫生

幼儿有没有良好的卫生习惯，不仅关系到幼儿的健康，而且是幼儿文明礼貌的标志。在日常生活中，教师和家长应加强对幼儿个人卫生的教育，让幼儿养成爱清洁、讲卫生的好习惯。幼儿个人卫生要求主要如下。

（1）幼儿每日早晨入园后先打肥皂洗手再进班；饭前、便后用肥皂和流动水洗手，饭后漱口。

（2）幼儿日常用品如毛巾、水杯、餐具要专人专用，不得混用。

（3）幼儿服装仪表保持整洁，要求幼儿每周剪指甲一次，每两周剪脚指甲一次；勤洗头、洗澡，每周至少一次。

（4）不用衣袖擦鼻涕，不用嘴巴舔鼻涕，不用手揉眼睛，不用手指挖鼻孔。

（5）不吃掉在地上的食物，不将玩具、铅笔、图书等物放在嘴里，不吮吸手指，不咬指甲。

三、保育教师个人卫生

保育教师要培养幼儿养成良好的卫生习惯，首先自己要以身作则，养成良好的卫生习惯。保育教师个人卫生要求主要如下。

（1）保育教师保持仪表整洁大方，工作时间不染指甲，不留长指甲，不留披肩发。

（2）保育教师到岗后和晨检后，先打肥皂并用流动水洗手，再做其他工作。

（3）从事任何可能污染双手的活动（如处理废物、打喷嚏、上厕所等）后，应及时洗手。

（4）直接接触幼儿入口食品时，如饭前为幼儿分饭时，用肥皂及流动水洗手。

（5）进入专间操作时应更换专间内专用工作衣帽并佩戴口罩，操作前双手严格进行清洗消毒，操作中应适时地消毒双手。

（6）个人衣物及私人物品不得带进食品处理区。

（7）不得在食品处理区内吸烟、饮食或从事其他可能污染食品的行为。

案例

某幼儿园春、夏季清洁消毒制度如表 9-3 所示。

表 9-3　某幼儿园春、夏季清洁消毒制度

项目	清洁消毒措施	清洁消毒范畴	执行时间	备注
环境卫生	紫外线消毒	活动室	每周五 12:00—13:00	传染病流行期间每天消毒一遍
		卧室	每周五 10:00—11:00	
	通风	活动室	每天 07:40—12:00 每天 13:00—17:00	室温与外界温度接近时，可保持全天通风
		卧室	每天 07:40—10:00 每天 14:00—17:00	
	高温餐具、杯具消毒	碗、勺、盘子	每天 10:00—10:30 每天 14:00—14:30	消毒前控干
		水杯	每天 12:30—13:00	
	84 消毒液消毒	床栏、桌椅、门把手、厕所、水池	每天 15:00—16:00	
		塑料玩具	每周五 12:00—12:30	
	暴晒消毒	图书、毛绒玩具、床上用品	每周五 11:00—16:00	
	垃圾清理	垃圾筐	每天两次，每天下班前彻底清理	
幼儿个人卫生	（1）幼儿日常用品专人专用，幼儿服装仪表保持整洁，要求幼儿每周剪指甲一次，每日进行检查。 （2）幼儿每日早晨入园后先打肥皂洗手再进班，饭前、便后用肥皂和流动水洗手，饭后漱口。 （3）春季至少每周洗澡一次，每天睡觉前洗脚，夏季每天洗澡一次			
工作人员个人卫生	（1）工作人员保持仪表整洁大方，工作时间不染指甲，不留长指甲，带班时间不留披肩发。 （2）到岗后和晨检后先打肥皂用流动水洗手，再做其他工作；饭前为幼儿分饭时，用肥皂及流动水洗手			

（资料来源：百度文库 . [2023-9-20]. https://wenku.baidu.com/view/f82beb37657d27284b73f242336c1eb91a3733ee.html）

案例

在晨光幼儿园大三班就读的悠悠最近几天老喊眼睛疼，且有脱皮现象。妈妈陈女士想带她去医院检查，便登录班级论坛准备向老师请假。论坛中一条“急呼！你家孩子喊眼疼吗？”的帖子让她的心立刻揪了起来。她看到这个帖子是三天前就发上去的，有十几位家长跟帖，每家孩子的症状都和悠悠的差不多。陈女士后来了解到，先前已有多位家长向幼儿园反映这一情况，幼儿园认为只是部分孩子染上了红眼病，一直没有重视，更没有通知相关家长关注孩子。后来事态更加严重，该班37名幼儿全部出现类似症状。在家长们的强烈要求下，当地教育主管部门出面主持调查，最终发现事实是一盏闲置多年的紫外线消毒灯被保育员误触打开。

（资料来源：360doc 个人图书馆 . [2023-9-20]. http://www.360doc.com/content/19/0418/22/54649906_829758144.shtml）

【思考】幼儿园应如何管理、使用紫外线消毒灯？

第三节　餐饮服务礼仪

一、幼儿就餐服务礼仪

照顾幼儿吃好一顿饭的标志是：吃饭过程中幼儿情绪好、食欲好、食量够、饮食习惯好、吃得卫生。保育员在为幼儿就餐服务时，应把握好以上几点，尽心尽责地照顾幼儿吃好每餐饭。

（一）幼儿餐前服务

（1）保育教师在每日进餐前30分钟开始餐前准备，首先按照规范程序对餐桌进行擦洗和消毒，消毒后要防止餐桌再污染（如幼儿趴在桌上乱摸）。

（2）保育教师用流动水和肥皂洗净双手，佩戴好口罩、帽子和围裙，准备好消毒餐具，去食堂领取餐点，放置在指定的地点。注意，放置餐具和食物的容器上必须加盖，防止灰尘、苍蝇进入。

（3）协助主班教师组织指导幼儿洗手，提醒幼儿用正确的方法洗手，并随时观察幼儿洗手的情况，提醒幼儿不要在水池里玩水，培养幼儿节约用水的习惯和意识。

（4）根据桌子的大小为幼儿安排宽松的就餐座位。为了给幼儿创造一个愉快安静的用餐环境，就餐前，教师可以安排幼儿听音乐、听故事等，避免幼儿过度兴奋或疲劳；也可以向幼儿介绍饭菜，激起幼儿食欲，让幼儿愉快进餐。

（5）保育教师分发餐点时，要用食品夹、食品勺或消毒筷，杜绝直接用手拿食品，注意要将饭菜分开盛；有刺、有骨头的菜不与其他菜混放在一起，以免发生意外。

（6）掌握分餐量，注意食物温度适中。分餐时做到随到随分随吃，不给幼儿汤泡饭。

（7）托班、小班把餐点放到幼儿前面，引导中大班幼儿独立到老师面前排队取餐，教育幼儿对分餐老师说“谢谢”。

（二）幼儿餐中服务

（1）教师引导幼儿正确使用餐具，食不言，养成进餐的文明习惯。

（2）给幼儿打完饭菜后，保育教师站在备餐桌旁，观察举手添饭菜或添汤的幼儿。添汤时注意汤不要盛得太满，汤碗不要从幼儿的头顶上端过去，以免发生意外。

（3）幼儿每餐时间应不少于20分钟，保证幼儿吃饱吃好。

(4) 保教人员要掌握幼儿进食量，不能以多为幼儿添饭作为表扬鼓励幼儿的手段，更不能以禁止幼儿吃饭作为体罚幼儿的手段。教育幼儿充分咀嚼，不过分催促，幼儿哭闹、咳嗽时不能强迫幼儿进食。

(5) 用餐中培养幼儿不偏食、不挑食的习惯。对于挑食、吃得慢的孩子，教师要正面引导不训斥，可以说一些鼓励和刺激食欲的话，如“今天某某小朋友吃饭有进步”“今天的菜烧得真香，老师都想吃了”等。

(6) 对于体弱的幼儿，教师要特别照顾，尽量让幼儿先吃高蛋白、高热量的食物；对于肥胖的幼儿，教师要引导幼儿吃多纤维、少脂肪的食物；对于食欲不好的或突发的不想吃饭的幼儿，应及时报告保健人员，采取措施。

(7) 对于托班、小班中吃饭困难的幼儿帮助喂饭，鼓励中大班幼儿不浪费粮食、不掉饭粒、独立进餐等良好的进餐习惯。

(8) 幼儿用餐过程中教师不得处理与进餐无关的事情，不扫地、不擦地、不铺床，注意吃饭时的卫生。

小贴士

在给幼儿分饭菜时，保育教师应掌握幼儿的进食量，根据幼儿进食量分饭菜，遵循少盛多添的原则。分饭菜时，动作要快，均匀，先给进餐慢的幼儿和体弱幼儿盛，让他们先吃，注意饭菜保温、保洁。

（三）幼儿餐后服务

幼儿餐后教师的服务工作主要包括两个方面：一是餐后清洁卫生；二是餐后散步活动。

1. 餐后清洁卫生

(1) 幼儿用完餐后，教师引导幼儿把餐具内的残羹集中倒入汤桶内，把餐具分类放到收纳餐具的盆或桶里。

(2) 保育老师提前准备好幼儿漱口用的温开水，提醒幼儿餐后用自己的口杯接水漱口。漱口时把水含在嘴里鼓漱 3 ～ 5 次。漱口后提醒幼儿用餐巾擦干净嘴，将口杯放回水杯柜中。

(3) 提醒幼儿饭后洗手，养成爱清洁讲卫生的好习惯。对要如厕的幼儿，告诉幼儿先洗手再如厕，如厕后还要洗手。引导幼儿洗手后擦手，并把毛巾挂整齐。

(4) 最后一个幼儿用餐完毕后，保育老师进行餐后卫生打扫。油腻餐桌可先用洗涤剂抹一遍，再用清水抹一遍。地面一定要先扫再拖。

(5) 饭后餐具由保育老师送到食堂，对餐具进行清洗消毒。

小贴士

擦嘴时，幼儿常常把纸巾或口布放在嘴巴上拉来拉去，不能很好地完成擦嘴动作。教师可以把擦嘴步骤编成儿歌，边念儿歌边示范，帮助幼儿掌握正确的擦嘴方法；也可以把擦嘴变成折纸游戏，如“长方形手中拿，擦一次，变出一个正方形，擦两次，变出小的长方形”。

2. 餐后散步活动

餐后散步活动，一方面，可以促进幼儿消化系统血液循环，促进胃肠蠕动，帮助幼儿消化；另一方面，可以加快幼儿机体的新陈代谢，使血液通畅，有助于提高睡眠质量。餐后散步活动中，教师可以组织幼儿进行活动量小的趣味游戏，引导幼儿学会观察，在轻松愉悦的氛围下学习更多的知识。

案例

有趣的餐后散步活动——红绿灯

文明礼仪教育应渗透在幼儿园一日生活中的各个环节。在餐后散步活动中，教师可以组织幼儿进行红绿灯游戏，培养幼儿的交通文明礼仪。教师可以请幼儿扮演小汽车或者模仿自行车的动作，根据教师口令“红灯停，绿灯行，黄灯亮了等一等”做出不同反应。注意，餐后散步活动的运动量不宜过大，游戏过程中要提醒幼儿音量尽量轻柔。

二、幼儿饮水服务礼仪

幼儿正处在生长发育最迅速的时期，活动量大，消耗水分较多。儿童对水的生理需要相对比成人多，不同年龄的儿童每日每人对水的需要量是不同的。通常 1 ～ 3 岁的幼儿，每日水的需求量是 110 ～ 155 毫升 / 千克体重；3 ～ 7 岁的幼儿，每日 90 ～ 110 毫升 / 千克体重。

案例

优优乐童聊城幼儿园幼儿饮水参考

4 ～ 6 岁每千克体重需水 90 ～ 110 毫升。按照大班幼儿 20 千克计算，每天一个幼儿一天大约需要喝 1800 毫升水。当然，这并不是说每天要让孩子喝十几杯水，孩子平时吃的奶、蔬菜、水果和米饭等食物中均含有水分，补充了幼儿需水量的 60% ～ 70%，所以还需靠饮水来补充剩余的 30% ～ 40%。这样计算下来，每天幼儿纯饮水量达到 720 毫升就能保证正常的身体需求。

幼儿园幼儿饮水情况（幼儿喝水的小杯子差 2 厘米不满为 100 毫升）：

（1）来园时半杯（大约 50 毫升）；

（2）早操后一杯（大约 100 毫升）；

（3）教育活动后一杯（大约 100 毫升）；

（4）户外活动前一杯（大约 100 毫升）；

（5）户外活动后一杯半（大约 150 毫升）；

（6）午睡起床后一杯（大约 100 毫升）；

（7）区角活动后一杯（大约 100 毫升）；

（8）户外活动后一杯半（大约 150 毫升）。

这样一天下来，园里组织集体饮水的量是 850 毫升，足以满足幼儿身体的需要。另外，除以上集体喝水时间外，日活动中幼儿根据需要可以随时喝水，喝水时间、次数不限。

（资料来源：360 文库 . [2023-9-20]. https://wenku.so.com/d/62859a3971d1c8c1756d4fdd6b214aaf）

幼儿经常会忘记自己补充水，因此保育教师要适时提醒幼儿喝水，照顾幼儿取水和饮水。其具体工作如下。

（1）全天备足温度适宜的饮水，供幼儿随时饮用。

（2）通过示范、练习等方法引导幼儿正确使用口杯。对于个别不会用口杯和容易洒水的幼儿多加关注，进行个别指导。

（3）指导幼儿有序、独立接水，通过示范、图示引导等方法让幼儿明确接水量；提醒幼儿接水时眼睛看着口杯，不要边走边喝。

（4）提醒幼儿安静喝水，注意把握幼儿喝水量，运动后出汗过多、天气炎热等可适当增加喝水量。

（5）剧烈活动后提醒幼儿不能立即饮水，等幼儿身体恢复平静后再让幼儿喝水。

（6）教育幼儿勿暴饮、勿喝生水，讲究饮水卫生，喝水情况勿打闹。

（7）为保证幼儿随时饮水，下午水杯不宜过早消毒，最好在下班前消毒。

（8）每天下班前应将饮水器（或保温桶）中的余水倒干净，以免积水垢。

（9）每周应清洗一次饮水器（或保温桶）。

小贴士

针对幼儿主动喝水的意识不够、喜欢边喝边玩、边喝边聊天等情况，教师可以制订“喝水记录表”，激发幼儿主动喝水的兴趣。保教人员根据喝水记录，及时提醒幼儿喝水，保证每个幼儿都能适量喝水。可视幼儿需要组织集中喝水、分散喝水，如在集体活动、户外活动、起床后等时间组织幼儿集中喝水，鼓励、提醒幼儿随时喝水（尤其是生病的幼儿）。教师还需根据季节等情况提醒幼儿调整喝水量。

案例

茜茜是一个娇气的小女孩，在家里吃饭从来不动手，只等着爸爸妈妈来喂她，不喂她就宁愿饿肚子。保育员王老师想改变茜茜这一行为。午饭时，王老师专门安排了吃饭习惯好的阳阳坐在茜茜旁边。只见阳阳津津有味地自己吃着饭，茜茜看着饭菜却一动不动。王老师一边给茜茜喂饭，一边夸赞阳阳吃得真香，鼓励茜茜也像阳阳一样自己吃饭。茜茜受到了阳阳的感染，也试着拿起勺子自己吃饭。王老师给了茜茜一个大大的表扬，茜茜得到表扬后开始慢慢地学习自己吃饭。渐渐地茜茜变了，不但能自己吃饭，还能自己穿衣、穿鞋等，在家里自己的事情也能自己做。

【思考】保育员王老师采取了哪些措施，有利于培养茜茜的良好就餐习惯？

第四节　午睡服务礼仪

幼儿园午睡活动是幼儿一日活动中的重要组成部分。照顾好幼儿午睡的三条标志：一是按时睡，睡得好，按时醒，精神饱满愉快；二是睡够应睡的时间，要以幼儿为主，不能任意减少或增加睡眠时间；三是保持良好的睡眠姿势和习惯。保育员在为幼儿午睡服务时，应把握好以上三点。

一、睡前环节服务

在午睡前，教师应悉心帮助和指导幼儿做好午睡准备，主要包括以下方面。

（1）安排幼儿进行阅读、讲故事等安静的活动，帮助需要饭后服药的幼儿服好药。

（2）拉好窗帘，铺好床，调节好室温、光线，保持室内空气流通，注意避免冷风直吹幼儿，掌握好开窗和关窗的时间，为幼儿午睡营造温馨、舒适的午睡环境。

小贴士

幼儿午睡时，要保持寝室内空气新鲜。夏季要开窗睡觉，注意避免风直吹幼儿头部；冬季在幼儿入睡前要开窗通风换气。被褥要保持清洁，及时清洗晾晒，薄厚适中。

（3）帮助和指导幼儿睡前如厕，将幼儿的皮筋、发卡等小物件放好，提醒和检查幼儿不把玩具和其他东西带入寝室，避免睡中玩耍，发生意外。

（4）提醒幼儿保持安静，轻轻进入寝室，找到自己的小床，并向老师与小伙伴说“午安”。

（5）帮助和指导幼儿脱掉鞋袜，袜子放在鞋子里，鞋放在床一侧，摆放整齐；帮助和指导幼儿脱掉裤子、上衣，并叠放整齐，放在固定的位置。

小贴士

教师要提醒幼儿先脱鞋袜，再脱裤子，最后脱上衣，动作要紧凑，避免着凉；帮助和指导幼儿学习脱上衣和裤子的方法，并以亲切、温柔的语调让幼儿懂得脱衣入睡舒服，使幼儿愿意配合。

（6）引导幼儿放平枕头，帮助和指导幼儿盖好被子，用轻柔的语调提醒幼儿保持正确睡姿——右侧卧，微曲双腿；提醒幼儿不蒙头睡觉、不带玩具上床等。

（7）用轻柔的语调、缓慢的语速提醒幼儿安静入睡，不影响他人，有事举手示意老师。

二、睡中环节服务

在睡中环节，教师的服务主要如下。

（1）教师细心观察幼儿的睡眠情况，根据室温随时给幼儿盖好被子，调整幼儿不良睡姿。对睡觉不安稳的幼儿认真观察，发现不适及时处理。

（2）对入睡晚的幼儿耐心看护，避免影响其他幼儿。

（3）对个别尿床的幼儿要细心更换衣物，不斥责、不歧视。

（4）当幼儿有问题需要解决时，动作要轻柔，避免发出大的声响。

三、睡后环节服务

在睡后环节，教师的服务主要如下。

（1）用音乐提醒幼儿起床，教师先向幼儿问好："小朋友，下午好！""你们今天睡得很香……"提醒幼儿起床后向老师问好："老师，下午好！"指导幼儿做苏醒操。

（2）帮助和指导幼儿先穿上衣，再穿裤子和鞋子，把仪表整理好；检查幼儿衣服是否穿得整齐，领子翻平，内衣放进裤腰内，两条腿是否分别伸进左右裤腿内，避免穿三条腿，使幼儿着凉。

（3）帮助和指导幼儿把床单拉平整，把被子折叠整齐，整理好床铺。

（4）提醒收拾整齐的幼儿如厕解小便。

（5）逐个检查幼儿床上、褥子下面是否有异物、幼儿是否尿床等；个别流汗较多的幼儿的枕头、被褥要及时清洗和晾晒。

（6）幼儿离开寝室后开窗通风，随时保持寝室清洁。每日一小扫，每周一大扫，紫外线消毒按照卫生保健要求操作。

小贴士

整理床铺时，床单要铺平整，被子叠好，宽窄与床一样，摆放整齐。枕头放在被子上，枕巾铺平。幼儿睡觉时爱出汗，注意枕头、枕巾及时通风晾晒，切忌把枕头放在被子下面。

案例

某幼儿园中班的孩子们正在午睡，寝室里非常安静。值班的保育员李老师由于太疲倦，靠着一张空的小床休息，慢慢地也睡着了。这时蒙蒙想起床上厕所，举手示意老师，半天也没有老师过来。蒙蒙憋着不敢起来，后来实在憋不下去了，只好自己急急忙忙地从小床上下来准备去厕所。结果由于太着急，一脚踩空了，摔在了地上，疼得哭了起来，很多小朋友都被吵醒了。

【思考】从这个案例中我们可以吸取哪些教训？在保育工作中应该如何改善？

第五节　其他服务礼仪

幼儿生长发育的特点决定了幼儿园保育工作必须是全面的、多元的，与幼儿一日生活紧密融合。保教结合是我国幼儿教育的一大特色，也是幼儿园一贯坚持的原则。

保育教师应与专任教师相互协作，共同对幼儿的一日生活做好服务工作。

保育教师在工作中，不但要遵守卫生操作、餐饮服务和睡眠服务礼仪，还要注意以下几个方面的礼仪。

一、活动服务礼仪

幼儿园为幼儿安排了丰富多彩的各类活动，如晨间活动、早操活动、主题教育活动、室内游戏活动、区角活动等。在活动过程中，保育教师要协助专任教师，做好以下服务工作。

（一）活动前

保育教师应协助专任教师做好各类活动的准备工作，如布置活动场地、检查活动设备、讲解活动规则和安全注意事项、检查幼儿仪表、清除不安全因素等。

（二）活动中

保育教师与幼儿一起进行活动，配合专任教师进行活动的指导和安全管理，观察幼儿活动情况，发现并及时制止个别幼儿的不适当行为，及时为幼儿提供积极有效的指导帮助，引导幼儿主动解决活动中出现的问题，培养幼儿良好的文明礼仪习惯。

（三）活动后

保育教师与幼儿一起收拾整理活动区，引导幼儿有序整理，提醒幼儿及时如厕、洗手、按需饮水、做好清洁卫生工作等。

二、幼儿如厕服务礼仪

在幼儿如厕过程中，保育教师要协助专任教师，做好以下服务工作。

（1）对于刚入园的幼儿，保育教师要带领幼儿熟悉厕所环境，介绍男孩、女孩的如厕方式，培养幼儿的性别意识。男女生如厕方式如图 9-1 所示。

图 9-1　男女生如厕方式

（图片来源：360 图片 . https://image.so.com）

（2）保育教师在饭前、外出、入睡前提醒幼儿如厕，允许幼儿随时大、小便，组织幼儿分性别如厕。

（3）提醒幼儿大小便必须入池，便后及时冲水，不要把水弄在外面，保持地面干爽清洁。发现地面有水，应及时清理。

（4）保育教师应掌握幼儿排便规律，提醒幼儿有便意时能主动告诉老师，指导幼儿便后独立擦屁股，知道便后主动冲水、洗手、整理好衣服。

（5）每次幼儿如厕时保证有一名教师在旁看护，对幼儿如厕过程中出现的问题给予正确引导，随时帮助有困难的幼儿。

（6）教育幼儿安静、有序如厕，不在厕所逗留。

（7）提醒幼儿如厕后按照正确方法洗手，洗手后用毛巾擦手，擦完手后把毛巾放在指定位置。

小贴士

幼儿如厕时经常玩耍、打闹，如厕后整理衣服也会不到位。教师可以组织幼儿制定“文明如厕公约”；安装穿衣镜，或张贴正确提裤子的步骤，让幼儿按图示提好裤子并对着镜子检查；及时评价幼儿在如厕中的表现，并正确引导。

三、幼儿安全服务礼仪

保障幼儿安全成长与身心健康，是每一所幼儿园首要的工作任务。保育教师必须具有安全意识，掌握基本急救常识和防范、避险、逃生、自救的基本方法，为幼儿的安全做好服务工作。

（一）预防意外伤害

1. 预防烫伤

（1）在幼儿洗手、洗头、洗脚、洗澡前，保育教师先试水温，水温适宜时再让幼儿洗。

（2）食物温度适宜时再端入班中，并放在安全的地方。分发食物时，不能从幼儿头顶传递，要从侧面递给幼儿。

（3）水壶、保温桶等均要加盖，最好带有儿童锁，防止幼儿烫伤。

（4）幼儿不得进入厨房，不得接近有火、煤气、热水的地方。

2. 预防外伤

（1）晨、午、晚检时，注意检查幼儿衣袋内有无刀、剪、玻璃等尖锐不安全的物品。

（2）幼儿活动时，要时刻关注幼儿，注意照顾和保护，幼儿均要在教师的视线中。

（3）教育幼儿不能拿着玩具或树枝等投掷、抡打，以免伤着自己和他人。

（4）活动前做好安全检查，保证活动设施、场地安全，检查幼儿衣物是否适当，对幼儿进行必要的安全教育。

(5) 对幼儿不要拖、拉、抻、拽，防止发生关节脱臼。

3. 预防异物入耳、鼻等器官

(1) 教育幼儿不要把细小的物品如扣子、纸团、别针等塞到耳、鼻里或是放在嘴里，以防窒息。

(2) 教育幼儿食不言，幼儿哭泣时不要喂幼儿吃东西。

（二）预防药物中毒

(1) 过氧乙酸、泡腾片等有腐蚀性的物品不宜存放在班级内，应采取用多少泡多少的原则，如有剩余应及时送回保健室。

(2) 教师因病上班需要服药，不得将药品带进教室，以防和幼儿的药物混淆。

(3) 幼儿生病服用的药物必须经保健医生统一审核接收，幼儿药品必须由专人保管，严禁放在幼儿能触及的地方，交接班时做好交接记录。

（三）预防幼儿遗失

(1) 送幼儿离园时，应严格遵守幼儿园离园制度，防止幼儿被陌生人接走。

(2) 活动和交接班时，注意清点幼儿人数。

(3) 日托教师下班时，将尚未接走的幼儿交到值班老师手中，并写好名单。

四、幼儿用药服务礼仪

幼儿在出现感冒、流鼻涕、咳嗽等轻微身体不适，且经正规医院诊断幼儿无传染性疾病、无高烧的情况下，家长可为患儿携带符合国家药品监督部门认定的口服药品来园。照顾幼儿服药时，教师应注意以下几点。

(1) 服药前，认真做好“三查五对”工作，确定无误后方可服用。

小贴士

“三查”即查服药登记单上的姓名、药名、药袋上的姓名和药名，呼叫幼儿姓名；“五对”即与服药登记单核对幼儿姓名、药品名称、药品用量、服用方法、服用时间。

(2) 教师只喂幼儿当天中午一次药，多的药品离园时请家长带回。杜绝幼儿自己带药来园。免疫制剂、保健药品类原则上不收不喂。

(3) 教师应了解掌握一些用药常识，以便更好地照顾幼儿服药。

小贴士

用药小常识

① 健胃药物和止泻药物宜饭前服用。

② 对胃黏膜有刺激的药和祛痰药宜于饭后服用。

③ 磺胺发汗药物服后多饮水。

④ 止咳药物服后不宜立即饮水。

⑤ 易过敏的药物要询问有无过敏史。

⑥ 体温38摄氏度以下不用退烧药。

(4) 注意观察幼儿的用药反应，如面色有无潮红、皮疹，口唇有无紫绀，睡眠有无盗汗，大、小便是否正常。如发现异常，应第一时间与家长联系。

(5) 服药幼儿离园时，要与家长交代幼儿用药后的情况及在园精神状态，让家长对幼儿的病情做到心中有数。

拓展知识

幼儿服药管理制度

根据《托儿所幼儿园卫生保健工作规范》的相关规定，为确保幼儿在园用药安全，特制定幼儿服药管理制度。

(1) 幼儿在出现轻微身体不适，经正规医院确诊排除传染性疾病，且无发烧、腹泻等症状，还可以参加幼儿园正常的一日活动的，家长可携带幼儿就诊的病历及处方上开出的标有“国药准字”的口服药来园，并进行登记。

(2) 家长所带药品必须有完整的原包装，上面清楚地标明有效期，凡药品标签不清楚或变质过期的药品，保健医生有权拒绝给幼儿服用。幼儿园只接收家长带来的常见病治疗性药物，不接收保健滋补类、维生素类、中草药、没有明确标示的中成药、外用药、预防药及免疫制剂类药品。

(3) 所带药品经保健医生审核药源、药量、药物配伍合理后，请家长在服药记录表上填写清楚幼儿班级、姓名、药品名称、服用剂量及注意事项。家长签名确认后，由班级老师统一妥善保管并亲自按时到班级给小朋友服用。

(4) 家长所带药品由保健医生统一登记接收，严禁家长将药物放在幼儿书包或衣物内，让幼儿自己服用。班级老师及幼儿园工作人员不得在园内未经保健医生同意擅自接收药品后转交或私自给幼儿喂药，否则引起幼儿服药后出现不良反应而导致的一切后果由直接责任人负全部责任。

【本章思考题】

1. 保育教师的基本职业准则有哪些？
2. 班级开窗通风时需要注意哪些问题？
3. 餐用器具用84消毒液消毒的基本程序是什么？
4. 保育教师幼儿餐前服务主要有哪些？
5. 保育教师应如何为幼儿用药服务？

【案例分析】

幼儿园小班美术课上，王老师正在对幼儿逐个进行指导，一部分幼儿已经完成自己的作品，他们中有说话的，有离开座位玩的，有满地跑的。王老师并没有注意到这些，她还在专注地进行着自己的指导。突然一阵哭泣声传来，王老师终于发现已经有很多幼儿都不在自己的座位上了。她赶紧喊着让其他幼儿回到座位上，同时去查看哭泣的幼儿。

原来刚才这名幼儿在教室里跑的时候摔倒了，她摔倒的地方地板块松动了，碰巧夹到下巴，出现了一个不算小的伤口。王老师马上找来班级的另一名老师，两个人一起将这名幼儿抱到医务室检查伤口、上药，通知家长。

（资料来源：人人文库网 . [2023-9-20]. https://www.renrendoc.com/p-64019179.html）

【思考】

1. 王老师在组织教学活动中存在哪些问题？应如何改进？
2. 该幼儿园安全管理上存在哪些问题？应如何解决？

【课后实训】

请结合所学，为幼儿园小班设计一个餐前礼仪教育活动，形式不限。

第十章

幼儿教师工作场所礼仪

学习目标

1. 掌握幼儿教师与领导相处的礼仪；
2. 熟悉幼儿园办公礼仪的主要内容；
3. 了解幼儿园办公设备礼仪的主要内容。

引导案例

集体活动的音乐又一次响起，我匆忙从小二班教室走过。见不太自信的徒弟王蕊走向钢琴准备组织音乐活动，我突发奇想：我想听听你的课，同意吗?

一方面因为没有准备听课，什么领域、什么内容一无所知；另一方面刚才王蕊不自信的紧张眼神一下子启发我应该挖掘一下她的闪光点。于是，我改变常规的听课记录，专门寻找语言亮点的细节。

上课的音乐响了很久，几个孩子悄悄地将玩具塞进口袋。王蕊老师面带笑容地说："老师发现雪花片也会飘，飘到小朋友的围兜里了，摸一摸，赶紧让它飘回家。"话刚说完，六位小朋友就心情愉快、迅速地送走了玩具。这时我耳边响起以前听到的："看看到底是哪些人口袋里还有玩具?"强硬的态度极易造成胆大的小家伙们用"顶风躲藏"来逃避批评，等老师开始上课后再得意地玩弄玩具。

正准备开始上课，一个孩子喊起来："老师，果果椅子下面还有积木！"王蕊老师仍然笑眯眯地说："上课开始了，就让玩具在椅子下睡一会儿吧。"这又让我想起："上课的时候即使地上有玩具也不许捡！"而当老师上课了，小家伙们说不定会盯着玩具，甚至趁老师不注意的时候捡起来。

歌曲内容离孩子生活比较远，甚至难懂，我看到孩子们疑惑的目光。王蕊老师说："只要能听懂一句的，老师就表扬他。"孩子们自信地举起了小手，你一句我一句地回忆听懂了的歌词内容。三遍整体跟唱后，孩子兴趣开始减退。王蕊老师拿出一个废弃的饼干盒盖子和一把小勺说："我给唱得好的小朋友伴奏，过一会儿我请声音好听的小朋友来伴奏。"孩子们又开始努力地歌唱。

虽然活动结束了，我却没有急着离开，真想再找些可圈可点之处。我看到王蕊老师在给家长发家校通，第一则是给一位以前总是将小便尿在裤子上的孩子的家长："瑞瑞妈妈，您注意了吗？瑞瑞已经三天不用换裤子了，请您今天多表扬他。”第二则发给今天晚送了的桢桢妈妈：“请您放心，您走后桢桢就和小朋友一起玩了，还主动地说‘今天我在幼儿园吃饭’。”相信这则信息一定让桢桢妈妈放心了。

眼见我来到身后，王蕊老师停下请我评课。我说：“向你致敬！”然后递上上面记录的细节内容。王蕊老师说：“谢谢园长对我工作的肯定，我一定加倍努力！”

（资料来源：幼儿教师网 . [2023-9-20]. http://admin.yejs.com.cn/yzzc/article/id/42290.htm）

【思考】在与园长相处的过程中，王蕊老师的哪些做法值得我们借鉴？

第一节　与领导相处的礼仪

有调查显示，一个人职场的成功，20% 取决于其个人的智力、能力、基本业务素质等方面，80% 取决于在职场中的人际关系。而人际关系中，60% 以上是和领导相处，可见与领导相处对个人事业发展起着关键性的作用。学会与领导相处，掌握与领导相处的礼仪，可以让幼儿教师更好地成长，为未来的职业发展奠定基石。

一、与领导相处的原则

（一）具有敬业精神

中华民族历来有“敬业乐群”“忠于职守”的传统。敬业精神是幼儿园教师基于对幼教事业的热爱而产生的一种全身心投入的精神，是社会对幼教从业者工作态度的一种道德要求。敬业精神的核心在于无私奉献。

从与领导关系的角度讲，幼儿园教师要有敬业精神，并且要会敬业，善于表现敬业精神。

1. 工作中发扬敬业精神，勇于担当，甘于奉献

幼儿教师要热爱本职工作，忠于职守，持之以恒；勤勉工作，脚踏实地，有无私奉献的精神；工作中积极进取，不断创新，精益求精。

2. 工作时讲究方式方法，提高效率

勤勉工作、无私奉献的敬业精神值得提倡，但幼儿教师在工作中也要讲究方式方法，提高工作效率，以务实高效的工作作风，不断提升自己的业务水平。

3. 工作中善于表现自己，展示自我，实现价值

工作中光有兢兢业业、埋头苦干的精神是不行的，还要善于表现自己。善于表现自己不等于张扬、炫耀和自夸，它是一种自信。展示自我能够让领导感受到幼儿教师在工作中付出的努力，从而得到领导的赏识。

（二）具有服从意识

领导的主要责任是决策，而下属的主要责任是执行。在与领导相处中，服从是第一位的。下属服从领导是顺利开展工作的前提，也是领导观察和评判下属的尺度。服从的标准如下。

(1) 有令即行。立即执行是一种服从精神。幼儿教师在工作中，对于领导布置的工作要有令即行，积极高效地第一时间完成任务。

(2) 先接受再沟通。领导分配的工作是经全盘综合考虑后下达的，每个环节紧密相扣，彼此联系。因此，在工作中，应先接受领导分配的任务，如果在执行中出现问题，再与领导沟通。

(3) 个人成长。服从不仅是遵从领导的指示行事，而且是个人学习成长的过程。在服从中，通过领会领导意图，执行领导决策，幼儿教师可以学习领导的决策思路，更好地提升业务能力。

（三）主动请示

在任务执行中，在关键处应多向领导请示，征求领导的意见，把领导的意志始终贯穿融入工作中。

主动请示不是事事都请示，而是要在关键处，即影响任务完成的关键事情、关键时间、关键方式等方面主动请示领导，让领导既能看到下属的努力，也能更好地做出决策，顺利完成任务。

（四）独当一面

一个好的下属必备的素质是能够独当一面，独立完成领导布置的任务。下属能够独当一面，有独立的见解，善于把领导忽视的事情承担下来并圆满完成，领导才敢委以重任。

（五）维护领导尊严

维护领导的尊严是下属和领导相处的基本保证，维护领导的形象也是下属应具备的素质。幼儿教师在与领导相处时，应尊重领导，维护领导的尊严。特别是在公开场合，即使对领导有什么意见，也应在私下与领导说明。

案例

小丽刚入职天天幼儿园不久，幼儿园就组织员工旅游。因为旅游地点小丽刚去过，所以她就没有去。结果领导专门就这件事开了会，会上不点名地说："新入职的教师怎么能不参加集体活动呢？"小丽有口难言。虽然她本身不喜欢运动，身体也不太好，但人缘好，在单位也和同事们相处得不错，唯有这件事让领导不满意。

【思考】如果你是小丽，你会怎么做呢？

二、与领导相处的礼仪

幼儿园教师与领导相处的礼仪主要如下。

（1）当面遇到单位领导时，应大方打招呼，如“××主任，您好！”，大方得体会给领导留下不错的印象。如果不善言辞，微笑是最好的无声语言。

小贴士

在公共场合遇见领导，不要表现得特别热情，也不要嘘寒问暖，礼貌地打招呼就可以了。在电梯或办公室里有其他人的情况下，不要与领导唠家常。

（2）尊重领导，维护领导的形象和尊严，不当面顶撞领导，不在背后诋毁领导的名誉。

（3）无意撞见领导隐私时，谨记四个秘诀——淡化、健忘、保密、坦然。把这件事抛到脑后，不要再次提起，更不要在同事间传播，装着没有看见或者看不懂。

（4）对待领导工作中的失误，要宽容、体谅。

（5）领导说话时不要插嘴，接受领导的批评，学会自我检讨，不推卸责任。

（6）找领导汇报工作时，应事先预约，不贸然敲门，更不能直接进入。

小贴士

找领导汇报工作时，要仪表整洁大方，遵守时间，不提早，也不推迟。进入领导办公室时，要先敲门，得到允许后再进入。如果领导正与他人交谈，但有急事需要马上请示时，要说“对不起，打扰了”。如果领导正在批阅文件，切忌探头探脑或用眼睛乱瞟。

汇报工作时，要文雅大方，口音清晰，语言精练，条理清楚。汇报结束后，等领导示意后方可告辞。告辞时整理好自己的物品和用过的茶具、座椅等。领导送别时，要主动说“谢谢”或“请留步”。离开领导办公室时，应先后退两三步，然后转身出去，将门轻轻关好。

（7）积极主动地支持领导，配合领导开展工作；尽可能地替领导着想，为领导分忧。

（8）准确领会领导的意图和要求，不要机械行事，有疑惑的地方主动问清楚。

（9）不论同领导的私人关系有多好，在工作中都要公私分明。

（10）对待各级领导要一视同仁，平等待人体现了一个人的礼仪修养和综合素质。

（11）对待领导不要阿谀奉承、谄媚或讨好。

拓展知识

孔子在《易·系辞下》中提到，“君子上交不谄，下交不渎”，意思是结交地位比较高的人时不去谄媚或者是讨好，结交地位比较低的人时不去轻慢和鄙视。

第二节　办公室礼仪

幼儿园办公室礼仪是指幼儿教师在办公室里进行业务交流、与同事交往时所要遵守的一系列礼仪规范和准则。办公室礼仪不仅是对同事的尊重和对幼儿园园所文化的认同，更重要的是幼儿教师为人处事、礼貌待人的最直接表现。遵守办公室礼仪既是处理幼儿园日常事务的工作需要，也是促进幼儿园教职员工人际关系和谐发展的需要，对幼儿园园所建设和幼儿教师个人发展都具有重要的作用。

一、办公室礼仪的特点

（一）平等协作

在办公室里，同事之间是平等、协作的关系，因此对待同事时，不论职务高低、关系亲疏远近，都应一视同仁，给予同等礼遇，不能厚此薄彼，区别对待。

（二）相互尊重

相互尊重是办公室礼仪的重要特点。在办公室里，同事之间要相互尊重，尊重他人的人格、物品和劳动。同事之间只有彼此尊重，才能团结协作，保持和谐愉快的人际关系。

（三）和谐发展

办公室里人际关系复杂，既有与领导、与同事、与下属的关系，又有与家长、相关机构人员的关系。办公室礼仪的核心在于处理好办公室里的人际关系，形成和谐稳定的幼儿园工作环境，从而促进园所发展和幼儿教师的个人发展。

（四）高效工作

办公室礼仪为幼儿教师提供了工作时应遵守的行为规范和准则，促进了办公室人际关系和谐发展，使幼儿园的各项工作顺利开展，有效提高了工作效率。

二、办公室常规礼仪

（一）仪表方面

1. 着装

幼儿教师着装应符合幼儿园教师的职业特点。在衣着上，宜选择“流行中略带保守”的服装，不暴露，下装长度不可太短，衣着款式大方得体，色彩柔和，便于活动。上班时宜穿平底鞋，不赤脚，不穿拖鞋。

2. 仪容

幼儿教师妆容宜自然大方、淡雅，与肤色衣服相匹配，忌浓妆。保持口气和体味清新，不使用有刺激性气味的化妆品。工作时不留披肩发，头发不遮挡眼睛，不染夸张的彩发，发型不夸张怪异。工作时不佩戴戒指、耳环和耳钉及造型复杂的胸饰，所佩饰物应符合幼儿园卫生和安全要求。勤洗手，勤剪指甲，不留长指甲，不涂色彩鲜艳的指甲油，不戴墨镜和有色眼镜。

（二）行为举止

1. 体态

幼儿教师工作时，姿态要端正、大方、自然、规范。

(1) 站立时，身体挺直，挺胸收腹，头微上仰，两手自然垂放，或交握在腹前，忌双手交叉抱臂。

(2) 行走时，头正胸挺，双肩平稳，速度、步幅适中，两臂自然摆动，脚底不蹭地面，双目平视。

小贴士

走廊行走礼仪

单排行进。在走廊里行走时，至多允许两人并排行走。若多人一起并行，有可能会妨碍别人。

主动右行。在走廊里行走时，要靠右行走。若走廊仅容一人通过，对向来人时，应面向墙壁，侧身相让，请对方先通过；若对方相让，则应道谢。

缓步而行。走廊通常连接多个房间，通过走廊时，宜步伐和缓，安静通过；忌快步急奔，大声喧哗。

循序而行。不要为了走捷径，跨越走廊栏杆，或是在栏杆上行走。

(3) 坐下时，要轻轻入座，至少坐满椅子的 2/3，后背轻靠椅背，双膝自然并拢（男士可略分开），坐姿应正直、自然、放松。如长时间端坐，可将双腿交叉重叠，但注意将腿向回收。

(4) 下蹲时，身体直立，双膝靠近，臀部向下，脚掌支撑，不可在行走中突然下蹲。

(5) 交谈时，面带微笑，神态自然亲切，目光正视对方，不左顾右盼。对坐交谈时，身体略向前伸，以示礼貌和尊重。

(6) 打手势时，动作幅度、力度适中，自然柔美。

小贴士

举手示意手势

举手示意是办公场所常用的手势。正确的示意手势是除拇指外，四指合拢，伸出手掌，用指尖所指的方向示意。注意，不能只伸出食指，用一个指头引导或指示。此外，工作中，有些人习惯用手中正在拿着的笔指点对方或做示意，这也是不符合礼仪规范的。

2. 出入房间

（1）开关房门。不论出或入房间，都应轻拉、轻关，不能以身体其他部位代劳，如以肘推门、以脚踢门、以膝顶门等。进入别人办公室时，不论房门开或关，都应轻轻敲门，得到允许后方可进入。

（2）讲究顺序。出入房间时，若恰逢他人与自己方向相反，则应对其礼让。一般来讲，房内之人先出，房外之人后入。若对方是尊长、女士或来宾，则应请他们先进入房间，必要时应主动为之效劳，替对方开门或关门。

3. 递交物品

递交文件时，要将正面、文字一面向上，递交给对方；递交尖锐物品，如钢笔、剪刀等时，应将尖锐的一头朝向自己，再递给对方。

小贴士

携带文件时，应以左手持文件，放在胸部左侧，再以右手抓扶文件。不要双臂交叉将文件抱在胸前，更不要把文件挟在腋下。

4. 致意

行致意礼时，要诚心诚意，表情和蔼可亲。办公室常用的致意礼有点头致意、举手致意、欠身致意和握手致意。

（1）点头致意。点头致意时，头微微向下一动，动作幅度不要过大；目光直视对方，面带微笑。注意，要脱帽，以示礼貌。

（2）举手致意。举手致意时，右臂伸直，四指并拢，拇指叉开，轻轻向左右摆动。注意，摆动幅度不要过大，也不要反复摆动，摆动一两下即可。

（3）欠身致意。欠身致意时，身体上半部微微向前一躬，同时点头。通常起立和欠身并用。注意，鞠躬的角度不宜过大，15 度即可。

（4）握手致意。握手致意时，要注意次序，等上级、长辈、女士先伸出手后，再握手。握手时，上身略向前倾，右边胳膊自然伸出，与身体呈 50 度夹角，掌心向左，虎口张开，五指握住对方手掌。握手时应轻而有力，以示热情友好。男士与女士握手时，只需握住手指即可。

5. 接待

（1）迎宾。迎宾接待致礼时，要积极热情，起立迎接，主动上前，用规范的礼貌用语问候客人，并做自我介绍。需要握手时，动作要规范恰当。如需交换名片，应用右手或双手接过对方名片。

（2）问候。了解访客的身份、来意，根据需要适当安排，尽力协助客人解决问题。

（3）交谈。与访客交谈时，要神态专注，表情自然，认真倾听，表达得体。对访客应一视同仁，不区别对待。

（4）送客。客人离开时，要起身相送，热情有礼。

（三）言谈方面

1. 语言文明规范

子曰："文质彬彬，然后君子。"语言是一个人内在气质的表达，也是一个人性格特点、生活态度的体现。在办公场所说话时，应音量适中，吐字清晰，用语文雅礼貌，能够准确礼貌地使用谦语、敬语和各种称谓，忌用讽刺、挖苦、嘲笑的语言，从语言中体现出说话人诚挚的态度、谦逊的风格和宽容的气量。

小贴士

在办公室交谈时，语气应亲切谦和，不盛气凌人，不随便指责别人。遇事协商时，可用商量的语气，如"您看这样行不行？"办公室同事之间是平等协作的关系，在交谈语气上，应平和谦逊，有商有量。

2. 表达准确流畅

快捷高效地解决问题永远是职场的第一要务。准确清晰地表达自己的观点，可以让对方准确无误地接收到信息，快速地解决问题。在办公室里，无论是阐述观点或是分析问题，都应准确无误地表明自己的观点，不含糊其辞，也不任意夸大。表达时，要言简意赅，思路清晰，长话短说，废话不说，不信口开河，不没话找话，这些都是办公室言谈礼仪应遵守的原则。此外，交谈时要注意语言的节奏，不能像放连珠炮，宜张弛有度，快慢适当。

3. 积极互动交流

在办公室交谈时，要注意与对方积极交流互动。

（1）要学会倾听。学会倾听是最有效的沟通技巧。专注地倾听体现了对对方的尊重，也是真诚待人、稳重可信、文明有礼的表现。倾听时要专注，把握对方言语中的主要观点，注意说话人的神态、表情、声调、语气、姿势等非语言符号传递的信息，读懂对方的弦外之意；恰当地提出问题和插话，表达出对对方所谈内容的关心、重视、理解和支持，但不要打断对方的谈话；注意自己的体态语言，要体现出自己对谈话的重视和关注。

（2）要积极回应。在对方发言之后，要站在同理心的角度，向对方表示对他所谈内容的重视，了解和把握对方的用意和感受，并积极做出回应。在回应时，应结合自身经历，真诚地表达自己的体会和感受，让对方感受到理解和信任。

小贴士

互动时，可以通过复述对方内容的方法，表达出对对方所谈内容的理解和重视。

4. 避开禁忌话题

办公室并不是可以畅谈的场所，在办公室里说话要有分寸。在办公室交谈中，要注意以下话题不能涉及。

（1）个人隐私。个人隐私是个人生活中不愿为他人公开或知悉的秘密。交谈中，有关对方年龄、婚恋、收入、家庭、健康、经历等涉及个人隐私的话题切勿加以谈论。

（2）非议旁人。非议旁人是对他人的不尊重，也是个人道德修养不佳的表现。在办公室交谈中，不能传播闲言碎语，造谣生事，非议不在场的其他人士。

（3）倾向错误。倾向错误的话题，如思想反动、违法乱纪、违背道德伦理、生活堕落等，在办公室谈话中都应避免。

（4）嘲弄挖苦。在交谈中，切忌嘲弄挖苦对方，调侃对方的短处或缺点，口无遮拦，让对方出丑，下不了台。挖苦捉弄人，必定会伤害对方，破坏办公室内和谐的人际关系。

（5）令人不适。让人感到伤感或不适的一些话题，如死亡、灾祸、惨案、疾病、挫折、失败等，或是一些对方不感兴趣或反感的话题，都不宜在办公室中谈论。

案例

赵欣和孙莉是新星幼儿园小二班的专任老师，两人第一次搭档带班，孙莉是主班主任，赵欣是副班主任。孙莉在幼儿园工作已经有五年了，兢兢业业，深受孩子们的喜爱。但因为孙莉是高中毕业，她总觉得大学毕业的赵欣看不起自己；而赵欣刚入职一年，她和前辈在一起工作总觉得有压力，久而久之，对孙莉采取了敬而远之的态度。

【思考】赵欣和孙莉相处中存在什么问题？你认为应如何解决呢？

拓展知识

十条办公室社交礼仪

（1）微信沟通工作，能发文字就别发语音，能一整段文字叙述就别一句一句往外蹦，能尽量精练就别啰里啰唆，能考虑周全就别事后找补。

（2）不是足够了解和熟悉的同事，不要拿对方的缺点开玩笑，你无法判断他是不是在意。不要当众让别人尴尬，你让他下不来台没面子，就是树敌给自己找麻烦。

（3）选择题没那么难，不要老说“随便”。别人说话的时候不要插嘴，让对方把话讲完，是一种礼貌，更是一种修养。

（4）能说“我不知道”就别说“我怎么知道”，能回答“是的”“没错”就别回答“你说呢”，能说“好的”“可以”“我知道啦”就别说“嗯”，不要说“又怎么了”等不耐烦的话。

（5）多用礼貌用语，如“请”“谢谢”“对不起”。如果不想被辞退，就少说这三句话：“我不知道”“这不归我管”“我没有办法”。

（6）别人和你说话的时候，放下手中的事看着对方，这是最起码的尊重。你和别人说话的时候，用“我讲明白了吗？”代替“你听懂了吗？”。

(7) 能自己做的事，最好不要麻烦别人。别人找你帮忙，如果做不到，请明确拒绝，不要轻易许诺。

(8) 少说“我不行”，领导安排工作，同事找你帮忙，肯定都是有“你能行”的预期，你说“不行”就等于在推脱。

(9) 不要一推门就问领导“怎么办”，即便求助也要先拿出解决方案，否则只代表你非常无能。

(10) 不在背后说别人的坏话，你说的坏话别人早晚会知道，除了制造恩怨外没有任何价值。与其埋怨别人，不如经常反省自己。

(资料来源：简书. [2023-9-20]. https://www.jianshu.com/p/5c1d03a9c8cb)

第三节　办公室设备使用礼仪

办公室设备使用礼仪是幼儿园园所文化的重要组成部分，反映了幼儿教师的综合素养和内在素质，体现了幼儿园的整体精神风貌。幼儿教师应掌握一定的办公室设备使用礼仪，提升个人的礼仪修养，更好地为幼儿教育服务。

一、办公室设备使用的基本原则

（一）办公专用

办公室的各项设备仅可用于幼儿园园所工作需要，未经批准，不得用作其他与工作无关的用途。

（二）专人专用

非幼儿园工作人员，未经许可，不得使用幼儿园内的办公设备；幼儿园教职员工只能使用授权范围内的设备，不得违规操作非权限内的办公设备。

（三）正确使用

幼儿园教职员工须按照办公设备使用说明书正确使用办公设备，不得随意拆卸或移动办公设备。

（四）仔细爱护

幼儿园教职员工应爱护办公设备，保持设备的干净整洁；不过度使用设备，延长办公设备的使用寿命。

（五）勤俭节约

幼儿园教职员工在使用办公设备时，要力求勤俭节约，杜绝浪费。

案例

办公室节约八项措施

(1) 节约用电。白天工作时间，办公室不开电灯，尽量使用室外光源；公共过道、卫生间的电灯根据需要开启并随手关闭。各部门计算机、打印机、饮水机等电器下班前关闭，并切断电源。

(2) 节约用品，严格审批和控制办公用品购买、使用、发放数量。

(3) 对非易耗办公用品正确使用，保证计算机、打印机、传真机等设备良好率。打印、复印对外实行领导审批、对内实行登记制度。

(4) 节约耗材。文件草稿的打印、复印用纸能省则省，充分发挥办公自动化设备的作用，尽量在计算机上修改材料，减少重复打印次数；在确保安全保密的前提下，提倡纸张双面使用；能传阅的文件资料尽量传阅，减少复印。

(5) 节约通信费用。合理控制固定电话、移动电话的费用，根据工作需要，提倡言简意赅，做到长话短说，缩短通话时间。

(6) 节约油费。尽量减少使用机动车出车次数，外出办事能不用车就不派车，使用公交 IC 卡乘坐公交车，以节约油费、停车费等。

(7) 节约用水。水龙头尽量开小，用完随手关闭，经常检查供水设备，避免跑、冒、滴、漏等浪费水的现象。

(8) 财务部门及主管领导要加强对单位办公经费预算的审核和使用情况的监管，发现铺张行为要在审批环节上坚决予以制止。

(资料来源：360 文库 . [2023-9-20]. https://wenku.so.com/d/e89512974dbf73c30915a68f4963010c)

(六) 安全保密

幼儿园教职员工在办公设备使用中要有安全保密意识，使用中注意用电安全、操作安全及网络安全意识，严禁下载与工作无关的程序或软件。园所内的办公文件不得随意传播；计算机内的保密文件资料未经批准不得复制；重要的资料应做好备份，以防丢失。

二、办公室设备使用礼仪

(一) 工作计算机

(1) 办公室计算机仅用于幼儿园内工作使用，严禁用于其他与园内工作无关的用途。不得访问非法和不健康网站。

(2) 外带存储设备工作时，必须先执行杀毒程序。不得擅自下载与工作无关的内容。

(3) 不得在办公室计算机内私自安装与工作无关的相关软件。

(4) 注意文件保密，办公室计算机内的保密文件资料未经批准不得复制。

（5）尊重他人隐私，未经允许，不得私自打开办公室内其他人员的计算机。

（6）工作时间不使用计算机时，计算机一律转入休眠状态。

（7）离园时，切断计算机电源，并为计算机盖上防尘罩。

（8）计算机有故障时，应及时报告，由专人负责维修，不得私自拆卸计算机。

（二）电话

1. 接听电话

（1）电话铃响后，应停下手头正在进行的事情，立即接听，一般电话铃响不超过三声。如果接电话不及时，要向对方道歉："对不起，让您久等了。"

小贴士

有时确实无法分身接电话，如正在会晤重要的客人，或是在会议中间，不宜与来电人深谈，此时应向对方简单说明原因，表达歉意，并主动约一个具体的双方都方便的时间，由己方主动致电过去。

（2）电话接通后，主动问好，先报上自己的单位、部门或姓名，再问明对方的单位或姓名，认真倾听对方的电话事由。

（3）如需转接他人，请对方稍候。

（4）如对方询问某事，应耐心答复对方。若无法解决，向对方表示抱歉，并认真记录对方来电要求和联系方式，以便日后回电。

小贴士

5W1H 电话记录技巧

电话记录时，可用 5W1H 技巧，即对原因（何因 Why）、对象（何事 What）、地点（何地 Where）、时间（何时 When）、人员（何人 Who）、方法（何法 How）六个方面进行记录。

（5）如接听电话时，适逢另一个电话打进来，切忌中断通话。此时，应先向正在通话的一方说明原因，表达歉意，请对方不要挂断电话，稍等片刻；再接起另一个电话，请对方稍等片刻，或是约定时间再打进来或己方打过去。等对方理解后，再继续方才正接听的电话。

（6）通话结束后，对对方来电表示感谢，客气道别，等对方挂断电话后，再轻轻挂断。

2. 拨打电话

（1）选择合适的拨打电话时间。通常应根据受话人的工作时间、生活习惯选择打电话的时间，紧急事件除外。

拓展知识

拨打电话的时间

① 拨打电话宜在8点（节假日9点）以后，22点以前，以免影响他人休息。

② 不宜在中午休息，或是一日三餐的常规时间打电话，以免影响他人休息或用餐。

③ 打公务电话时，不要占用他人的私人时间，尤其是节假日时间。

④ 打非公务电话时，应避免在对方业务繁忙的时间段内拨打。

⑤ 打涉外电话时，应清楚地区时差、各国工作时间和生活习惯差异。

（2）做好通话的准备。通话前，应准确无误地查好对方电话号码，梳理准备通话的要点，列出提纲，理顺说话的顺序，备齐通话可能会用到的文件或材料等。提前做好准备，不但能使电话沟通更为流畅，而且反映出致电人良好的内在品质和礼仪修养。

（3）拨出电话前，核对所打的电话号码，以免打错，调整好自己的情绪。

（4）对方接听后，应致以简单的问候，并做自我介绍，说明要找的通话人的姓名或委托对方传呼要找的人。请受话人找人或代转时，应说“劳驾”或“麻烦您”。

（5）打电话时，拨打者应自觉地、有意识地将每次通话时间控制在三分钟内，尽量不要超过这一时间。

小贴士

对通话时间的基本要求：以短为佳，宁短勿长，不是十分重要、紧急、烦琐的事务一般不宜通话时间过长。在业务通话中，“一个电话最长三分钟”是通行的原则。该原则在许多国家，都要求公务员当作一项制度来遵守。因为随意占用对方的电话线路和工作时间是不为对方考虑的失礼行为。

（6）通话结束后，应对对方致谢，并道别。等对方挂断电话后，再挂电话。注意，挂电话时应小心轻放，不要发出很响的搁机声。

3. 通话语言

（1）声音清晰。通话时，应声音清晰，吐字清脆，让人听起来亲切悦耳。

（2）音量适中。通话时，根据周围环境调整好音量，既不过高让人耳鼓欲裂，也不过低让人听起来含糊不清。

（3）语速适中。通话时，语速不要过快，以免引起重音；也不要过慢，让人听起来无精打采。

（4）语句简洁。通话时，所使用的语句应简洁精练，清晰明了。

（5）平和礼貌。通话时，应多使用敬语，说话不生硬粗鲁；语气平和，不急躁，不抢话。

案例

电话常用礼貌用语

① 您好！这里是……请问您是哪位？

② ××× 不在，需要替您转告吗？

③ 请放心，我一定尽力办好这件事。

④ 不用谢，这是我们应该做的。

⑤ 您打错电话了，我是 ×××，……没关系。

⑥ 请联系 ××× 处（室）咨询，他们的号码是……

⑦ 请留下您的联系电话，我们会尽快给您答复，好吗？

⑧ 您好！请问是 ××× 吗？

⑨ 对不起，××× 现在不在。我能否代为转告？

⑩ 我是 ××× 幼儿园 ××× 班 ×××，您怎么称呼？

⑪ 麻烦您，请帮我转接 ×××，谢谢！

⑫ 请您稍等片刻。

⑬ 对不起，我打错电话了。

（三）复印机

复印机是办公室里使用频率较高的办公设备，有公用，也有专人专用。在使用复印机时，应遵守以下礼仪。

（1）遵循先来后到的原则。公用复印机在使用上会发生时间冲突，一般应遵守先来后到的原则。但如果后来的人复印的资料少，或是资料着急用，也可以让后来的人先印。

（2）复印机是办公设备，应仅限办公使用，不要复印私人资料。

（3）如复印机出现故障，如需要更换碳粉或是卡纸等，应通知专人进行修理。尤其是公用复印机，如果出现故障，应积极处理，以免把问题留给下一个使用者。

（4）复印机使用完毕后，要将复印机设定在节能待机状态。

（5）保管好复印的原件，以防丢失或泄密。

案例

某天，幼儿园教师孙老师去文印室复印一份材料，恰逢文印室的李老师要外出办事。李老师让孙老师把要复印的材料放在桌上，说回来后马上给她复印。孙老师急着用这份材料，但看到李老师已准备好外出，不知道该如何说明。

【思考】如果你是孙老师，你会怎么做呢？

（四）传真机

复印机使用的礼仪也适用于传真机的使用，如遵循先来后到、办公专用、及时解决故障、使用后节能待机、保存好原件等原则。此外，还应注意以下礼仪。

（1）发送传真前应通过电话确认对方是否方便接收传真。

（2）传真资料上应写明接收单位、部门和接收者的名称，以及发送方的联系信息、日期和页数，以便接收者准确接收。

（3）传真的文件不宜太长，应控制在 10 页以内，太长的文件可选择其他发送方式，如电子邮件等。

（4）机密文件的发送不宜使用公用传真机。

（5）传真信件要注意格式、称呼和敬语，信尾还应有签名。

（6）传送完毕后，应和对方确定是否收到、收齐。

（7）对方要发传真时，应及时地给予传真信号。

拓展知识

办公设备使用注意事项

① 计算机主机、打印机、复印机、传真机等办公设备在使用过程中，应注意灰尘、油污、温度、水对办公设备造成的影响，切勿将水、烟灰缸放在上述办公设备附近，轻者造成设备使用出现异常甚至无法使用，严重的会烧毁办公设备。

② 打印机、复印机、传真机等办公设备出现卡纸时，不要强拉硬拽，而应按照机内指示，轻轻将卡纸取出，并检查是否遗留碎纸片。

③ 办公设备出现异常噪声，应立刻关机，通知维修人员。不要随便拆卸机器，出现故障应及时通知维修人员。

④ 设备放置平稳，防止猛烈撞击。不要在设备上叠放过重物品，以免对办公设备造成损坏。

⑤ 打印机、复印机、传真机等办公设备出现无法打印情况时，应查看打印机电源是否打开及数据线是否断开；如使用网络共享打印，则应查看是否共享了打印机设备、网线是否松动导致无法共享打印机设备；如都正常还是无法打印，则应通知维修人员。

⑥ 办公设备在使用过程中若要拔插外部设备（如键盘、鼠标），应关闭设备电源再进行操作，防止带电操作损坏办公设备。

⑦ 办公设备在运行过程中切勿中断电源或强行关机，否则会造成办公设备出现如下情况：打印机会卡纸及停止工作、计算机因非法关机导致系统破坏无法进入系统等，从而影响正常使用。

（资料来源：道客巴巴 . [2023-9-20]. https://www.doc88.com/p-9159485559480.html?r=1）

【本章思考题】

1. 与领导相处时应遵守哪些原则？
2. 办公室礼仪有什么特点？
3. 如何进行通话内容记录？

4. 与他人沟通交流时应注意哪些礼仪？

5. 办公室设备使用有哪些基本原则？

【案例分析】

一天，一位家长随意将电动车停在路边，值勤教师上前提醒他有序停放，他却理都不理，径直走进幼儿园。值勤教师就亲自将他的车子推到停放处。一会儿，他领着孩子出来，发现自己的车子挪了地方，值勤教师站在车旁边，他用眼睛冷冷地盯着教师。值勤教师说："不好意思，我将车挪了一下，好让出通道给孩子们离园。"他仍是理也不理，让孩子在园门口上车。后勤主任见状，走过来对孩子说："今天就在这里上车，回去好好和爸爸说说，以后要将车停放在指定地点，这样才能评选上'礼仪家庭'，好吗？"孩子点点头，家长略带愧疚地走了。第二天，这位家长遇见了值勤教师，主动和教师打招呼，还说儿子回家"教育"了他，说他的做法不对。

（资料来源：爱问知识人 • 教育 . [2023-9-20]. https://edu.iask.sina.com.cn/jy/3oMtl0Vbyrs.html）

【思考】

1. 案例中幼儿园教师的哪些做法值得我们借鉴？

2. 幼儿教师在对外接待时，应注意哪些礼仪？

【课后实训】

善于与人沟通交流是幼儿教师必备的能力。观察自己或他人沟通交流时的不礼貌行为，结合所学，拟定一份与人沟通交流的礼仪规范。

第十一章 幼儿园行政人员职责礼仪

学习目标

1. 了解幼儿园行政人员职责礼仪的主要内容；
2. 掌握幼儿园行政人员职责礼仪的应用；
3. 理解幼儿园行政人员职责礼仪教育的目的和意义。

引导案例

根据上级指示精神，幼儿园从本学年度开始进行绩效工资发放，而且规定绩效工资必须体现倾向一线、多劳多得的原则。园长根据平时的工作及上年度的年度考核成绩，本着规定原则制定了幼儿园的绩效工资发放方案。在方案发放前，园长召开园委会及教研组长开会进行了商讨，征求了他们对方案的意见和建议，并对方案进行了修改。方案公布后，在幼儿园泛起很大的波澜，具体有以下几种情况。

(1) 年龄大的教师反映：应该考虑教师的年龄因素，因为幼儿教师特殊的职业特点，有的活动受到年龄的限制不能参加，势必影响考核成绩。

(2) 没有享受全额的教师反映：上年度的考核方案存在不合理的地方，所以成绩不能当成绩效发放的依据。

(3) 请假多的教师反映：考勤已经在考核中有了反应，在进行绩效发放时不应该重复进行。

(4) 一部分职称工资没有兑现的教师反映：因为上级原因工资没有到位，幼儿园应该考虑到这一因素。

种种反应在教师中流传着、交流着，严重影响了正常的教学秩序，也直接或者间接地反映到园长的面前。园长根据出现的情况，分别有针对性地找人进行促膝长谈，详细地向他们解释了方案的内容和指导原则。

(资料来源：道客巴巴 . [2023-9-20]. http://www.doc88.com/p-4823121807615.html)

【思考】该案例反映了幼儿园园长在管理中存在哪些问题？应如何改进？

第一节　园长职责礼仪

一、幼儿园园长的任职资格

幼儿园园长是履行幼儿园领导与管理工作职责的专业人员。

根据2016年教育部印发的《幼儿园工作规程》第三十九条规定，幼儿园教职工应当贯彻国家教育方针，具有良好品德，热爱教育事业，尊重和爱护幼儿，具有专业知识和技能以及相应的文化和专业素养，为人师表，忠于职责，身心健康。

《幼儿园工作规程》第四十条规定，幼儿园园长应当符合本规程第三十九条规定，并应当具有《教师资格条例》规定的教师资格、具备大专以上学历、有三年以上幼儿园工作经历和一定的组织管理能力，并取得幼儿园园长岗位培训合格证书。

幼儿园园长由举办者任命或者聘任，并报当地主管的教育行政部门备案。

二、幼儿园园长的办学理念

幼儿园园长应具备一定的专业素质，在工作中不断促进自身专业发展，提升自身的管理能力。根据2015年教育部印发的《幼儿园园长专业标准》中的规定，幼儿园园长在工作中应遵循的办学理念如下。

（一）以德为先

坚持社会主义办园方向和党对教育的领导，贯彻党和国家的教育方针政策，将社会主义核心价值观融入幼儿园工作，履行法律赋予园长的权利和义务，主动维护儿童合法权益；热爱学前教育事业和幼儿园管理工作，具有服务国家、服务人民的社会责任感和使命感；践行职业道德规范，立德树人，关爱幼儿，尊重教职工，为人师表，勤勉敬业，公正廉洁。

（二）幼儿为本

坚持幼儿为本的办园理念，把促进幼儿快乐健康成长作为幼儿园工作的出发点和落脚点，让幼儿度过快乐而有意义的童年；面向全体幼儿，平等对待不同民族、种族、性别、身体状况及家庭状况的幼儿；尊重个体差异，提供适宜教育，促进幼儿富有个性地全面发展；树立科学的儿童观与教育观，使每个幼儿都能接受高质量的教育。

（三）引领发展

园长作为幼儿园改革与发展的带头人，担负引领幼儿园和教师发展的重任。把握正确办园方向，坚持依法办园，建立健全幼儿园各项规章制度，实施科学管理、民主管理，推动幼儿园可持续发展；尊重教师专业发展规律，激发教师自主成长的内在动力。

（四）能力为重

秉承先进教育理念和管理理念，突出园长的领导力和执行力；不断提高规划幼儿园发展、营造育人文化、领导保育教育、引领教师成长、优化内部管理和调适外部环境等方面的能力；坚持在不断的实践与反思过程中提升自身的专业能力。

（五）终身学习

牢固树立终身学习的观念，将学习作为园长专业发展、改进工作的重要途径；优化专业知识结构，提高科学文化艺术素养；与时俱进，及时了解国内外学前教育改革与发展的趋势；注重学习型组织建设，使幼儿园成为园长、教师、家长与幼儿共同成长的家园。

三、幼儿园园长的主要职责

幼儿园实行园长负责制，园长全面主持幼儿园工作。《幼儿园工作规程》第四十条规定，幼儿园园长负责幼儿园的全面工作，主要职责如下：

（1）贯彻执行国家的有关法律、法规、方针、政策和地方的相关规定，负责建立并组织执行幼儿园的各项规章制度；

（2）负责保育教育、卫生保健、安全保卫工作；

（3）负责按照有关规定聘任、调配教职工，指导、检查和评估教师以及其他工作人员的工作，并给予奖惩；

（4）负责教职工的思想工作，组织业务学习，并为他们的学习、进修、教育研究创造必要的条件；

（5）关心教职工的身心健康，维护他们的合法权益，改善他们的工作条件；

（6）组织管理园舍、设备和经费；

（7）组织和指导家长工作；

（8）负责与社区的联系和合作。

四、幼儿园园长职责礼仪

（一）师德高尚

“小成在智，大成在德”，立德树人是幼儿园教育的根本任务。培养幼儿良好品德，教师首先要为人师表，以身作则，成为幼儿的表率。幼儿园园长作为幼儿园的领导者、管理者和教育者，更要修身立德，培养良好的师德师风和高尚的人格，热爱教育事业，忠于职责，恪尽职守，尊重和爱护每一位幼儿，坚持正确的办园方向。

（二）立足全园

幼儿园园长在做出重大决策前，要立足全园，综合考量，定期召开大会，传达最新的教育方针与指导思想，结合社会发展形势和本园的实际情况，提出幼儿园的总体改革目标和发展思路，征求教职工和幼儿家长的意见，制定幼儿园发展策略。

（三）依法治园

幼儿园管理应遵循依法治园的原则，即幼儿园在办园、管理和保教工作等方面要严格遵循国家的相关法律法规及幼儿园的各项规章制度，做到有法可依，有章可循。依法治园要求幼儿园园长具有先进的管理和教育理念，在幼儿园管理中贯彻党和国家有关幼儿教育的方针、政策及教育法规、规章，建立健全完善的幼儿园管理制度，遵循公正、公开、公平的原则，使幼儿园管理法治化、制度化，促进幼儿园科学、健康地发展。

（四）以人为本

幼儿园管理应以人为本。幼儿园园长对教师要体现人文关怀，关注教师的心理和情绪，以情动人，调动教师的积极情绪，使教师充分地发挥主动性、积极性和创造性。在处理问题时，要讲究情感因素，分析问题的事由，在执行制度的同时，更要做好思想工作，讲究方式方法，通情达理，才能取得良好的效果。

（五）民主管理

幼儿园管理应民主化。幼儿园园长在幼儿园管理中，应广泛吸纳幼儿园内、外各方面的意见和建议，动员全体教职工积极进行民主协商，集思广益，共同参与幼儿园的管理和决策。建立健全教职工代表大会制度，保证教职工参与行使幼儿园民主管理和监督的权利。幼儿园重大事务和涉及教职工切身利益的事项，要做到公开、透明，明确监督程序。

（六）提升素质

推行素质教育，教师的素质是关键。幼儿园园长不但要关注自身能力与素质的提升，而且要重视园所幼儿教师素质的提升和专业成长，采取多种形式促进教师综合素质提升，关注教师的自我调整、自我完善、自我发展，把好教育思想关和保教质量关，加强师资队伍建设，建设高素质、高水平的教育团队。

（七）关爱幼儿

做一名合格的幼儿教师，首先要关爱幼儿。幼儿园园长在工作中要把幼儿的生命和健康安全放在心上，关心尊重每一个幼儿，呵护幼儿身心健康，为幼儿创造宽松、和谐的学习生活环境，培养幼儿良好的行为习惯和礼仪修养，为幼儿搭建健康成长的平台。

（八）温和可亲

温和可亲是幼儿园园长必备的外在形象。一个和蔼可亲、平易近人的幼儿园园长更会受到教职工和孩子们的亲近和喜爱。幼儿园园长在工作中应面带微笑，用温和可亲的形象处理各项事务，用自身的亲和力营造良好的人文环境。

（九）待人以礼

幼儿园园长在工作场合中要做到礼让周到，礼节得体，不卑不亢。在修养上注重个人品位提升，在园所提倡幼儿教师修身养德，为人师表，讲文明礼貌，树立谦虚谨慎、不骄不躁的作风，形成相互尊重、师幼和谐共处、共同成长的良好氛围。

（十）言而有信

人无信则不立。领导者的信誉具有巨大的影响力，是一笔无形的财富。领导之所以有人追随，是信的力量。幼儿园园长在工作中要做到言而有信。言而有信是做人做事的根本，是一个人最基本的道德和修养。

（十一）换位思考

幼儿园园长在处理纷繁复杂的事务时，难免会有触及神经、令人发怒的事情。此时，幼儿园园长要多换位思考，平心静气，督促自己在法律的框架里做事或解决问题。在工作中，加强情感修养，提高自控能力，待人以宽，不情绪用事。

（十二）见得思义

“见得思义”是儒家基本的原则之一。“得”是指能满足人们欲望的东西，如权力、财富或是名声等。见得思义，即获得这些一定要合情合理，强调个人欲望的满足不以牺牲他人利益为代价。“君子喻其义，小人喻其利。”作为一个幼儿园的领航者，幼儿园园长要以幼儿园的发展为已任，大公无私，廉洁自律，以幼儿园不断发展为大义，做一名让教师、孩子、家长满意的幼儿园园长。

案例

胡老师是蓝天幼儿园的资深教师，为人正直，业务精湛，敢于向领导传达教职工的意见，为园所建设建言献策，深受教职工和孩子们的喜爱。在今年职评会上，园长提出了新的职评方案。胡老师作为职评委成员，不同意园长的方案，她想发表意见，但被园长强制制止了。胡老师很气愤，认为园长不讲民主，工作作风专横霸道，就把此事向上级主管部门进行了反映。

【思考】你认为园长的做法正确吗？为什么？

拓展知识

幼儿园园长的岗位能力要求

（1）能根据党和国家的有关方针、政策和法规、规章，结合本园实际制订本园发展规划和工作计划并组织实施。

(2) 有管理和指导保教工作的能力，能组织管理幼儿园卫生保健工作；指导教师制订适合幼儿发展水平的教育计划；正确评析保育教育工作；组织开展有效的教研工作，帮助保教人员提高业务水平，改进保教工作。

(3) 有一定的组织协调能力，能调动教职工的积极性，善于依靠和动员家长、社区等各方面的力量参与和支持幼儿园建设。

(4) 有一定的撰写文稿和口语表达能力、能拟订工作计划，撰写工作经验和研究报告，并指导教师撰写文稿。

(资料来源：中华人民共和国教育部 . [2023-9-20]. http://www.moe.gov.cn/srcsite/A06/s3327/199601/t19960126_81985.html)

第二节　幼儿园其他行政人员职责礼仪

幼儿园行政工作主要分为保教工作和行政后勤工作。幼儿园园长是幼儿园行政负责人，在园长领导下，保教副园长和后勤副园长分别负责幼儿园保教工作和行政后勤工作。

幼儿园行政工作纷繁复杂，幼儿园行政人员工作规范程度和工作绩效直接关系到幼儿园的生存和发展。加强幼儿园行政人员的职责礼仪是幼儿园师资建设的重要内容。

一、保教副园长职责礼仪

保教副园长协助园长做好幼儿园日常保教管理、教学科研、保教队伍建设、幼儿管理、家长工作、校园文化建设等，主要分管教学和科研工作，下辖部门有保教室、教研室、图书室、工会等。保教副园长职责礼仪主要如下。

(1) 协助配合园长贯彻执行党和国家教育方针政策、法律法规、上级主管部门的指示要求，以及幼儿园园务会的各项决议，认真履行职责，做好全园教育教学管理工作。

(2) 负责全园教育教学管理工作，根据《幼儿园工作规程》及幼儿园办学实际情况，制订幼儿园各项教育工作计划，并组织实施、总结每学期幼儿园教育教学工作。

(3) 熟悉幼儿园各年龄段教学内容及要求，安排全园教学工作，检查教学计划执行情况，定期观摩教学活动，有计划地开展专题教科研活动，组织教师参加教学能力培训，总结交流经验，提高教师教学水平和业务能力。

(4) 管理教师的业务档案，做好教育资料的归档工作。

(5) 负责幼儿园招生工作、幼儿入园编班，以及幼儿园保教人员的考核、评估。

(6) 监督检查幼儿园各项保教管理制度的执行情况，提出改善幼儿园办学条件、美化育人环境的计划，形成科学有序的保教秩序。

(7) 指导保教人员做好与家长及社会的沟通工作，加强家园联系。

(8) 协助园长做好保教人员的思想工作，加强职工队伍建设，培养青年教师，鼓励并支持保教人员在教育实践中大胆创新，加强对园本教研的研究，逐步形成办园特色。

（9）与保健室和后勤部门紧密配合，共同做好幼儿的保健工作和饮食营养工作。

（10）努力学习业务知识，及时了解吸收幼教工作信息、经验，推动促进幼儿园各项工作的开展。

小贴士

制订教学计划要点

（1）体现《幼儿园教育纲要》的教育思想，不断改革创新。

（2）能根据上一阶段的不足之处提出本阶段的任务要求，体现连续性和渐进发展性。

（3）分析本班幼儿的具体情况，所提出的目标符合其年龄特点和实际发展需要。

（4）包括一日生活的全部活动，规定每月或周的重点培养要求，以及有关个别教育的内容，考虑到与家庭的联系和配合。

（5）提出完成任务的具体措施和方法，并对所采取的活动形式及完成计划的日期做出规定。

（资料来源：豆丁网 . [2023-9-20]. https://www.docin.com/p-2231962314.html）

二、后勤副园长职责礼仪

后勤副园长协助园长做好幼儿园安防综治、卫生保健、幼儿膳食、备品设施采购等工作，主要分管后勤总务工作，下辖部门有总务处、保健室、文印室、财务室等。后勤副园长职责礼仪主要如下。

（一）总体工作

（1）负责全园后勤管理工作，贯彻执行幼儿园相关规章制度，协调全园安全、卫生保健、保育、综合治理等后勤工作，完善健全幼儿园相关制度，制订幼儿园后勤工作计划，并组织实施、总结、评估幼儿园后勤工作。

（2）指导幼儿园后勤人员开展工作，负责后勤人员的学习和培训、思想教育及职业道德教育，提高后勤人员工作质量和服务质量，树立全心全意为幼儿服务、为教育教学服务、为家长服务、为教职工服务的思想。

（二）幼儿膳食管理

（1）建立健全并落实幼儿园食品安全管理制度和工作要求，定期组织开展食品安全隐患排查。

（2）对幼儿园食品安全管理人员和营养健康管理人员加强管理，建立并落实集中用餐岗位责任制度，明确食品安全与营养健康管理相关责任。

（3）对食品安全与营养健康管理相关工作人员定期开展培训与考核，学习食品安全与营养健康相关法律、法规、规章、标准和其他相关专业知识。

(4) 配备营养专业人员，对幼儿膳食营养均衡等进行咨询指导，推广科学配餐、膳食营养等理念。

(5) 培养幼儿健康的饮食习惯，加强对幼儿营养不良与超重、肥胖的监测、评价和干预，通过主题班会、课外实践等形式，经常性地开展食品安全与营养健康相关知识宣传教育活动。

(6) 建立集中用餐陪餐制度，安排幼儿园相关负责人、幼儿家长与学生共同用餐，做好陪餐记录，对陪餐人员在幼儿园食品安全与营养健康等方面提出的意见与建议及时进行研究反馈。

(7) 监督幼儿园食堂，按照规定制定并执行场所及设施设备清洗消毒、维修保养校验、原料采购至供餐全过程控制管理、餐具饮具清洗消毒、食品添加剂使用管理等食品安全管理制度。

(8) 建立健全信息公开制度，利用公共信息平台等方式，及时向师生家长公开食品进货来源、供餐单位等信息，组织师生家长代表参与食品安全与营养健康的管理和监督。

(9) 保障师生家长在集中用餐重大事项上的知情权、参与权、选择权、监督权，畅通食品安全投诉渠道，听取师生家长的意见、建议。

(10) 建立健全并落实集中用餐食品安全应急管理和突发事故报告制度，制定食品安全事故处置方案。

案例

某日，某幼儿园十多名幼儿出现发热、腹痛、腹泻、呕吐现象。经仔细排查，发现是一起由志贺氏菌引起的食源性细菌性痢疾感染事件，感染原因是幼儿园厨师廖某缺乏无菌概念和无菌操作经验，在午餐加工过程中，将盛放过生食品的圆盆未经严格消毒就将熟食品放于同一容器中，使得致病菌污染食物。

【思考】参考这起事件中，你认为应如何规范幼儿园食品卫生安全管理?

(三) 设施环境管理

(1) 建立健全并落实幼儿园设施设备管理制度，定期对幼儿园园舍、场地和设备进行维修检查，发现问题及时处理并记录，杜绝安全隐患。

(2) 建立健全设施、设备安全档案资料，对所有设施、设备必须登记造册，注明购买时间、设备名称、设备价格，由办公室专人保管，并做好维修记录。

(3) 坚持勤俭办园的方针，把好幼儿园的采购关，按计划做好幼儿园日常教学、后勤用品的采购工作，严格按照审批购置单和规定手续做好采购工作。

(4) 物品入库时应严格检查其质量并做好登记。对幼儿园物品采购时间、使用寿命、报废时间、维修次数等进行详细登记并存档。

(5) 对师生及家长进行爱护公物的宣传教育，任何组织或个人不得破坏设施设备。

(6) 负责幼儿园环境的规划和建设，保证园内环境的净化、美化、绿化工作。

小贴士

采购原则标准

(1) 采购必须两人及以上作业，杜绝腐败。

(2) 采购应以满足需要为中心，避免浪费。

(3) 采购要有计划，根据批准的购置单，分轻重缓急适时购进，保证供应。

(4) 采购应本着质优价廉的原则，经过多方询价、比价、估价和议价的过程。

(5) 未经批准，一律不买。

（四）安全保卫管理

(1) 协助园长贯彻执行有关安全保卫的法律、法规和规章，建立健全校内各项安全管理制度和安全应急机制，及时消除隐患，预防事故发生。

(2) 负责制订幼儿园安全计划、重大事故安全预案及后勤人员安全岗位职责。

(3) 负责全园安全保卫工作，做好安全防卫、防火、防毒工作，加强宣传教育，发现不安全因素及时采取措施。

(4) 定期做好水、电、气等设备的安全检查、维护工作，保证幼儿用水、用电等安全，做好重点部位的安全防范工作。

(5) 负责幼儿园消防器材的管理、使用、保养、维护、更换工作并做好台账记录，定期检查消防通道，保证消防用水。

(6) 配齐公共场所等安全基础设备设施，科学、合理地布置幼儿园大型活动的场地、器材，协助各部门确保大型活动安全举行。

(7) 健全门卫制度，建立校外人员入校的登记或者验证制度，禁止无关人员和校外机动车入内，禁止将非教学用易燃易爆物品、有毒物品、动物和管制器具等危险物品带入校园。

（五）卫生保健管理

按照《托儿所幼儿园卫生保健管理办法》规定，托幼机构应当根据规模、接收儿童数量等设立相应的卫生室或者保健室，具体负责卫生保健工作。园长是幼儿园卫生保健工作的第一责任人，后勤副园长在园长领导下分管幼儿园卫生保健工作。

幼儿园卫生保健人员包括医师、护士和保健员。在卫生室工作的医师应当取得卫生行政部门颁发的《医师执业证书》，护士应当取得《护士执业证书》。在保健室工作的保健员应当具有高中以上学历，经过卫生保健专业知识培训，具有托幼机构卫生保健基础知识，掌握卫生消毒、传染病管理和营养膳食管理等技能。

卫生保健人员职责礼仪主要如下。

(1) 协助园长组织实施有关卫生保健方面的法规、规章和制度，并监督执行。

(2) 负责指导调配幼儿膳食，检查食品、饮水和环境卫生。

(3) 负责指导晨检、午检和健康观察，做好幼儿营养、生长发育的监测和评价；

定期组织幼儿健康体检，做好幼儿健康档案管理。

(4) 贯彻“预防为主”的方针，密切与当地卫生保健机构的联系，协助做好疾病防控和计划免疫工作。

(5) 发现传染病患儿应及时按照规定进行报告，在疾病预防控制机构的指导下，对环境进行严格消毒处理。

(6) 定期接受当地妇幼保健机构组织的卫生保健专业知识培训。

(7) 定期向幼儿园教职工进行卫生知识宣传教育、疾病预防、卫生消毒、膳食营养、食品卫生、饮用水卫生等方面的具体指导。

(8) 妥善管理医务室医疗器械、消毒用具和药品。

(9) 做好夏季防暑降温工作、冬季防寒保暖工作，防止中暑和冻伤。

拓展知识

《托儿所幼儿园卫生保健管理办法》(节选)

托幼机构卫生保健工作包括以下内容。

(1) 根据儿童不同年龄特点，建立科学、合理的一日生活制度，培养儿童良好的卫生习惯。

(2) 为儿童提供合理的营养膳食，科学制订食谱，保证膳食平衡。

(3) 制订与儿童生理特点相适应的体格锻炼计划，根据儿童年龄特点开展游戏及体育活动，并保证儿童户外活动时间，增进儿童身心健康。

(4) 建立健康检查制度，开展儿童定期健康检查工作，建立健康档案。坚持晨检及全日健康观察，做好常见病的预防，发现问题及时处理。

(5) 严格执行卫生消毒制度，做好室内外环境及个人卫生。加强饮食卫生管理，保证食品安全。

(6) 协助落实国家免疫规划，在儿童入托时应当查验其预防接种证，未按规定接种的儿童要告知其监护人，督促监护人带儿童到当地规定的接种单位补种。

(7) 加强日常保育护理工作，对体弱儿进行专案管理。配合妇幼保健机构定期开展儿童眼、耳、口腔保健，开展儿童心理卫生保健。

(8) 建立卫生安全管理制度，落实各项卫生安全防护工作，预防伤害事故的发生。

(9) 制订健康教育计划，对儿童及其家长开展多种形式的健康教育活动。

(10) 做好各项卫生保健工作信息的收集、汇总和报告工作。

(资料来源：中华人民共和国教育部 . [2023-9-20]. http://www.moe.gov.cn/jyb_xxgk/moe_1777/oe_1779/201011/t20101117_111116.html)

(六) 财务管理

幼儿园财务管理的主要任务是合理编制园内经费预算，严格预算执行，完整、准确编制幼儿园决算，真实反映幼儿园财务状况；建立健全财务规章制度，加强经济核算，实施绩效评价，提高资金使用效益；加强资产管理，合理配置和有效利用资产，防止资产流失；加强对幼儿园经济活动的财务控制和监督，防范财务风险。幼儿园园长对幼儿园财务工作负责。在园长领导下，后勤副园长分管幼儿园财务工作。

幼儿园财务人员职责礼仪主要如下。

(1) 认真贯彻执行国家有关法律、法规和财务规章制度，遵守各项财会制度，认真履行工作职责，有权要求幼儿园有关部门、人员严格执行国家有关财经纪律和财务会计制度。坚持勤俭办学的方针。

(2) 协助园长做好每学期和每学年的经费预算和结算工作，参与经费管理，合理安排全园经费的使用，做到计划开支。

(3) 有权监督、检查幼儿园有关财务收支、资金使用及财产保管等情况。

(4) 按照会计制度的规定设置账目，做到手续完善，内容真实，数字准确，日清月结。

(5) 妥善保管会计凭证、账簿、报表档案资料。

拓展知识

教育部办公厅关于做好学校食品安全与传染病防控工作的通知（节选）

严格学校食品安全管理。学校要按照《食品安全法》要求，切实落实校园食品安全管理的主体责任，将食品安全作为日常管理的重要内容，实行食品安全校长负责制，建立健全校园食品安全管理制度，明确食品安全管理人员和每个岗位的安全职责，层层签订食品安全责任书。

加强食堂管理，严格管控原料采购、加工制作、清洗消毒、留样管理和用水卫生等关键环节。

禁止采购和使用无食品标签、无生产日期、无生产厂家及超过保质期的米、面、油等食品原料和食品，仔细查验供货者的食品经营许可证等合格证明文件，对采购的原料按照保证食品安全的条件要求贮存。

定期开展食品安全自查。

采用集体用餐配送单位供餐的，要把食品安全作为遴选供餐单位的重要标准，与供餐单位签订食品安全责任书。

鼓励中小学校和幼儿园在厨房、配餐间等安装监控摄像装置，实现食品制作实时监控，公开食品加工制作过程，自觉接受学生及家长监督。

学校特别是中小学校和幼儿园要切实落实晨检、因病缺勤病因追查与登记制度，做到传染病疫情早发现、早报告、早处置。要注意保持教室、阅览室（图书馆）、实验室、宿舍、食堂等人群密集场所的通风换气工作，保持室内空气清新。加强饮用水卫生安全管理，确保为学生提供合格的安全饮用水，要主动争取卫生计生部门的指导和帮助，做好自备水源、二次供水、食堂蓄水池、直饮水、桶装水等供水设施的清洁、消毒等工作，防止水源污染，确保饮用水安全卫生。通过自备水源、二次供水设施、直饮水提供的学生生活饮用水应经当地卫生部门水质检测合格后方可使用。

（资料来源：中华人民共和国教育部 . [2023-9-20]. http://www.moe.gov.cn/srcsite/A17/moe_943/s3283/201704/t20170401_301690.html）

【本章思考题】

1. 幼儿园园长应遵循的办学理念有哪些？
2. 幼儿园园长如何进行民主化管理？
3. 撰写教学计划时应注意哪些方面？
4. 如何做好幼儿园的食品安全工作？
5. 担任幼儿园卫生保健人员需要具备哪些条件？

【案例分析】

一天，某幼儿园中班的小朋友正在操场开展户外体育活动，张翼小朋友趁老师不注意，溜到活动场地旁边的滑梯玩，不慎从未固定好的滑梯上摔下，并被倾倒的滑梯压住，造成伤残。该滑梯是幼儿园本学期新购的设施，上周发现滑道和滑梯平台间出现断裂，园方已在滑梯四周围上栏杆，并在旁边和滑梯口出示“禁止攀玩”的警示牌，通知各班教师不能让幼儿玩滑梯。同时，幼儿园已与玩具生产商取得联系，要求生产商一周内上门维修。但不幸的是，悲剧竟然就在此间发生了。

（资料来源：原创力文档 . [2023-9-20]. https://max.book118.com/html/2016/1225/76726856.shtm）

【思考】

1. 本案例中，幼儿园在安全管理上存在哪些问题？
2. 幼儿园应如何加强安全管理？

【课后实训】

假设你是幼儿园后勤副园长，请结合所学，为幼儿园制订一份设施设备安全管理方案。

第十二章

幼儿礼仪教育

学习目标

1. 了解幼儿礼仪教育的意义和特点；
2. 熟悉幼儿礼仪教育的目标和内容；
3. 掌握幼儿礼仪教育的途径和方法。

引导案例

五岁多的茜茜小朋友刚从其他幼儿园转来，身高明显比同龄的小朋友高出一个头，清秀可人的外形，穿着时尚，性格活泼，但在她身上折射出的礼仪行为令人担忧。

镜头一：入园时，她总是耍脾气，有时使劲拽着妈妈的手，哭闹着不肯进教室，妈妈提出交换条件——买东西，她才松手，一脸胜利的表情，跟没事一样，径直走进教室，老师向她微笑打招呼，她却不屑一顾。

镜头二：上课时，她不是走到其他小朋友的位置，拉扯女孩子的头发，就是走到窗户边独自欣赏风景。户外游戏时，她不是推其他小朋友，就是四处乱窜，不听指挥，有时还躲起来，让老师们担心。

镜头三：区域活动时，她总是不守规则，还不时使用暴力抢其他小朋友的玩具，然后把玩具随手乱丢。

镜头四：午睡时，大家都排好队，她不是往楼上跑，就是跑到一楼躲到楼梯拐角处，让保育老师顾此失彼。好不容易把她带进寝室，她也不能安静躺下，不时发出怪叫声，做小动作打扰身边小朋友休息。

小朋友们都不喜欢和她玩，对她的告状不绝于耳。茜茜的种种表现让老师们头疼不已。

（资料来源：百度文库 . [2023-9-20]. https://wenku.baidu.com/view/98195a334793daef5ef7ba0d4a7302768f996f22.html?_wkts_=1695287128219）

【思考】是什么原因让茜茜变成了离群的顽劣“小野马”？如何规范茜茜的行为？

第一节　幼儿礼仪教育的意义和特点

百年大计，教育为本。教育是民族振兴、社会进步的基石，是提高国民素质、促进人的全面发展的根本途径。坚持以人为本、全面实施素质教育是教育改革发展的战略主题。文明礼仪教育作为培养幼儿良好行为习惯和提高思想道德素质的重要途径，是推进素质教育的重要环节。加强幼儿文明礼仪教育，既是弘扬中华民族传统美德的需要，也是培养社会主义合格公民的必然要求。

一、幼儿礼仪教育的意义

（一）弘扬中华民族传统美德

礼仪是人们在社会交往活动中的行为规范与准则。礼是一个国家文明的标志，也是社会个体道德修养的外在体现。中国素有“礼仪之邦”的美誉，源远流长的礼仪文化是中华五千年文明史上的璀璨明珠。荀子云：“不学礼无以立，人无礼则不生，事无礼则不成，国无礼则不宁。”礼仪是人类文明的基本要求。

学前期是幼儿学习各种行为要求的理想时期，更是礼仪等良好行为习惯养成的最佳时期。幼儿通过礼仪教育，可以学习尊敬师长、孝敬父母、遵纪守法、乐于助人等文明礼仪行为，对于继承和弘扬中华民族传统美德具有重要意义。

（二）提升幼儿的交际能力

在幼儿时期，礼仪作为交往与交流的桥梁和纽带，是不可或缺的重要教育内容。文明有礼是解决幼儿间冲突的润滑剂，是幼儿快乐交往的源头。礼仪教育有利于培养幼儿良好的行为习惯与健康人格，促进幼儿社会性的发展。德国著名心理医生斯蒂芬妮·斯蒂尔指出，童年生活对一个人的成年行为有很重要的影响。

一个人成年后的人际交往，很大程度上取决于他童年时是如何与其他小朋友交往的。通过礼仪教育，幼儿明白什么是礼仪，懂得关心尊重他人、团结同伴、互帮互助，学会如何礼貌地与他人交往合作，帮助幼儿形成文明有礼的交往意识，提升幼儿的交际能力。

（三）提升幼儿的道德修养

教育家叶圣陶说过：“什么是教育，简单一句话，就是要培养良好的行为习惯。”良好的行为习惯要从孩提时代开始培养。幼儿期正处在个性及品性形成发展的重要时期，在人格形成方面具有极大的可塑性。对幼儿实施礼仪教育，可以使幼儿学会遵守公共场所的社会公德，规范自己的言行举止，增强道德自律能力，逐渐形成健全的人格，成长为有素质、有良好道德修养的人。

（四）促进幼儿的社会化

幼儿的社会化是指幼儿将社会所期望的价值观、行为规范内化，获得社会生活所需要的知识和技能，以适应社会变迁的过程。对幼儿而言，这是被社会认同、参与正常社会生活的必要途径。幼儿的社会化是一个过程，这其中礼仪教育发挥着重要的作用。通过礼仪教育，幼儿学习了解社会生活方式，懂得遵守公共场所不大声喧哗、不乱扔垃圾等社会公德，形成了符合社会期望的良好礼仪习惯，逐步趋向社会化。

（五）促进幼儿审美能力的发展

礼仪教育引导幼儿在仪表仪容、形体姿态、行为举止等方面讲究文明礼仪，在这一过程中，优雅的穿着、优美的体态、文明的举止，无不渗透着美，潜移默化地感染着幼儿。礼仪教育可以促进幼儿知礼、达礼、崇礼、用礼，自发地欣赏美、发现美、创造美，从而提高幼儿的审美能力。

二、幼儿礼仪教育的特点

（一）基础性、启蒙性

幼儿园教育是基础教育的重要组成部分，是我国学校教育和终身教育的奠基阶段。“人生百年，立于幼学。”幼儿园的教育对象幼儿正处于人生发展的起始阶段，是从懵懂迈开脚步走向社会的开始，这一阶段获得的学习经验不仅影响幼儿当下的发展，而且影响幼儿终身的发展。儿时养成的良好行为习惯，对于人的一生具有决定性的意义。

幼儿思维的主要特点是具体形象性，即依靠对事物具体形象的联想进行的。幼儿思维的发展是知觉—具体形象—抽象—辩证的过程。因此，幼儿礼仪教育是通过让幼儿体验关于自然、社会与人类的最浅显的知识和观念，帮助幼儿认识周围的世界，开启幼儿的智慧与心灵，萌发他们的优良个性和品质。

（二）全面性、生活性

幼儿礼仪教育渗透在幼儿一日生活的各项活动中，涉及健康、语言、社会、科学、艺术等领域，各领域的内容相互渗透，从不同的角度促进幼儿情感、态度、能力、知识、技能等方面的发展，实现幼儿的全面和谐发展。幼儿心理发展并不是单方面的孤立发展，而是涉及幼儿身体、认知、情感、社会性等各方面的发展。因此，幼儿礼仪教育应适应幼儿心理发展特点，以综合全面的整合性教育活动培养幼儿形成良好的礼仪习惯。

幼儿礼仪教育注重幼儿的直接感知、实际操作和亲身体验，在内容和途径上与幼儿的实际生活紧密联系，引导幼儿积累生活的感性经验，使幼儿在现实生活中，通过与大量的人、事物相互作用，获得知识，习得态度，体验情感，形成个性。因此，幼儿礼仪教育必然带有浓厚的生活特性。

（三）活动性、游戏性

幼儿身心发展的特点决定了幼儿主要是通过各种感官来认识世界。在获得丰富的感性经验的基础上，幼儿才能理解事物，对世界形成相对抽象的认识。幼儿的思维发展带有很强的直觉行动性质，其思维的进行不仅依赖幼儿对事物的感知，而且离不开幼儿自身的动作。转移幼儿的活动对象和动作，幼儿的思维也就会随之转移。幼儿的这种行动性和形象性的认知特点，使得幼儿礼仪教育必须以幼儿主动参与的教育性活动为基本形式，让幼儿在活动中习得和实践礼仪。

幼儿礼仪教育应当以游戏为基本活动，寓教育于各项活动之中。幼儿记忆具有无意性、暂时性和情绪性，形象鲜明、具体生动、能满足幼儿个体需要的事物更容易被幼儿自然而然地记住。游戏是对幼儿进行礼仪教育的重要形式。根据幼儿的年龄特点设计游戏活动，鼓励和支持幼儿根据自身兴趣、需要和经验水平自主选择游戏内容、游戏材料和伙伴，使幼儿在游戏过程中获得积极的情绪情感，促进幼儿能力和个性的全面发展。

（四）潜在性、隐蔽性

幼儿园的品德教育应当以情感教育和培养良好行为习惯为主，注重潜移默化的影响，并贯穿于幼儿生活及各项活动之中。幼儿礼仪教育的一个突出特点就是教育的潜在性和隐蔽性。由于幼儿身心发展和学习的特点，使幼儿礼仪教育不是体现在课堂、教材中，而是渗透在幼儿的每日生活中，体现在游戏和其他幼儿喜爱的教育活动中。

教师根据幼儿礼仪教育的教学目标、教学内容、教学要求精心设计教学活动，但幼儿并不能清楚地认识到这些目标、内容和要求。幼儿感知更多的是教师创设的活动环境、活动的内容、活动的设施材料和教师示范性的礼仪行为。幼儿礼仪教育渗透在活动的每个环节，潜移默化地影响幼儿，使幼儿在不知不觉中形成文明礼仪习惯。

第二节　幼儿礼仪教育的目标和内容

幼儿礼仪教育是对幼儿进行道德行为规范、人际关系准则的传统美德教育，是幼儿园德育教育的基础工程，是素质教育的重要内容。幼儿礼仪教育旨在传承中华民族优秀美德，使幼儿了解和掌握基本礼仪常识，树立礼仪意识，培养尊重、真诚、谦让、友善的优秀品质和良好的行为习惯，成长为道德高尚、人格健全的社会主义接班人。

一、幼儿礼仪教育的目标

幼儿礼仪教育的总目标是传承中华礼仪，帮助幼儿建立健全人格，培养幼儿尊重、真诚、谦让、友善的优秀品质和良好的行为习惯，为社会培养高素质公民奠定基础。美国著名的教育学家布鲁姆把教育目标分为认知领域、情感领域和动作技能领域。

（一）认知领域

在认知方面，通过礼仪教育，幼儿应掌握一些基本的礼仪常识。幼儿礼仪教育贯穿于幼儿一日生活中的各项活动，涵盖幼儿的仪表仪容、形体姿态、言谈举止等内容。通过礼仪教育，幼儿应掌握个人礼仪、亲子礼仪、师幼礼仪、同伴礼仪、公共礼仪等基本礼仪常识，在日常生活中树立礼仪意识，养成良好的礼仪行为习惯，培养道德高尚的优秀品质。

（二）情感领域

在情感方面，通过礼仪教育，幼儿能够明辨是非，产生礼仪光荣、热爱礼仪的情感。幼儿礼仪教育教给幼儿正确适宜的道德行为规范和人际交往准则，在潜移默化中影响幼儿，引导幼儿以高尚的道德规范自己的行为，从而发现美，欣赏美，并能明辨是非，认清哪些行为是适宜的、被社会认可的，哪些是不适宜的、不被社会认可的，进而爱上礼仪，以讲礼仪为荣。

（三）动作技能领域

在动作技能方面，通过礼仪教育，幼儿应能在日常生活中践行礼仪规范，用良好的礼仪规范自己的行为。根据幼儿的身心发展和学习特点，幼儿的教育活动注重幼儿的直接感知、实际操作和亲身体验。幼儿园在幼儿礼仪教育中，应为幼儿创设合适的条件，让幼儿自觉地在日常生活中践行礼仪规范，学以致用，养成文明礼仪的良好习惯。

二、幼儿礼仪教育的主要内容

幼儿礼仪教育是把幼儿作为教育对象，将人们在社会交往活动中的行为规范与准则作为教育内容渗透在幼儿的一日活动中，使幼儿的礼仪认知、行为、情感都能够得到内化，培养幼儿良好行为习惯和提高幼儿道德修养的教育。概括而言，幼儿礼仪分为生活礼仪、学习礼仪和公共场所礼仪三大部分。

（一）生活礼仪

幼儿生活礼仪是幼儿在日常生活中应遵守的基本行为规范，可分为仪容仪表礼仪、用餐礼仪和交往礼仪三个方面。

1. 仪表仪容礼仪

幼儿在日常生活中要养成保持身体和服装整洁、讲卫生的习惯，平时保持正确的坐、站、走姿势。

小贴士

个人卫生习惯

（1）早晚要洗脸刷牙，口杯、毛巾要专用。

(2) 饭前便后要洗手。
(3) 衣着整洁，不穿奇装异服。
(4) 要做到六勤：勤洗澡，勤洗头，勤理发，勤洗手，勤换衣服，勤剪指甲。
(5) 随身带手绢手纸。
(6) 不乱扔果皮纸屑，不随地吐痰。
(7) 不在嘴里乱咬东西（如铅笔、指头等）。

案例

姿态礼仪

站姿礼仪：昂起头，挺起胸，眼不斜，身要正；手垂放，脚并拢，像士兵，真精神。
坐姿礼仪：坐端正，不乱晃，头抬起，眼平视；背挺直，腿靠拢，脚放平，手抚膝。
走姿礼仪：走路时，胸挺起，上身直，微摇臂；步伐均，脚步轻，视前方，不张望。

2. 用餐礼仪

用餐礼仪是幼儿在就餐时应该遵守的基本的行为要求，主要包括正确地使用餐具、用餐姿势端正、饭前洗手、饭后漱口、食不言、不挑食、不剩饭、与人共餐时不抢食、保持桌面和地面的清洁等。

小贴士

使用筷子礼仪

(1) 尽量将筷子摆放整齐，不要把筷子直插入米饭中。
(2) 不要用筷子在一盘菜中来回挑拣。
(3) 不要拿筷子敲打碗碟，每次用完碗筷要轻轻放下。
(4) 不要用筷子指人。
(5) 筷子上沾着饭粒、菜叶时不要去夹菜，保持筷子清洁。
(6) 不要把筷子的一端含在嘴里，用嘴来回嘬。
(7) 不要将筷子颠倒使用。
(8) 给别人夹菜时用公筷，注意用餐卫生。

3. 交往礼仪

交往礼仪是指幼儿在与他人交往时应遵守的行为规范，主要包括正确使用称呼、常使用礼貌用语、主动打招呼道别、尊老孝亲、待人以诚、宽容体谅、遵守待客做客礼节等。

案例

星期天的上午，琳琳正坐在沙发上看书。“叮咚”“叮咚”，有人按门铃。她开门一看，是妈妈的好朋友王阿姨和她的女儿小兰，就大声喊道："妈妈，王阿姨她们来了。"喊完就躲进自己的房间画画了。

过了一会儿，琳琳出来喝水，发现妈妈把自己刚刚看的书拿给小兰看，她冲过去一把夺回，说："谁让你看我的书的？"妈妈留王阿姨和小兰吃饭，妈妈做了很多好吃的招待她们，餐桌都快放不下了。琳琳一看有自己最爱吃的油焖大虾，立刻站起来，把虾盘放到自己面前，津津有味地吃了起来。吃完饭，王阿姨和妈妈坐在沙发上聊天，琳琳一会儿要看电视，一会儿又打断妈妈和王阿姨的谈话。

王阿姨要走了。妈妈说："琳琳，王阿姨、小兰要走了，快来送送。"琳琳没有出来，只是在屋里说："我还要画画呢！"

（资料来源：360 文库 . [2023-9-20]. https://wenku.so.com/d/f812cc85ecca75203c37caa64d1be853）

【思考】琳琳在待客过程中，有哪些行为需要改正？

（二）学习礼仪

学习礼仪是幼儿在学习过程中需要遵守的行为规范，主要包括发言时举手、认真倾听别人的发言、尊重别人的意见、遵守活动规则、避免制造噪声、尊重老师、团结同学、爱护班级物品等。

小贴士

沟通交流礼仪

沟通交流可以增加同学之间的了解、友谊和相互增长知识。同学之间沟通交流时应遵守以下礼仪。

（1）说话态度诚恳谦虚，语调平和，不装腔作势。

（2）语言文雅，不讲粗话。

（3）开玩笑注意场合分寸，不嘲笑同学的缺点和短处。

（4）不轻易打断别人的讲话，插话或提问时选择适当的时机。

（5）同学说错或说得欠妥时，应恳切、委婉地指出，注意不伤害同学的自尊心。

（三）公共场所礼仪

幼儿公共场所礼仪主要是幼儿在公共场所应该注意的礼仪规范。公共场所礼仪涵盖面较广，要求幼儿能遵守基本的公共秩序。

拓展知识

公共场所礼仪

（1）行走：走人行道、不随地吐痰、靠右通行、不闯红灯、过马路走斑马线、不在马路上奔跑嬉闹等。

（2）乘车：在等待线后按顺序排队、主动购票、先下后上、不争抢座位、礼让老弱病残孕、不向车窗外扔杂物等。

(3) 乘电梯：不扒门、不乱按、不上下跳、超载时主动退出等。

(4) 图书馆：保持安静、不喧哗、不污损图书、书归原位等。

(5) 商场：不乱跑、不私拆商品、不私尝食品等。

(6) 电影院：保持安静、不乱扔东西、观影后有序离场等。

(7) 博物馆：保持安静、不吃食物、不随意碰触文物等。

(8) 公园：不践踏草坪、不采摘花果、保持环境卫生等。

(9) 动物园：不随意给动物喂食、不用石头打动物等。

(10) 游乐场：按顺序排队、不插队、不席地而坐等。

(11) 游泳馆：不往池内扔脏物、不在游泳池内小便等。

第三节　幼儿礼仪教育的途径和方法

幼儿园的礼仪教育具有潜移默化的特点。幼儿园应把幼儿礼仪教育渗透在多种活动和一日生活的各个环节之中，创设能使幼儿感受到接纳、关爱和支持的良好环境，为幼儿提供人际间相互交往和共同活动的机会和条件，幼儿园、家庭和社会密切合作，协调一致，共同促进幼儿良好社会性品质的形成。

一、幼儿礼仪教育的途径

（一）渗透在幼儿园一日生活中，组织多样化教育活动

幼儿礼仪教育应当以情感教育和培养良好行为习惯为主，注重潜移默化的影响，并贯穿于幼儿生活及各项活动之中。幼儿的礼仪教育要以幼儿的一日生活为主线，从幼儿入园向老师和小朋友们问好开始，安排多样化的教学活动，综合组织健康、语言、社会、科学、艺术各领域的教育内容，培养幼儿养成良好的礼仪习惯。

幼儿园的各项教育活动的组织应当采取灵活的教育形式，为每个幼儿提供充分参与的机会，满足幼儿多方面发展的需要，促进每个幼儿在不同水平上得到发展。幼儿园应当充分尊重幼儿的个体差异，根据幼儿不同的心理发展水平，研究有效的活动形式和方法，注重培养幼儿良好的个性心理品质。

（二）创设良好的礼仪教育环境，提供体验实践礼仪的条件

环境是重要的教育资源，应通过环境的创设和利用，有效地促进幼儿的发展。幼儿园的空间、设施、活动材料和常规要求等应有利于引发、支持幼儿的游戏和各种探索活动，有利于引发、支持幼儿与周围环境之间积极的相互作用。

在幼儿礼仪教育中，教师不仅应关注礼仪教育内容的呈现，而且应当将环境作为重要的教育资源，合理利用室内外环境，创设开放的、多样的区域活动空间，提供适

合幼儿年龄特点的教学资源，支持幼儿自主选择和主动学习，为幼儿营造尊重、接纳和关爱的氛围，建立良好的同伴和师生关系，激发幼儿学习的兴趣与探究的愿望。在幼儿园教育活动形式上动静交替，注重支持幼儿的直接感知、主动探索、实际操作和亲身体验，保证幼儿愉快的、有益的自由活动，让幼儿在相互交往和共同活动中体验、实践礼仪规范。

（三）加强家园携手共育，夯实礼仪教育根基

家庭是幼儿园重要的合作伙伴。幼儿园应当充分利用家庭和社区的有利条件，丰富和拓展幼儿园的礼仪教育资源，本着尊重、平等、合作的原则，争取家长的理解、支持和主动参与，并积极支持、帮助家长提高礼仪教育能力。父母的言行举止对幼儿个性发展有着深刻的影响力。幼儿礼仪教育离不开家长的配合与协助。

幼儿园应加强家园联系，通过举办礼仪知识讲座等形式向家长宣传幼儿礼仪教育的重要性。幼儿园、家庭和社会共同努力，为幼儿营造温暖、关爱、平等的生活氛围，建立良好的亲子关系、师幼关系和同伴关系，让幼儿在友善和谐的社会环境中健康自信，学会规范自己的行为，养成良好的礼仪行为习惯。

案例

莉莉是一个活泼好动的孩子，在家里很受宠爱。平时吃饭时，莉莉常常不等菜上齐就先把自己喜欢吃的菜一扫而光，有时还不忘抹着嘴夸奖妈妈：“味道好极了！”妈妈总是高兴地说：“多吃点儿。”有一天，莉莉和妈妈一起到亲戚家做客，主人盛好了饭并客气地说一声：“莉莉，你先吃。”莉莉果真像在家里一样端起碗就吃，弄得妈妈很是尴尬。

【思考】你觉得家庭教育在幼儿礼仪教育中处于什么地位？

二、幼儿礼仪教育的方法

（一）以游戏为基本活动，寓礼仪教育于各项活动之中

幼儿园应当将游戏作为对幼儿进行礼仪教育的重要形式，因地制宜地创设游戏条件，提供丰富、适宜的游戏材料，保证充足的游戏时间，开展多种游戏。教师应根据幼儿的年龄特点指导游戏，鼓励和支持幼儿根据自身兴趣、需要和经验水平，自主选择游戏内容、游戏材料和伙伴，使幼儿在游戏过程中获得积极的情绪情感，促进幼儿能力和个性的全面发展。

小贴士

教师可以根据幼儿的实际水平和兴趣设计丰富多样的游戏活动，让幼儿学习实践礼仪，明白生活中遵守礼仪的重要性。例如，小班可以设计音乐游戏，中班设计模仿表演游戏，大班设计创编儿歌、故事、动作等游戏，还可通过亲子绘画游戏实现家园共育。

（二）坚持一贯性和灵活性相结合，培养幼儿的良好习惯

幼儿礼仪教育渗透在幼儿一日生活中。幼儿园日常生活组织应当从实际出发，建立必要、合理的常规，坚持一贯性和灵活性相结合，培养幼儿的良好习惯和初步的生活自理能力。在时间安排上，应有相对的稳定性与灵活性，既有利于形成秩序，又能满足幼儿的合理需要，照顾到个体差异。教师应当充分尊重幼儿的个体差异，尊重幼儿在发展水平、能力、经验、学习方式等方面的个体差异，从幼儿的角度关注他们的生活、活动，因材施教，保护好幼儿学习的兴趣和自信心，让幼儿真正地感受到成功与快乐，形成良好的个性心理品质。

（三）关注教育活动过程，激发幼儿主动探索的热情

幼儿礼仪教育活动的过程应注重支持幼儿的主动探索、操作实践、合作交流和表达表现，不应片面追求活动结果。幼儿的思维特点决定了他们对世界的认识是感性的、具体的和形象的。幼儿是通过多种感官和周围的事物相互作用，充分感受体验各种具体事物，从而获得知识。

在幼儿礼仪教育中，教师应整合教育资源，关注教育活动的过程，创设探究性的礼仪活动情境，保证幼儿在活动中的探索和感知，使幼儿在自主学习、主动探索中发现问题，解决问题，成为学习的主人，体验礼仪在实践生活中的应用。

（四）综合组织礼仪教育内容，充分发挥教育手段的交互作用

幼儿园的教育内容是全面的、启蒙性的，可以相对划分为健康、语言、社会、科学、艺术五个领域。教师应将礼仪教育渗透在各个领域中，使幼儿时刻受到良好行为习惯的熏陶，促进幼儿全面和谐发展。根据幼儿的学习特点和认知规律，各领域礼仪教育活动的内容要有机联系，相互渗透，注重综合性、趣味性、活动性，寓教育于生活、游戏之中。幼儿礼仪教育活动的组织形式应根据需要合理安排，因时、因地、因内容、因材料灵活地运用。

小贴士

五大领域礼仪教育学习目标

（1）健康领域：培养幼儿良好的生活、卫生习惯，具备基本的生活自理能力。

（2）语言领域：乐意与人交谈，讲话礼貌，注意倾听对方讲话。

（3）社会领域：①能主动地参与各项活动，有自信心；②乐意与人交往，学习互助、合作和分享，有同情心；③理解并遵守日常生活中基本的社会行为规则；④能努力做好力所能及的事，不怕困难，有初步的责任感。

（4）科学领域：爱护动植物，关心周围环境，亲近大自然，珍惜自然环境，有初步的环保意识。

（5）艺术领域：能初步感受并喜爱环境、生活和艺术中的美。

（五）充分发挥榜样示范作用，以点带面养成文明习惯

幼儿向师性的特点决定了幼儿随时都在观察、模仿老师，因此教师的一言一行都成为最好的教学资源。“学高为师，身正为范。”教师的道德品质不仅是规范自己行为的需要，更重要的是教育学生的需要。教师在幼儿礼仪教育中，要充分发挥榜样的示范作用，严于律己，以身作则，为人师表，做幼儿的楷模，树立良好的礼仪榜样。

榜样的力量是无穷的。除了发挥教师的榜样示范作用外，也应加强对幼儿家长的文明礼仪宣传，让家长成为幼儿学习的好榜样。此外，对于幼儿自身而言，在幼儿中树立榜样，以点带面，可以带动周围的幼儿争相模仿，共同进步，养成文明礼仪习惯。

拓展知识

为幼儿创设一个良好的教育环境

1. 为幼儿创设自然色彩的环境

幼儿生活在一个五彩缤纷的大千世界，善于利用，会带给幼儿一种优美宽松的生活环境。我们要充分利用幼儿园四周的场地、角落，利用自然界提供的沙、石、水、泥、动植物等，设立小水坑、沙坑、泥坑、饲养角、自然角，在小园里种植瓜果、蔬菜，在科学角里进行各种小实验。

我们还应利用自然环境教育资源，让幼儿尽情享受大自然的恩赐，利用一年四季的变化，带孩子去郊游，观察大自然的变化，可激发幼儿对大自然的好奇、热爱。例如，春天，带孩子们观察桃树开花、柳树发芽；秋天，启发幼儿采集各种种子、树叶、果实、贝壳等，有的还可以进行简单的加工，如用树叶贴成画、用贝壳制成计算架、用植物秆制成建筑模型，所有这些不仅丰富了幼儿的生活，增添了幼儿的活动乐趣，培养了幼儿的观察、分析、比较能力，还激发了幼儿热爱自然、渴望了解大自然的探索精神。

2. 为幼儿创设共同参与的环境

幼儿是活动的主人。教师要让幼儿有机会直接参与具体活动的实际操作过程。例如，让幼儿参与具有劳动特征的“分享”活动，从中获得各种能力；让幼儿参与“关心他人”等活动，体验各种社会性情感；让幼儿参与具有传统特色的端午节、重阳节等活动，使幼儿对社会产生感性认识。此外，让幼儿在与社会的接触中了解社会，初步理解人与社会、人与人之间的关系，感受家乡的发展与变化，感受爱与被爱的幸福，激发对家乡、对祖国、对生活的热爱。幼儿进入社会环境中，会接触到形形色色的社会现象，对于不良现象，我们应引导幼儿以正确的态度去面对，帮助幼儿学习、积累辨别是非的经验，使幼儿能够初步做出积极的应答。

例如，发现公园的草坪被人们随意践踏时、发现有的游客乱扔垃圾时，我们随时启发小朋友想想应该怎样做。教师引导孩子去想去做，给孩子机会，给孩子支持，让孩子们能够初步将自己爱社会的情感转化为爱社会的行为，并从中感受到参与社会活动被认可、被肯定、被赞扬的快乐，促进幼儿良好社会适应能力的发展。

3. 为幼儿创设宽松愉快的心理环境

幼儿情绪的好坏影响着其参加活动的积极性、主动性及创造性的发挥，影响孩子良好情感的形成，所以教师要为幼儿创设良好的、和谐的、友爱的心理环境。一日活动中，教师应注意自身的态度，与幼儿平等相处，尊重孩子、了解孩子、关心孩子、帮助孩子；应既是孩子的师长，又是家长，更是朋友和游戏伙伴，还要做孩子的典范。

例如，在一次课间操活动中，有一个小朋友小杰把裤子尿湿了，班主任吴老师马上为他换裤子，其他小朋友哄堂大笑，说小杰尿裤子了。回到班级里，吴老师对小朋友讲，小杰上课间操前因为忙着玩，忘了去厕所，上课间操铃响了，小杰很守纪律参加课间操，所以才把裤子尿湿了。后来班里的小朋友都争着要把自己的裤子给小杰换上。这样做不但加强了幼儿的情感教育，而且还培养了和谐、友爱的伙伴关系，让幼儿生活在宽松愉快的环境中，更有利于激发幼儿的潜能。

幼儿拥有活动的主权，教师指导幼儿去探索，或对幼儿提出要求，要在双方平等的关系下，通过幼儿自己的发明与活动在同一水平上（幼儿水平上）去参与和合作，从而使幼儿获得发展；同时，要帮助幼儿建立同伴之间活泼交往和宽松与合作的心理环境，体验交往的乐趣，激发交往的愿望。好动是幼儿的天性。因此，教师要为幼儿提供他们能按自己兴趣、需要选择活动的机会，让幼儿在活动中表现个性，完善个性。

过去幼儿不愿意上幼儿园，就是因为各种活动对幼儿的限制过多。例如，玩具由老师发放，幼儿没有选择的自由；活动内容要由老师安排，幼儿只能服从。这些都极大地压抑了幼儿的积极性、主动性和创造性。

为方便幼儿充分活动，教师可在室内设计符合幼儿年龄特点的活动区、游戏区、音乐区、绘画区、积木区、棋类游戏区等。这样可以让幼儿在活动中自己选择喜爱的游戏方法，让幼儿真正成为环境的主人，这样将大大激发幼儿的积极性和主动性，让幼儿在欢乐中更愉快地成长。

作为幼教工作者，应遵照幼儿身心发展规律，认真探索，总结经验，才能让幼儿拥有更好的环境，促进其身心健康成长。

（资料来源：百度文库 . [2023-9-20]. https://wenku.baidu.com/view/b047f8466aeae009581b6bd97f1922791688be1c.html?_wkts_=1695287435098）

【本章思考题】

1. 幼儿礼仪教育有哪些特点？
2. 幼儿礼仪教育的目标是什么？
3. 在幼儿礼仪教育中如何进行环境创设？
4. 为什么以游戏作为幼儿礼仪教育的主要形式？
5. 幼儿礼仪教育活动中，如何激发幼儿主动探索的热情？

【案例分析】

小军在幼儿园里非常特别，相对于同学来说有很多不同之处，如突然打其他小朋友、抢其他小朋友的玩具、欺负同龄伙伴、不爱学习，甚至还非常喜欢搞破坏、拆卸东西，做恶作剧等。他的妈妈为了改正他的这些不良行为习惯，采取了很多教育手段，但是都没有达到效果。通过家访，我们了解到，小军在三岁时被开水严重烫伤，医药费用差不多用光了家里全部财产。而他的父亲不务正业，经常不归家，即使偶尔回来也从不管小军。孩子基本上由母亲一人抚养，由于妈妈没有工作，再加上身体不好，因此孩子缺少管教，认为“没有人能管我”，形成了“唯我独尊”的性格。

（资料来源：豆丁网 . [2023-9-20]. https://www.docin.com/p-2161327262.html）

【思考】

1. 如果你是幼儿园老师，你会如何对小军进行礼仪教育？
2. 在小军的礼仪教育中，如何实现家园共育幼儿？

【课后实训】

环境创设是幼儿礼仪教育中的重要内容。结合所学，选择幼儿礼仪教育内容中的任意主题，针对该主题设计一份环境创设方案。

第十三章 幼儿教师个人礼仪修养

学习目标

1. 熟悉幼儿教师应掌握的专业知识；
2. 了解幼儿教师身心健康的意义和对策；
3. 了解如何做一名幸福快乐的幼儿教师。

引导案例

在常人眼里，幼儿教师是一个身兼孩子王、保姆双重角色的职业，工作平凡而又琐碎、单调而又无趣，既没有轰轰烈烈的英雄壮举，也没有惊天动地的感人事迹。在教书育人的平凡岗位上，张老师努力奉献着火热情怀与赤诚爱心，用爱心与青春铸就平凡的事业。在张老师的眼里，班里没有难看、调皮、笨拙的孩子，她关爱每一个孩子，努力营造互助而善解人意的班级氛围，用爱心赢得了幼儿、家长的尊重和信任。

班上有一个叫超超的男孩，生性胆小，在集体面前从不愿开口，张老师发现后，进行家访。原来超超的父母正在闹离婚，使孩子有了心理压力，张老师一方面与父母沟通，另一方面为超超创设说话的机会，让他感受到老师的爱。在循循善诱下，超超终于笑了，进步了，孩子的进步让即将离婚的父母重归于好。

又如，聪聪妈妈在一次意外中去世，这无疑给年幼的孩子心灵的重创，每当午睡时聪聪会被噩梦惊醒，眼角含着泪水要找妈妈。每当在这时，张老师总会对聪聪说："孩子，我就是你的妈妈，我来保护你。"双休日张老师会带着聪聪外出游玩，闲暇时就和聪聪聊天，对聪聪嘘寒问暖，无微不至地给予关怀。老师的关爱、鼓励不仅带给孩子关心，更给予他心灵的抚慰，班级幼儿在张老师潜移默化的影响下也非常关心聪聪。临近毕业时，聪聪抱着张老师流下了眼泪，家长万分感激，依依不舍。

（资料来源：原创力文档 . [2023-9-20]. https://max.book118.com/html/2018/0623/5303241141001244.shtm）

【思考】张老师身上有哪些值得我们学习的优良品质？

第一节　广博的文化科学和艺术知识

广博，意思是学识、胸怀等宽广博大。苏联著名教育实践家和教育理论家苏霍姆林斯基在《给教师的建议》中说：“在你的科学知识的大海里，你所教给学生的教科书里的那点基础知识，应当只是沧海之一粟。”“读书，读书，再读书——教师的教育素养的这个方面正是取决于此。”

幼儿教育的内容是全面的、启蒙的，综合了健康、语言、社会、科学、艺术各领域的教育内容。俗话说：“活到老，学到老。”要给学生一杯水，教师必须先有一桶水。这就要求幼儿教师不断学习，具备广博的文化科学和艺术知识。教师广博的文化科学和艺术知识是教书育人的资本，是将幼儿培养成才的必备条件，是教师必备的业务素质。广博的文化科学和艺术知识是教师专业知识的基础，根据《幼儿教师专业标准（试行)》的规定，其具体可分为幼儿发展知识、幼儿保育和教育知识及通识性知识。

一、幼儿发展知识

幼儿教师应了解和掌握的幼儿发展知识主要如下。

（1）关于幼儿生存、发展和保护的有关法律法规及政策规定。

（2）不同年龄幼儿身心发展特点、规律和促进幼儿全面发展的策略与方法。

拓展知识

幼儿教育政策法规

①《中华人民共和国教育法》。

②《国家中长期教育改革和发展规划纲要（2010—2020 年)》。

③《中华人民共和国未成年人保护法》。

④《幼儿园教育指导纲要（试行)》。

⑤《幼儿园工作规程》。

⑥《幼儿教师专业标准（试行)》。

⑦《幼儿园管理条例》。

⑧《中小学幼儿园安全管理办法》。

⑨《关于幼儿教育改革与发展的指导意见》。

⑩《3 ～ 6 岁儿童学习与发展指南》。

⑪《教育部关于规范幼儿园保育教育工作　防止和纠正“小学化”现象的通知》。

⑫《幼儿园教师管理条例》。

⑬《幼儿园收费管理暂行办法》。

⑭《托儿所、幼儿园卫生保健管理办法》。

⑮《国务院关于当前发展学前教育的若干意见》。

⑯《全国家庭教育指导大纲》。

⑰《学生伤害事故处理办法》。

⑱《教师资格条例》实施办法。

⑲《全日制、寄宿制幼儿园编制标准（试行）》。

小贴士

幼儿身心发展的特点

① 认识活动的具体形象性。幼儿主要通过感知、依靠表象来认识事物。具体形象的表象左右着幼儿认识事物的过程，幼儿思维活动也常常受到知觉印象的束缚。

② 心理活动及行为的无意性。幼儿控制和调节自己心理活动和行为的能力还很差，很容易受其他事物的影响，因而在行为上表现出很大的不稳定性。

③ 开始形成最初的个性倾向。幼儿个性表现的范围比较广阔，无论是在兴趣爱好、行为习惯、才能方面，还是对人对事的态度方面，都开始表现出自己独特的倾向，这些个性倾向会成为一个人一生个性的基础。

(3) 幼儿在发展水平、速度与优势领域等方面的个体差异，以及对应的策略与方法。

(4) 幼儿发展中容易出现的问题与适宜的对策。

(5) 有特殊需要幼儿的身心发展特点及教育策略与方法。

小贴士

幼儿的学习方式和特点

1. 直觉行动思维

幼儿主要通过感知来了解世界，用手去摸，用耳朵去听，用眼睛去看，因此直观教学法更适用于儿童教育。艳丽的色彩、悦耳的声音、动手操作的玩具都有助于儿童学习和了解事物。

2. 注意力短暂

一般 3 岁幼儿的注意力为 3 ～ 5 分钟，6 岁会发展到 10 分钟左右。因此，教学中要善于吸引幼儿注意力，用儿童化的方式教学，将知识寓于游戏活动之中，注意循序渐进，劳逸结合。

3. 吸收性心智

幼儿具有吸收性心智，模仿能力极强，会学习吸收外界的所见所闻，并内化为自己的一部分，逐步形成自己与众不同的独特心智、个性和行为。教师和家长要以身作则，言传身教，为幼儿树立一个好榜样，促进儿童健康发展。

二、幼儿保育和教育知识

幼儿教师应熟悉和掌握的幼儿保育和教育知识主要如下。

（1）幼儿园教育的目标、任务、内容、要求和基本原则。

拓展知识

《幼儿园工作规程》（节选）

幼儿园的任务是：贯彻国家的教育方针，按照保育与教育相结合的原则，遵循幼儿身心发展特点和规律，实施德、智、体、美等方面全面发展的教育，促进幼儿身心和谐发展。

幼儿园保育和教育的主要目标如下。

① 促进幼儿身体正常发育和机能的协调发展，增强体质，促进心理健康，培养良好的生活习惯、卫生习惯和参加体育活动的兴趣。

② 发展幼儿智力，培养正确运用感官和运用语言交往的基本能力，增进对环境的认识，培养有益的兴趣和求知欲望，培养初步的动手探究能力。

③ 萌发幼儿爱祖国、爱家乡、爱集体、爱劳动、爱科学的情感，培养诚实、自信、友爱、勇敢、勤学、好问、爱护公物、克服困难、讲礼貌、守纪律等良好的品德行为和习惯，以及活泼开朗的性格。

④ 培养幼儿初步感受美和表现美的情趣和能力。

幼儿园教育应当贯彻以下原则和要求。

① 德、智、体、美等方面的教育应当互相渗透，有机结合。

② 遵循幼儿身心发展规律，符合幼儿年龄特点，注重个体差异，因材施教，引导幼儿个性健康发展。

③ 面向全体幼儿，热爱幼儿，坚持积极鼓励、启发引导的正面教育。

④ 综合组织健康、语言、社会、科学、艺术各领域的教育内容，渗透于幼儿一日生活的各项活动中，充分发挥各种教育手段的交互作用。

⑤ 以游戏为基本活动，寓教育于各项活动之中。

⑥ 创设与教育相适应的良好环境，为幼儿提供活动和表现能力的机会与条件。

（2）幼儿园各领域教育的学科特点与基本知识。

（3）幼儿园环境创设、一日生活安排、游戏与教育活动、保育和班级管理的知识与方法。

（4）幼儿园的安全应急预案，掌握意外事故和危险情况下幼儿安全防护与救助的基本方法。

（5）观察、谈话、记录等了解幼儿的基本方法和教育心理学的基本原理和方法。

（6）0～3 岁婴幼儿保教和幼小衔接的有关知识与基本方法。

三、通识性知识

幼儿教师应熟悉和掌握的通识性知识主要如下。

(1) 有一定的自然科学和人文社会科学知识。

(2) 中国教育基本情况。

(3) 具有相应的艺术欣赏与表现知识。

(4) 具有一定的现代信息技术知识。

拓展知识

《幼儿园教育指导纲要(试行)》(节选)

幼儿艺术教育指导要点如下。

① 艺术是实施美育的主要途径，应充分发挥艺术的情感教育功能，促进幼儿健全人格的形成。要避免仅仅重视表现技能或艺术活动的结果，而忽视幼儿在活动过程中的情感体验和态度的倾向。

② 幼儿的创作过程和作品是他们表达自己的认识和情感的重要方式，应支持幼儿富有个性和创造性的表达，克服过分强调技能技巧和标准化要求的偏向。

③ 幼儿艺术活动的能力是在大胆表现的过程中逐渐发展起来的，教师的作用应主要在于激发幼儿感受美、表现美的情趣，丰富他们的审美经验，使之体验自由表达和创造的快乐。在此基础上，根据幼儿的发展状况和需要，对表现方式和技能技巧给予适时、适当的指导。

第二节　健康的身体

幼儿教育是幼儿在家庭教育之外接受的具有社会性意义的起始教育，是关乎幼儿一生发展的启蒙教育。幼儿教师承担着教书育人、培养社会主义接班人、提高民族素质的使命，幼儿教师的身体健康状况直接关系着幼儿教育事业的兴衰。

一、幼儿教师身体健康的必要性

(一) 幼儿教师从事幼儿教育事业的需要

《托儿所幼儿园卫生保健管理办法》第十四条规定，托幼机构工作人员上岗前必须经县级以上人民政府卫生行政部门指定的医疗卫生机构进行健康检查，取得《托幼机构工作人员健康合格证》后方可上岗。托幼机构应当组织在岗工作人员每年进行 1 次健康检查；在岗人员患有传染性疾病的，应当立即离岗治疗，治愈后方可上岗工作。精神病患者、有精神病史者不得在托幼机构工作。

《幼儿园工作规程》中也规定幼儿园教职工应当身心健康，有犯罪、吸毒记录和精神病史者不得在幼儿园工作。

（二）幼儿教师身体健康状况堪忧

幼儿园教职员工中，年轻教师居多，从感官上，人们觉得幼儿教师的身体普遍是健康的，但调查结果显示，幼儿教师群体的身体状况并不乐观。有数据表明，100 名幼儿教师中，患咽炎的教师约占 82%，患头痛、头晕的教师约为 79%，感觉腰痛的教师占 85%，患有颈椎病的教师约 63%，感觉睡眠不足、身体疲劳的教师占 55%。关注幼儿教师身体状况，促进幼儿教师身体健康势在必行。

二、影响幼儿教师身体健康的主要因素

（一）工作繁重，空闲时间少

幼儿园教师每天的工作非常细致烦琐。从早上幼儿入园晨检、课间活动、饮水、盥洗、餐点到午睡、起床梳洗、户外活动、离园一天的生活中，教师要用耐心、细心、呵护的态度对待幼儿，随时注意幼儿的安全，保持高度的情绪激昂。幼儿教师的教学工作也很繁重。教师要精心设计教学活动，进行教学活动的实施、评价，综合考虑幼儿的年龄特点、已有知识经验、活动的趣味性和知识性、幼儿的参与度等。活动设计中，由于活动须借助一定的教具来实施，因此教具的设计制作也是教师要做的一项重要工作。教师每天的工作排得满满的，很少有空闲时间。

（二）工作压力大，心理负担重

幼儿心理和行为自控能力差，缺乏一定的自我保护能力，意外事故随时可能发生。幼儿教师工作稍有差池，家长就会做出强烈反应。教师工作时总是处于紧张状态，担心班上的孩子出事，长此以往，身心疲惫。此外，幼儿园为提高教育教学质量，制定了严格的管理制度，如奖惩条例、评优条例、考评条例等，并与教师的工资、奖金、聘任挂钩，给教师造成了不小的压力。幼儿园的工作聘任、职称评定和进修机会等在教师之间会引起竞争，造成人际关系的紧张，从而也影响了幼儿教师的心态，加重了幼儿教师的压力。

（三）自我期望值高，充电加压

幼儿教师往往要求尽善尽美，自我期望值高，加上幼儿教师职业潜在的竞争压力、优胜劣汰的管理机制，教师职业危机感日益加大，使得教师尽管平时工作繁忙，但仍会为了提高自身素质和专业发展挤出时间加油充电，不断提升自己的职业能力和专业水平。生活中，教师过多地透支自己的精力，必然导致身体健康状况每况愈下。

（四）缺乏体育锻炼，休闲方式单一

幼儿教师工作繁忙，空闲时间少，导致教师大多缺乏体育锻炼。教师的社会交往面相对较窄，休闲活动比较单一。由于工作太累，因此空闲时间刷手机、看电视和睡觉是幼儿教师常选择的休闲方式。工作累，不想进行体育锻炼，越不进行体育锻炼，

身体健康状况就越会不佳，久而久之，形成了恶性循环。

（五）教学环境不理想，职业病凸显

幼儿年龄小，行为自控能力差，教师经常需要不停地提醒，声调会不自觉地提高，长此以往，用嗓过度，咽部组织受到损伤，出现充血、疼痛、多痰等症状，引发咽炎；教师教学中，经常要站在黑板前示范，需要不断地抬高手臂，时间长了，容易造成肩周炎；长时间站立，多数教师患有静脉曲张；教师文案工作比较多，经常要撰写教学记录、教案、教学计划、教学总结、科研论文等，长期伏案工作，致使教师患颈椎病的比较多。

小贴士

医生的几点建议

（1）体检是关注健康的最好方式，要坚持一年一次体检。

（2）双手抱头，颈部后伸，前后伸缩，可以改善颈椎疾病。

（3）日常可穿高筒有弹性的袜子预防静脉曲张，促进腿部血液循环的动作，如慢跑或按摩腿部也可以预防静脉曲张。

三、促进幼儿教师身体健康发展的策略

（一）改善教师工作环境

幼儿园要把教师作为教育事业的第一资源，改善教师工作环境，使教师精力充沛地完成教学工作，保证幼儿教育的可持续发展。幼儿园应加强对教师的专业技能培训，提高教师工作效率，缩短教师在园时间；合理安排工作，尽量不占用教师的下班时间；建立科学合理的激励机制、客观公正的评价体制，减轻教师的工作负担和心理压力；设立教师活动室，开展丰富多彩的教职工文艺、体育活动，为教师提供体育锻炼和休闲的机会，培养教师积极向上的精神风貌；建立教师个人健康档案信息库，随时监测教师的身体健康状况，努力为教师的健康提供优质的服务。

（二）遵行健康的生活方式

世界卫生组织倡导的健康四大基石：合理膳食、适量运动、戒烟限酒、心理平衡。幼儿园教师应追求文明、健康、科学的生活方式，培养积极向上的生活观，树立健康意识，摒弃不良生活习惯，注意膳食平衡，戒烟限酒，加强体育锻炼，处理好工作、学习、生活的关系。教师要把自己的生活安排得充实有意义，学会调剂，化解负面消极的情绪，积极参加集体、社会活动，感受集体的温暖和合作的快乐。在工作中，加强业务能力，提高工作效率，妥善安排时间，有张有弛，劳逸结合，积极为自身健康而努力。

（三）加强教师的健康教育

幼儿园应加强健康保健类知识的宣传，定期举办卫生、心理、生理健康的学术讲座，提高教师的自我保健意识，让教师深刻认识到身体健康的重要性，自觉主动地参加体育锻炼，增强教师体质；对教师进行体能测试，请专家为教师量身定做健康计划，对教师进行健康健身指导，让教师科学地锻炼身体，提高教师的体育科学素养；定期组织教师进行体检，使教师了解自身的身体状况，有疾病及早诊治，保证教师的身心健康。

（四）建立科学的饮食结构

幼儿教师工作繁重，身体能量消耗大，因此在工作和生活中要关注营养，注意饮食均衡，合理搭配，克服不良的饮食习惯。在饮食上践行食物多样、谷类为主的平衡膳食。每日膳食应包括谷薯类、蔬菜水果类、畜、禽、鱼、蛋、奶类、大豆坚果类等食物。平均每天摄入 12 种以上食物，每周 25 种以上。多吃蔬果、奶类、大豆，适量吃鱼、禽、蛋、瘦肉，少盐少油，控糖限酒，培养清淡饮食习惯，少吃高盐和油炸食品。食物烹饪方法以蒸煮为主，不用烧烤、油炸等方式烹饪。

第三节 健康的心态

心态即心理状态。心理状态健康是指心理的各个方面及活动过程处于一种良好或正常的状态。心理健康的理想状态是保持性格完美、智力正常、认知正确、情感适当、意志合理、态度积极、行为恰当、适应良好的状态。心理健康是幼儿教师健康不可分割的重要方面。

一、幼儿教师心理健康的标准

心理健康是一种持续且积极发展的心理状态。当个体能够适应不断发展的环境，具有完善的个性特征，且其认知、情绪反应、意志行为处于积极状态，并能保持正常的调控能力；在生活实践中，能够正确认识自我，自觉控制自己，正确对待外界影响，从而使心理保持平衡协调时，这样的个体就已具备了心理健康的基本特征。

参照这一特征，幼儿教师心理健康的标准如下。

（1）认同教师角色，能积极投身到教育事业中。

（2）客观公正地评价自我和他人，有良好和谐的人际关系。

（3）正确地了解自我、体验自我和控制自我。

（4）不断寻求进步，具有创新意识。

（5）合理地控制情绪，保持积极开朗的心境。

幼儿教师可以以此标准为依据，对照自己进行心理健康的自我诊断。当发现自己的心理状况某个方面与心理健康标准有一定距离时，就有针对性地加强心理锻炼，以期达到心理健康水平。如果发现自己的心理状态严重地偏离心理健康标准，应及时求医，以便早期诊断与早期治疗。

小贴士

第三届国际心理卫生大会把心理健康定义为：“所谓心理健康，是指在身体、智力以及情感上与他人的心理健康不相矛盾的范围内，将个人心境发展成最佳状态。”心理健康标准如下：一是身体、智力、情绪十分调和；二是适应环境，人际关系中彼此能谦让；三是有幸福感；四是在工作和职业中能充分发挥自己的能力，有效地生活。

二、幼儿教师心理健康的意义

（一）幼儿教师心理健康是从事幼儿教育事业的需要

《托儿所幼儿园卫生保健管理办法》中规定托幼机构工作人员必须取得《托幼机构工作人员健康合格证》后方可上岗。精神病患者、有精神病史者不得在托幼机构工作。《幼儿园工作规程》中也规定幼儿园教职工应当身心健康，有犯罪、吸毒记录和精神病史者不得在幼儿园工作。

（二）幼儿教师心理健康对幼儿有直接的影响

英国教育家洛克认为，儿童的心灵像一块白板，一切思想观念都从外界获得。幼儿的身体和心理都处于成长发展中，具有很大的可塑性。幼儿向师性的特点，决定了教师和教师所倡导的思想、行为、品质都是幼儿最信赖的。模仿是幼儿学习的主要方式。在模仿教师方面，幼儿不具备完全明辨是非的能力，往往是全方位模仿。因此，教师的心理健康状态对幼儿的情绪、学习兴趣、社会交往模式、人格健全发展都有着重要的影响。

（三）幼儿教师心理健康是教师自身发展的需要

幼儿教师的心理健康状况对教师自身发展有着直接的影响。教师较高的心理健康水平会促进教师的情感、智力、意志和个性健康地发展，形成健康的人格，积极地应对客观的环境，使教师的心理倾向和行为与社会现实要求之间关系和谐，有利于教师的工作、生活顺利进行。教师的心理健康与生理健康紧密关联，相互影响。俗话说，“病由心生”，不健康的心理状态会直接影响教师的生理健康，降低教师身体的免疫水平，影响幼儿教师的自身发展。

拓展知识

世界卫生组织提出的健康十大准则

世界卫生组织提出的健康新概念如下：健康，不仅仅是不得病，还应包括心理健康及社会交往方面的健康，即在生理上、心理上和社会交往上保持健全的状态。

(1) 有充沛的精力，能从容不迫地担负日常生活和繁重工作，而且不感到过分紧张与疲劳。

(2) 处事乐观，态度积极，乐于承担责任，事无大小，不挑剔。

(3) 善于休息，睡眠好。

(4) 应变能力强，能适应外界环境的各种变化。

(5) 能够抵抗一般性感冒和传染病。

(6) 体重适当，身体匀称，站立时，头、肩、臂位置协调。

(7) 眼睛明亮，反应敏捷，眼睑不易发炎。

(8) 牙齿清洁，无龋齿，不疼痛；牙龈颜色正常，无出血现象。

(9) 头发有光泽，无头屑。

(10) 肌肉丰满，皮肤有弹性。

三、促进幼儿教师心理健康发展的策略

随着社会的发展、竞争的激烈，幼儿教师心理问题日益增多，如抑郁、焦虑、情感倦怠、职业倦怠、人际关系适应不良等。造成幼儿教师心理问题的成因主要有教师缺乏职业成就感导致的自卑、失望，社会期望升高带来的职业挑战和压力，工作生活中的不堪重负，个人的性格缺陷等。关注幼儿教师的心理健康状况，促进幼儿教师心理健康发展势在必行。

（一）提升幼儿教师职业社会地位

教师是人类灵魂的工程师，在社会上普遍受到人们的尊敬。但人们对幼儿教师的职业存在认知偏差，认为幼儿教师就是保姆，不需要专业的技能和知识，从心底看不起幼儿教师。这导致幼儿教师的社会地位低，在一定程度上影响着幼儿教师的自我认知，使幼儿教师对职业产生怀疑，变得自卑、失落，影响教师的心理健康。因此，教育部门应加大学前教育重要性的宣传，保障幼儿教师的合法权益，提升教师的社会地位，为幼儿教师营造良好的社会环境。

（二）创造有利于心理健康的工作氛围

幼儿园要树立“以人为本”的理念，关注教师的心理健康状况，采取切实有效的措施，创设有利于促进幼儿教师心理健康的工作氛围，促进教师心理健康发展。幼儿园应尽可能地为教师提供学习深造的机会，提高教师的工作效率，为教师的自我发展提供条件；协调安排各项工作，满足教师的合理需求，建立民主、平等、互相尊重的和谐氛围；在幼儿教师培训中增加心理调适课程，定期举办心理健康讲座，加强教师的心理健康辅导工作，提高幼儿教师的心理保护意识，帮助教师树立正确的人生观、价值观。

（三）增强教师心理自我调适能力

境由心生。同一个世界的人，看到的都是不一样的世界，这些不一样的世界也影

响了看待者本身。教师要加强自我心理调适教育，提高自我调节的能力。工作中，幼儿教师要正确认识自己，认同自己的职业；学习调节不良情绪的方法，善于控制和调节自己的情绪，磨炼自己的意志品质；积极参与社会活动，加强人际交往，建立良好的人际关系，从交往中获得积极体验；培养健康广泛的兴趣，发现美，欣赏美，劳逸结合，保持积极向上的心态。

（四）科学对待心理健康问题

教师一旦出现较为严重的心理健康问题，应科学理智地对待，及时寻求心理专家指导，进行心理咨询或心理治疗，切不可无视自己的心理问题，讳疾忌医，贻误病情。幼儿园及相关管理部门也应高度重视教师的心理健康问题，及时寻找对策，有效促进和维护幼儿教师的心理健康发展。

第四节　做一名幸福快乐的幼儿教师

幼儿教师是蜡烛，是园丁，但首先应是一个幸福快乐的人。法国作家罗曼·罗兰说过：“要散布阳光到别人心里，首先得自己心里有阳光。”只有当教师心中洋溢着幸福美好的情愫时，他的脸上才会有灿烂的阳光，并自然地照亮和温暖学生的心房。幼儿教师要做一名幸福快乐的人，把心里的阳光洒向每个学生。

一、拥有理想主义的情怀

面对幼儿园每日烦琐的工作，教师没有理想主义情怀，就会失去许多做幼儿教师的快乐，很多工作也会流于形式。每个幼儿教师要想取得高的成就，必须拥有崇高的理想，为自己树立一生奋斗的目标，心中拥有激情，为自己的梦想而努力。幼儿教师的工作是琐碎而辛苦的，如何使琐碎辛苦的工作变得有意义就是一种教育理想，如何让一个不懂事的孩子变得懂事有礼也构成了教师的理想和幸福。有了教育理想的教师，才能不断挑战自我、充实自我，才能向更高的人生目标奋进，实现自己的幸福人生。

二、拥有积极阳光的心态

幸福快乐的幼儿教师常常拥有积极向上的阳光心态。决定幼儿教师发展的是教师的心态。随着幼儿教师社会地位的不断提高，社会对幼儿教师的职业素质和道德要求也越来越高，幼儿教师在工作中遇到的压力和挑战也随之加大。要有幸福感，教师就要拥有良好平和、从容自得的心态，坦然面对各种压力和挑战，积极投身教学教改，不断提升自我。在生活中，热爱生活，为自己寻找幸福快乐的理由，保持幸福快乐的心情，用快乐、激情感染幼儿，帮助幼儿快乐成长。

三、从细节中体味快乐

教育工作是由一个个细节组成的，教育的快乐蕴含在每一个细节之中。幼儿教师要关注教育中的每个细节，从看似平淡、平凡、平常的琐碎工作中，不断发现新奇、新鲜、新意，及时捕捉教育中每一个细节的闪光点，从而获得幸福和快乐。懂得享受教育是幼儿教师幸福快乐的根本原因。在幼儿教育中，教师要真心关爱孩子，用心发现每个幼儿取得的进步，为幼儿的进步骄傲，体味自己的教育智慧在幼儿身上得以验证的满足感和成就感，看到自己的心血没有白费，在幼儿身上萌芽、生长、开花、结果，教师无疑是幸福和快乐的。

四、促进教师专业成长

幼儿教师的专业成长会影响教师对生活的幸福感受。如果幼儿教师的专业素质高，工作能力突出，那在工作中就会更多地受到领导的欣赏、同事的尊重、幼儿的喜爱和家长的信任，这些都会给教师带来职业的成就感和满足感。幼儿教师从教学新手到专家型教师，有一个专业成长的过程。幼儿教师的专业成长分为三个层次，即教师的文化底蕴、教师的职业信念和教师的教育智慧。幼儿教师在工作中应加强自身学识的深度和广度，认同热爱幼教事业，努力提升教学技能和教学艺术，通过自己的专业成长收获幸福快乐。

拓展知识

幸福是什么

幸福就是一种感觉，敞开心灵去感受，幸福无处不在；幸福就是一种充实、闲适，没有空虚感、乏味感、无聊感，没有内在的紧张、焦虑；幸福就是内心的平安，自由自在。

母亲的关怀、丰收的喜悦、平静的温馨、神秘的巧克力、林间的小路、远离尘嚣的净土、自由的跳跃、温柔的抚摸、不经意间的感动、重温听潮的时刻、开满鲜花的原野、一生的信仰、更多的时间、美妙的梦、丰富的想象、寄托在纸上的希望、自己的感觉、用心地倾听、真诚地分享、下一步的欲望、朋友的关怀……幸福无处不在。

（资料来源：360doc 个人图书馆 . [2023-9-20]. http://www.360doc.com/content/16/0917/18/31128173_591530148.shtml）

当你带着责任，带着兴趣和热爱努力地工作时，你会发现幸福快乐悄悄地伴在你的身边。做一名幸福快乐的幼儿教师，怀揣理想，心中有爱，把阳光洒向每个学生，播撒知识的种子，收获爱的果实，这应该是每一位幼儿教师孜孜不倦的追求。

【本章思考题】

1. 幼儿教育的目标是什么？
2. 幼儿教育的原则有哪些？

3. 促进幼儿教师身体健康的方法有哪些？

4. 衡量幼儿教师心理健康的标准是什么？

5. 从幼儿教育中你能感受到哪些幸福和快乐？

【案例分析】

上学期结束前的一天中午，我照例到班上巡视幼儿的午睡情况，走到某班时发现值班的张老师竟违反规定趴在书桌上睡着了。我轻轻拍醒了她，张老师看到是我，立刻红了脸，低声解释："不好意思，园长，这些天身体有些不舒服。""身体是本钱，如果真的不舒服一定要好好休息。"平日里，张老师的表现不错，在值班的时间睡觉还是第一次，难道她真的是身体原因？下午放学后，我找到张老师提出心里的疑问，张老师叹了叹气说："这段时间也不知怎的，时不时头痛，没食欲，晚上还老失眠。因为连续睡眠不足，所以才在值班的时候睡着了。园长，真的对不起。"我告诉她身体不好不能硬撑，并建议她请假去医院检查。

周一我特意向张老师了解检查的情况，得知并无异常，但这个结果反而让她的情绪更加低落，没几天就是寒假，她说届时再到大医院看看。寒假里我打电话询问情况，没想到她告诉我医生诊断她得了轻度抑郁症。抑郁症是怎样的一种状况？会对幼儿有影响吗？还能继续上班吗？带着这些疑问我赶紧上网查找相关资料。寒假里我经常和张老师聊天，帮着寻找产生抑郁症的原因，知道生活和工作的压力让她越想越多，才会产生这样消极的情绪。

用什么办法既不影响张老师的情绪又不影响幼儿园日常工作呢？开学前园领导班子专门进行了商讨，如果直接让张老师在家休养，必然会打击她，让她产生更多不好的想法。有人建议让张老师先接替门房的工作，那里工作量不大，和幼儿、家长直接接触的时间也不是很多，方便她休养。仔细分析，这样做虽然有些好处，但是张老师班上的孩子是她从小班一直带上来的，还有一个学期孩子就要进入小学，如果这时候把张老师换下来，可能会让她倍感惋惜。从幼儿的角度来讲，换新的教师总有一个适应过程，而且配班的教师又是上个学期新换的，权衡再三也推翻了这个想法。最终，我们统一了认识：不能在这个时候对张老师失去信心，应该对她给予更多的信任，于是我们决定还是先让张老师继续带班。

开学一段时间，我们有意没有表现出过多的关心，而是悄悄地观察张老师的表现，岗位上的事情她还是做得比较有条理，但不难看出来她情绪上的一些低落。有一天我特意通知她："过些天要举行教师跳绳比赛，你一定要参加啊。"接着又请她帮我把绳子分发给每位教师。其实我是想通过体育锻炼增强她的自信心，让她绷紧的神经松弛下来。

张老师不仅参加了比赛，居然还拿到了第二名，大家推着她开玩笑："真是看不出来啊，平时肯定偷偷练呢！"她笑得很开心，接下来的几天明显感觉到她心情愉悦了很多。接着幼儿园又要举办公开课评选活动，这次考虑到她的情况，我们决定把活动设定为自愿参加，防止指定她参加会增加她的压力，而不指定她参加又会让她很失落，增加情绪上的波动。没想到第二天下午，她就主动报名参加。活动那天，张老师的课很成功，看着她和孩子们的笑脸，我们的心里也犹如绽放了一道美丽的彩虹。

（资料来源：豆丁网. [2023-9-20]. https://www.docin.com/p-726831249.html&dpage%3D1&key%3D%E6%8A%91%E9%83%81%E6%80%8E%E4%B9%88%E6%B2%BB）

【思考】

1. 案例中幼儿园针对张老师的心理健康问题采取了哪些值得我们借鉴的方法？
2. 幼儿教师应如何促进自己的心理健康发展？

【课后实训】

结合所学，了解衡量幼儿教师心理健康的标准，并参照标准对自己的心理健康状况进行评估，拟订一个促进心理健康发展的方案。

参 考 文 献

[1] 金正昆 . 教师礼仪 [M]. 北京：北京大学音像出版社，2006.

[2] 夏云珍 . 面部表情语略说 [J]. 咸宁学院学报，2006（4）：103-105.

[3] 马小萍 . 态势语：课堂教学中的第二语言 [J]. 西北成人教育学报，2008（6）：77-78.

[4] 井绪水，庞德峰 . 浅析目光语在教学活动中的合理运用 [J]. 吉林教育，2012（19）：11.

[5] 岑玲 . 教师礼仪 [M]. 上海：华东师范大学出版社，2012.

[6] 金正昆 . 服务礼仪 [M]. 北京：北京联合出版公司，2013.

[7] 陈艳 . 幼儿教师礼仪基础教程 [M]. 北京：语文出版社，2013。

[8] 严飞霞 . 警惕！勿让离园变“梨园”：中班幼儿离园活动的案例分析 [J]. 今日教育（幼教金刊），2014（10）：20-21.

[9] 姜振宇 . 眉毛的微表情 [J]. 家庭医药（快乐养生），2014（1）：71.

[10] 许洁，苑望 . 教师口语 [M]. 北京：高等教育出版社，2014.

[11] 王桂波，赵海宝 . 教师语言 [M]. 北京：高等教育出版社，2014.

[12] 于丽新 . 礼仪文化教程 [M]. 南京：南京大学出版社，2015.

[13] 沈淑明，丁仁富 . 幼儿教师的职业礼仪 [M]. 北京：人民邮电出版社，2016.

[14] 吕艳芝 . 公务礼仪标准培训 [M]. 北京：中国纺织出版社，2016.

[15] 程维薇 . 教师礼仪实训教程 [M]. 成都：西南交通大学出版社，2017.

[16] 袁涤菲 . 教师礼仪 [M]. 北京：中国人民大学出版社，2018.

[17] 金正昆 . 教师礼仪规范 [M]. 3 版 . 北京：中国人民大学出版社，2019.

[18] 张华 . 教师礼仪与修养 [M]. 北京：北京师范大学出版社，2020.

[19] 徐萌 . 精致形象管理：时尚穿搭大全 [M]. 北京：中国铁道出版社，2020.

[20] 人力资源社会保障部职业能力建设司 . 国家职业技能标准汇编（2019 年版）[M]. 北京：中国劳动社会保障出版社，2020.

[21] 杨青，刘佳，张晓羽 . 幼儿教师礼仪训练教程 [M]. 北京：人民邮电出版社，2022.

[22] 曹宇 . 幼儿教师教育教学技能全解 [M]. 上海：华东师范大学出版社，2022.

[23] 中华人民共和国教育部 . 幼儿园工作规程 [M]. 北京：首都师范大学出版社，2022.

[24] 国家教师资格考试命题研究中心 . 国家教师资格考试保教知识与能力 [M]. 北京：光明日报出版社，2022.

[25] 中华人民共和国教育部 . 幼儿园教育指导纲要（试行）[M]. 北京：首都师范大学出版社，2022.

[26] 施燕 . 学前儿童科学教育与活动指导 [M]. 上海：华东师范大学出版社，2022.

[27] 中华人民共和国教育部 . 3 ～ 6 岁儿童学习与发展指南 [M]. 北京：首都师范大学出版社，2022.